KRON / PAPKE
FRÜHE ERZIEHUNG, BILDUNG UND BETREUUNG VON KINDERN MIT BEHINDERUNG

FRÜHE ERZIEHUNG, BILDUNG UND BETREUUNG VON KINDERN MIT BEHINDERUNG

Eine Untersuchung integrativer und heilpädagogischer Betreuungsformen in Kindergärten und Kindertagesstätten

von

Maria Kron und Birgit Papke

VERLAG
JULIUS KLINKHARDT
BAD HEILBRUNN • 2006

Eine Untersuchung im Auftrag des Landschaftsverbands Westfalen-Lippe/Landes-
jugendamt.

Landschaftsverband
Westfalen-Lippe **www.lwl.org**

Die Deutsche Bibliothek – Cip-Einheitsaufnahme
Ein Titelsatz für diese Publikation ist bei Der Deutschen Bibliothek erhältlich.

2006.4.a. © by Julius Klinkhardt.

Druck und Bindung: AZ Druck und Datentechnik, Kempten.
Printed in Germany 2006.
Gedruckt auf chlorfrei gebleichtem alterungsbeständigem Papier.

ISBN 3-7815-1460-9

Inhaltsverzeichnis

Vorwort der Autorinnen

Dies ist der Endbericht einer von dem Landesjugendausschuss angeregten und von dem Landschaftsverband Westfalen-Lippe in Auftrag gegebenen Studie zur Wirksamkeit unterschiedlicher Betreuungsformen von Kindern mit Behinderung in seinem Einzugsgebiet.

Die Untersuchung fand zu einer Zeit statt, die deutlich von Sparbemühungen in allen gesellschaftlich-öffentlichen Bereichen geprägt war (und ist). In der Praxis beschäftig(t)en sich manche Pädagoginnen und Pädagogen in den Einrichtungen wie Mitarbeiter von Trägern mit Strukturveränderungen; aus den Kindertageseinrichtungen wird von wachsender Arbeitsbelastung berichtet. Umso mehr haben wir all jenen sehr zu danken, die sich an dieser Untersuchung beteiligten und dafür beträchtliche Zeit aufwandten. Dies sind in erster Linie die Leiterinnen und Leiter der Einrichtungen, die sich der Mühe unterzogen, bei unserer Grundbefragung ausführlich zu antworten, zudem die Erzieherinnen, Eltern und Trägervertreterinnen und -vertreter, die sich für die Interviews bereit erklärten. Wir danken herzlich auch jenen Leiterinnen, Erzieherinnen, Eltern und Lehrer/innen, die bei der kind- und schulbezogenen Befragung nicht wenig Koordinierungsaufwand hatten, um trotz zu anonymisierender Daten alles an die richtige Stelle und zu den richtigen Personen zu bringen sowie denjenigen, die die Reisen auf sich nahmen, um mit uns in den Workshops zu arbeiten.

Die Untersuchung wurde von einem konstruktiven Beirat mitgetragen und begleitet. Wir danken allen, die sich in diesem Rahmen mit uns Überlegungen zu der Studie machten, einen kritische Blick darauf warfen und uns bei der Durchführung unterstützten. Vor allem die Vermittlung und Unterstützung der Fachberater/innen hat wesentlich zum Gelingen des Ganzen beigetragen.

Unser Projektteam wurde in unterschiedlichen Projektphasen immer wieder durch engagierte Mitarbeiter und Mitarbeiterinnen ergänzt, denen wir an dieser Stelle ebenfalls herzlich danken, vor allem Gerrit Grünes, Corinna Irle, Meik Zimmermann und Sabine Wehn, zum guten Schluss auch Dr. Gisela Kreie, die den Bericht in Druckfassung noch einmal aufmerksam und mit kritischem Sachverstand zur Korrektur gelesen hat.

Während der Projektlaufzeit trat die Bildungsvereinbarung zwischen der Landesregierung Nordrhein-Westfalen und den Spitzenverbänden der öffentlichen und freien Wohlfahrtspflege in Kraft. Ihr Einfluss auf die Arbeit in den Einrichtungen konnte in unserer Erhebung noch nicht abgebildet werden, wohl aber die Ausgangssituation, auf die diese Vereinbarung trifft.

Wir hoffen, dass wir mit dem vorliegenden Bericht sowohl Anregungen für notwendige Verbesserungen wie zur Stabilisierung guter Strukturen geben können.

Siegen, 20. Juni 2005

Prof. Dr. Maria Kron
Dipl. Päd. Birgit Papke

Vorwort des Landesrates Meyer, Landesjugendamt Westfalen-Lippe

Für die Betreuung und Förderung behinderter Kinder in Tageseinrichtungen besteht in Westfalen- Lippe ein differenziertes Versorgungssystem mit 4 unterschiedlichen Hilfe- und Einrichtungsformen:

- heilpädagogische Einrichtungen ausschließlich mit 8 – 12 behinderten Kindern pro Gruppe, oft mit Spezialisierung auf Behinderungsarten,
- integrative Regeleinrichtungen mit bis zu drei behinderten Kindern in Kindergarten- und Tagesstättengruppen,
- Schwerpunkteinrichtungen im Regelfall mit 20 Kindern, davon 5 behinderte Kinder,
- additive Einrichtungen, die heilpädagogische Gruppen und Regelgruppen unter einem Dach vereinen und in der Praxis integrativ arbeiten (können).

Für alle Hilfeformen wendet der Landschaftsverband Westfalen-Lippe (LWL) pro Jahr rund 80 Mio. Euro auf. Damit werden rund 6.600 Kinder entsprechend ihrem Bedarf gefördert. Trotz der unterschiedlichen rechtlichen Ausgestaltung handelt es sich um Leistungen, die der LWL als überörtlicher Träger der Sozialhilfe zu finanzieren hat. Zunehmend gerät jedoch in den Blick, dass diese Leistungen enge Verknüpfungen mit der Jugendhilfe haben und dies auch für die Planung, Konzeptionierung und Finanzierung des Versorgungsangebots von großer Bedeutung ist.

Im Dezember 2001 beschloss der Landesjugendhilfeausschuss, auch angesichts des nicht unbeträchtlichen Finanzvolumens, ein Projekt zur Untersuchung von Qualität und Wirksamkeit der unterschiedlichen Formen der Eingliederungshilfe bei der Universität Siegen in Auftrag zu geben. In diesem Ausschuss der Landschaftsversammlung wirken von den Kreisen und Städten in Westfalen-Lippe gewählte Kommunalpolitiker/innen, Vertreter/innen von freien Trägern und von Gesundheitsverwaltung, Justiz, Schule und anderen Kooperationspartnern der Jugendhilfe mit. Es sollte in Erfahrung gebracht werden, wie Eltern, Träger, Fachkräfte aus Tageseinrichtungen und Schulen die Fördereffekte gemessen an den jeweiligen konzeptionellen Zielsetzungen der Einrichtung einschätzen: Im Einzelnen ging es besonders um folgende Fragestellungen:

- Nach welchen Kriterien entscheiden Eltern, in welcher Einrichtung ihr Kind betreut werden soll? Wer hat Einfluss auf die Auswahl der Einrichtung durch die Eltern?
- Was sind die Schwerpunkte und Ziele der unterschiedlichen Einrichtungstypen in Konzeption und Praxis? (Wie) werden die Kinder in den 4 Einrichtungsformen (unterschiedlich) gefördert? Was sind die (unterschiedlichen) Fördereffekte?
- Wie gestaltet sich Integration nach dem Kindergarten im Übergang zur Schule? Lässt sich der Elternwunsch nach integrativer Beschulung realisieren? Welche Hemmnisse bestehen?

Entstanden ist ein außerordentlich fundierter Bericht über die Qualität der Versorgung behinderter Kinder. Mein herzlicher Dank gilt daher Frau Prof. Dr. Kron und Frau Dipl. Päd. Papke (Universität Siegen, Zentrum für Planung und Evaluation Sozialer Dienste). Der Projektbericht bietet auch im Detail eine Fülle bemerkenswerter Ergebnisse, so dass sich die Arbeit für alle Beteiligten gelohnt hat, das ist meine feste Überzeugung. Einige der Ergebnisse sind zudem – unabhängig von der spezifischen Thematik behinderter Kinder – für die allgemeine pädagogische Praxis relevant.

Der Bericht wird unsere Arbeit der kommenden Jahre mit Sicherheit erheblich beeinflussen. Die Aussagen, dass „sich die Betreuungsangebote in weiten Teilen bedarfsgerecht zeigen, vor allem was die regionale Versorgung und die einrichtungsspezifische Festlegung von Betreuungszeiten angeht" und „Eltern weit überwiegend zufrieden mit der Betreuung und Förderung, dies auch noch nach Jahren" sind, ist für den LWL Bestätigung, aber auch Ansporn, zumal der Bericht in vielerlei Hinsicht auch Verbesserungs- und Optimierungspotentiale aufzeigt.

Mein besonderer Dank gilt aber auch denjenigen, die sich an den Befragungen im Rahmen des Projekts beteiligt haben. Allein bei der schriftlichen Befragung konnte ein Rücklauf von 75 % verzeichnet werden. Das verweist deutlich auf den hohen Stellenwert der Thematik für die pädagogische Praxis.

Herzlich danken möchte ich auch dem Beirat, den wir für die Begleitung des Projekts gebildet haben und in dem Vertreter/innen der kommunalen Jugendhilfe, der Freien Wohlfahrtspflege, der Gesundheitsämter, Elternverbände und Wissenschaft mitgewirkt haben. Das namentliche Verzeichnis ist auf 210 zu finden.

Hans Meyer
Landesrat
Leiter des Landesjugendamtes Westfalen-Lippe

1 Einführung

Thema dieses Berichts sind die Umstände, unter denen Kinder mit Behinderung im Alter von drei bis sechs Jahren betreut werden und die Wirksamkeit, mit der dies geschieht.

Die gemeinsame Erziehung von Kindern mit und ohne Behinderung im Elementarbereich ist heute in fast allen Bundesländern Normalität. Seit den achtziger Jahren hat sich das Integrationsfeld Kindergarten (weiter) entwickelt und differenziert. Hier existiert heute eine institutionelle und konzeptionelle Vielfalt, die nur durch eine breit entwickelte und theoretisch gut untermauerte Praxis möglich ist. Der Landschaftsverband Westfalen-Lippe (LWL) hat das Interesse, in seinem Einzugsbereich näheren Aufschluss über die Qualität der heilpädagogischen und integrativen Betreuung von Kindern mit Behinderung zu erhalten. Dies ist Gegenstand der in diesem Bericht dargestellten Untersuchung.

Bei der dieser Veröffentlichung zugrunde liegenden Untersuchung
„Förderung von Kindern mit Behinderung im Alter von drei Jahren bis zum Beginn der Schulpflicht"
handelt es sich also um eine Evaluation der verschiedenen Betreuungsformen für 3- bis 6-jährige Kinder mit Behinderung in heilpädagogischen Gruppen oder in der gemeinsamen Erziehung mit nicht behinderten Kindern, dies speziell unter dem Aspekt der Wirksamkeit. Ziel ist es, Aufschluss über die Fördereffekte verschiedener Konzepte zu erhalten, auch im Hinblick auf die soziale Integration außerhalb der Einrichtung und in Bezug auf den schulischen Weg der Kinder. Der Einbezug von Therapien und die Kooperation mit anderen Fachdiensten wird dabei berücksichtigt. Evaluiert wird vor allem auch die Entsprechung unterschiedlicher Aspekte vorhandener Betreuungsformen mit den Vorstellungen und Wünschen der Eltern.

Insgesamt nahmen 1100 Kindertageseinrichtungen an der Untersuchung teil.

- Im Folgenden stellen wir in Kapitel 2 einführend die **Basis unserer Untersuchung**, das Betreuungssystem für Kinder mit Behinderung vor, wie es in Nordrhein-Westfalen/ Zuständigkeitsbereich des LWL existiert und skizzieren die Entwicklung, die die heutige Vielfalt der Einrichtungstypen entstehen ließ.
- In Kapitel 3 werden kurz die Rechtsgrundlagen beschrieben, die für die Einrichtungen in Bezug auf die Qualität ihrer Arbeit gelten. Als Schwerpunkt des Kapitels werden die **theoretischen Grundlagen** sowie die **wissenschaftlichen Forschungsergebnisse** diskutiert, die zu verschiedenen Aspekten des Untersuchungsthemas schon vorliegen.
- Vor diesem Hintergrund entwickeln wir in Kapitel 4 unser **grundlegendes Verständnis von Qualität und Wirksamkeit**. Es bestimmt die Strategie, mit der beides in Zusammenarbeit mit den beteiligten Akteuren letztlich definiert wird. Daraus bestimmt sich die detaillierte **Fragestellung** unserer Untersuchung, die im Fortgang dargestellt wird.

- Kapitel 5 beinhaltet **forschungsmethodische Überlegungen** zur Erhebung und Auswertung der Daten, das Untersuchungsdesign insgesamt und das der einzelnen Teiluntersuchungen.
- Kapitel 6 befasst sich mit den Themen „**Wirksamkeit**" und „**Qualität**" im Allgemeinen und bezogen auf die Betreuung und Erziehung von Kindern mit Behinderung im Besonderen.

  Hier wird das Vorverständnis der Projektgruppe expliziert, das Ausgangspunkt der Untersuchung war. Zudem werden die Ergänzungen und Konkretisierungen, die zusammen mit Untersuchungsbeteiligten in einem Workshop zu Beginn des Projekts erarbeitet wurden sowie letztendlich auch die Ergebnisse zu den Fragen nach dem Verständnis von „Wirksamkeit", wie es die insgesamt befragten Untersuchungsbeteiligten ausführten, dargestellt. Hier wird also ein Kernpunkt der Untersuchung dargestellt, der sowohl den Charakter eines theoretischen Vorverständnisses als auch Ergebnischarakter hat. Aufgrund dieses Doppelcharakters und seiner Bedeutung widmen wir dem Thema ein eigenes Kapitel.

Die Befunde insgesamt sind Gegenstand der Kapitel 7–12. Dabei werden die Ergebnisse der verschiedenen Teiluntersuchungen innerhalb des jeweiligen Themenkomplexes vorgestellt, so dass der inhaltliche Zusammenhang unmittelbar deutlich wird.

- Unsere Untersuchung verschafft einen guten Einblick in die **Betreuungsstrukturen** für Kinder mit Behinderung generell und auf die teilnehmenden Einrichtungen der Untersuchung bezogen. Dies findet sich in Kapitel 7.
- **Die pädagogische und therapeutische Arbeit** sind Gegenstand des Kapitel 8. **Der integrative und inklusive Aspekt**, unabdingbarer Faktor der pädagogischen Arbeit, erscheint uns so bedeutsam, dass wir uns damit in einem besonderen Kapitel 9 auseinandersetzen.
- Kapitel 10 umfasst die **Zusammenarbeit** der Kindertageseinrichtungen mit den **Eltern**.
- Um Kenntnisse und Kompetenzen der **Leitungen und Erzieherinnen** geht es in Kapitel 11. Dazu gehören auch Aspekte des kontinuierlichen Lernens, also Fort- und Weiterbildung sowie der Blick auf die Leitungsvorstellungen der verschiedenen Rollenträger. Insgesamt ergibt sich so ein Bild des derzeitigen Standes in den Einrichtungen.
- Die Qualität der Betreuung in der Kindertageseinrichtung wird den weiteren Weg der Kinder mitprägen. Ohne die schulische Situation der Kinder einzig oder überwiegend auf die Betreuung während ihrer Kindergartenzeit zurückführen zu wollen, verfolgen wir den Weg einiger Kinder in ihrer **ersten Schulzeit** und die Bemühungen von Kindergarten und Schule im **Vorfeld** dazu. Die Ergebnisse finden sich in Kapitel 12.
- Die einzelnen Kapitel sind thematisch in Unterkapitel gegliedert. An ihrem Ende stehen jeweils eine Zusammenfassungen der Ergebnisse, vorsichtige Interpretationen und Folgerungen. **Ein Resümee des Ganzen**, bezogen auf das Untersuchungsinteresse im Ausgangspunkt der Studie, wird in Kapitel 13 expliziert.

Der vorliegende Bericht ist ein Fundus für eine Menge Informationen zu zahlreichen Themen. Längst nicht alles wird alle interessieren, aber Interessierte sollten alles Wichtige hier finden. Wir empfehlen deshalb, den Bericht durchaus selektiv zu lesen: Die Zusammenfassungen und Folgerungen am Ende der Ergebnis(unter)kapitel werden vielleicht vielen zum Überblick genügen, während sie zu den ihnen wichtigen Themen vertiefend nachlesen können.

Der besseren Lesbarkeit wegen haben wir uns entschieden, die weibliche und die männliche Schreibweise alternativ zu verwenden. Mit einer Ausnahme: Da Erzieher in Kindergärten und Kindertageseinrichtungen leider noch sehr selten vertreten sind (und in unseren Interviews gleich gar nicht), verwenden wir für diese Berufsgruppe immer die weibliche Form. So oder so: Wir meinen immer die in den entsprechenden Bereichen tätigen Frauen und Männer gleichermaßen.

Eine Auswahl der Tabellen aus den quantitativen Untersuchungsteilen sind im vorliegenden Bericht enthalten. Alle weiteren Tabellen, Signifikanzberechnungen und Zuordnungen im Rahmen der methodischen Triangulation sowie unsere Fragebogen sind als ‚Materialien' elektronisch dokumentiert und können im Internet abgerufen werden.

Dort finden Sie auch Teile des Forschungsberichtes, die uns für eine Veröffentlichung im vorliegenden Rahmen nicht geeignet schienen, z.B. weil zu regionalspezifisch. Folgende Kapitel finden Sie im Internet:

Kapitel 14 zeichnet unter Berücksichtigung der Entscheidungskriterien von Eltern, Aufnahmekriterien der Einrichtungen und Bedarfsgerechtigkeit des Angebots den *Weg in die Kindertageseinrichtung* nach. Kapitel 15 befasst sich mit *Vernetzung und Öffentlichkeitsarbeit* der Einrichtungen; Kapitel 16 thematisiert das Verhältnis von *Kindertageseinrichtung und Träger* und Kapitel 17 beschäftigt sich mit *Konzepten der Qualitätssicherung und -entwicklung* in den Einrichtungen.

Verweise auf diese hier nicht abgedruckten Materialien und Ergebnisse sind im Folgenden mit dem Hinweis ‚Materialien' gekennzeichnet. Diese Materialien können kostenfrei abgerufen werden unter:

www.zpe.uni-siegen.de/kimbit
(Projekt: **K**inder **mit B**ehinderung **in T**ageseinrichtungen)

2   Gegenstand der Untersuchung:
Das Betreuungssystem für Kinder mit Behinderung

2.1   Betreuungsrealitäten in Westfalen-Lippe für Kinder mit Behinderung und für die gemeinsame Erziehung von Kindern mit und ohne Behinderung

Der Landschaftsverband Westfalen-Lippe (LWL), einer der beiden überörtlichen Sozialhilfeträger Nordrhein-Westfalens, ist seit seinem Bestehen zuständig für die Betreuung von Kindern mit Beeinträchtigungen. Es handelt sich hier um Kinder mit Behinderung oder mit drohender Behinderung, die nach §53 und §54 SGB XII einen Anspruch auf Eingliederungshilfe haben. In der Verantwortung des LWL lag und liegt die Sicherung der Betreuung und Unterstützung von Kindern mit spezifischem Förderbedarf. Dies bedeutete zunächst, dass heilpädagogische Tagesstätten speziell für Kinder mit Behinderung eingerichtet oder deren Aufbau unterstützt wurde. Schon seit 1988 unterstützt der Landschaftsverband mit Förderrichtlinien ausdrücklich (inzwischen vorrangig) die gemeinsame Erziehung von Kindern mit und ohne Behinderung. Vor diesem Hintergrund hat sich in Westfalen-Lippe eine vielfältige Betreuungslandschaft für Kinder mit Behinderung bis zum Beginn der Schulpflicht entwickelt. Nach gängiger Typisierung handelt es sich um vier verschiedene Einrichtungstypen bzw. Betreuungsformen. Sie werden im Folgenden kurz vorgestellt.

* In den *heilpädagogischen Tageseinrichtungen* werden ausschließlich Kinder mit Behinderung und Kinder mit drohender Behinderung betreut. Die Gruppengröße liegt hier bei acht Kindern, der Personalschlüssel bei 2:8, die Betreuungszeiten betragen mindestens sechs Stunden. Zur optimalen Förderung arbeiten neben den Erzieherinnen oder Sozialpädagoginnen auch einige Therapeutinnen in der Einrichtung, meist als festangestellte Mitarbeiterinnen der Tagesstätte. Die Räumlichkeiten sind sehr gut auf die Situation von Kindern mit Behinderung und ihre (Förder-) Bedürfnisse abgestimmt. Mit ihren Ressourcen sind die heilpädagogischen Tagesstätten Zentren der Förderung behinderter Kinder, zuständig für einen großen Einzugsbereich. Dieser Besonderheit ist es geschuldet, dass viele Kinder lange tägliche Anfahrtswege haben, um in die Tageseinrichtung zu gelangen.

* In den *Schwerpunkteinrichtungen* werden Kinder mit und ohne Behinderung betreut. Mindestens eine Gruppe der Einrichtung (oder mehrere/ alle) setzt sich aus 5 Kindern mit und 15 Kindern (bzw. 10 Kindern) ohne Behinderung zusammen. Die Betreuungszeit beträgt – zumindest für die behinderten Kinder – wenigstens sechs Stunden. Der Personalschlüssel liegt bei 3:20 (bzw. 2:15). Sehr häufig finden in den Schwerpunkteinrichtungen Therapien durch interne Therapeuten (v. a. Motopädie) oder durch freie niedergelassene Therapeuten statt. Im Vergleich zur heilpädagogischen Tagesstätte ist der Einzugsbereich von Schwerpunkteinrichtungen deutlich kleiner.

- In *additiven Einrichtungen* sind heilpädagogische Gruppen und Regelgruppen unter einem Dach angesiedelt. Viele von ihnen arbeiten in einigen oder in allen Gruppen integrativ, d. h. sie mischen die Gruppen und betreuen Kinder mit und Kinder ohne Behinderung gemeinsam. So entstehen Gruppen mit vier behinderten und 10–13 nicht behinderten Kindern, als Betreuungsschlüssel ergibt sich 2:14 bis 2:17.
- Bei der *Einzelintegration* werden in einer Gruppe der Regeleinrichtungen 1–3 Kinder mit Behinderung betreut. Die gesamte Gruppe umfasst (Sollgröße) bis zu 25 Kindern in Kindergärten und bis zu 20 Kindern in Tagesstätten. Zur qualifizierten Betreuung der Kinder wird der Personalschlüssel durch eine zusätzliche (heil)pädagogische Fachkraft, die sogenannte „Integrative Zusatzkraft" erhöht, im Stundenumfang abhängig von der Gesamtzahl der betreuten behinderten Kinder. Der zusätzliche Stundenumfang kann zwischen ca. 15 (bei einem behinderten Kind in der Einrichtung) und 38,5 (bei drei behinderten Kindern) liegen. Die Einzelintegration ermöglicht zwar nicht immer, aber am ehesten eine wohnortnahe Betreuung von Kindern mit Behinderung.
- *Besonderheiten.* In der kurzen Skizzierung der vier Betreuungsvarianten fehlt eine spezielle Konstellation, die den Gruppenzusammensetzungen der additiven Einrichtung sehr nahe kommt. Es gibt Kommunen, in denen eine heilpädagogische Tagesstätte und eine Regeleinrichtung unter einem Dach beherbergt sind. Was die finanzielle, personal-organisatorische Seite und die Belegung von Plätzen betrifft, sind beide Einrichtungen als getrennte Institutionen zu betrachten (dies ist auch der Unterschied zur additiven Einrichtung). Kontakte zwischen Kindern mit und ohne Behinderung finden in diesen Häusern häufiger statt als in räumlich getrennten Institutionen. Etliche dieser Tageseinrichtungen gehen in der Gemeinsamkeit der Kinder deutlich weiter. Sie mischen die Gruppen, d. h. sie betreuen in einer Gruppe Kinder mit und ohne Behinderung zusammen, meist in Kooperation der Erzieherinnen beider Einrichtungen.
- *Altersmischung.* Quer zu den eben beschriebenen Gesichtspunkten der Gruppenzusammensetzung liegt der Aspekt der Altersmischung. In der Regel werden die Gruppen altersheterogen gebildet mit Kindern im Alter von drei Jahren bis zum Beginn der Schulpflicht. Einige Einrichtungen betreuen in einer Gruppe aber auch Kinder im Alter von vier Monaten bis zum Beginn der Schulpflicht oder zwischen drei und 14 Jahren. In wenigen Einrichtungen werden Kinder im Altersspektrum von vier Monaten bis zu 14 Jahren gemeinsam betreut.

2.2 Ein Exkurs zur Entwicklung verschiedener Formen der Betreuung von Kindern mit und Kindern ohne Behinderung

In den beschriebenen Varianten werden verschiedene Prinzipien der Erziehung und Förderung von Kindern mit Behinderung unterschiedlich gewichtet. Sie spiegeln die Entwicklungen in der Betreuung behinderter Kinder während der letzten 50 Jahre wider – deren Widersprüche nicht ausgenommen.

Erziehung, Förderung, Bildung von Kindern mit Behinderung war nach der Beendigung des Dritten Reiches mit seiner Vernichtung „unwerten Lebens" das Zeichen eines deutlich geänderten politischen und gesellschaftlichen Umgangs mit behinderten Menschen. Dies bedeutete nicht automatisch eine positive Einstellungsänderung bei den politisch Verantwortlichen oder bei einem großen Teil der Bevölkerung. Ohne das Engagement der Eltern von Kindern mit Behinderung wäre es wohl kaum zu dem heute vorfindbaren, umfassenden System der Erziehung und Bildung von Kindern mit Behinderung gekommen.

Heilpädagogische Einrichtungen. Den spezifischen Bedürfnissen von Kindern mit Behinderung wurde in den letzten 40 Jahren durch den Ausbau eines Sondererziehungswesens Rechnung getragen. Erst damit wurde die Unterstützung *aller* Kinder mit Beeinträchtigungen fester Bestandteil des Erziehungs- und Bildungswesens in Deutschland und zwar in einem eigens dafür gestalteten Betreuungsfeld innerhalb des Gesamtsystems. Die Unterstützung der Kinder und die Vorbereitung ihrer Integration in das gesellschaftliche Leben schienen am besten in dem Schonraum der Sondereinrichtungen realisierbar. Nach dem starken Ausbau des Sondererziehungswesens besonders in den sechziger und siebziger Jahren des zwanzigsten Jahrhunderts war in Deutschland, verglichen mit der Situation im übrigen Europa, ein ausgesprochen hoher Stand in der Förderung von Kindern mit Behinderung erreicht. Dies galt sowohl dem Umfang als auch der Qualität nach.

Hauptaufgabe der erzieherischen und heilpädagogischen Arbeit war/ ist die behinderungsspezifische (das hieß in den Anfängen vor allem funktionsspezifische) Förderung der Kinder. Dazu werden der Personalschlüssel sowie die räumliche und sächliche Ausstattung der Einrichtungen so festgelegt, dass die Rahmenbedingungen auch und gerade heute vom fachlichen Standpunkt aus als sehr positiv eingeschätzt werden können. Sie ermöglichen in der Regel sowohl eine gute und integrierte therapeutische Begleitung als auch eine starke Familienentlastung, unter anderem eben durch die Gewährleistung von Therapien in der Tagesstätte selbst.

Gemeinsame Erziehung von Kindern mit und ohne Behinderung. Die eben beschriebene Form der Betreuung von Kindern mit Behinderung hat allerdings auch Aspekte, die im Zuge verschiedener gesellschaftlicher Entwicklungen den Einspruch von Eltern und Pädagogen auf sich zogen. Die Zentralisierung der Ressourcen für behinderte Kinder in Sondereinrichtungen führt(e) zum einen dazu, dass Kinder mit Behinderung oft von weit entfernten Orten in die Einrichtungen gefahren werden müssen/ mussten. Dies hat tägliche lange Wegezeiten zur Folge und lässt kaum eine Anbindung der Kinder und ihrer Tageseinrichtung an das Wohnumfeld und die Nachbarschaften zu. Zum anderen bedeutet es, dass Kinder mit und ohne Behinderung in wichtigen Sozialisationsphasen getrennt aufwachsen, was die Ausgrenzung von Menschen mit Behinderung konserviert. Aus diesen Überlegungen heraus entwickelten sich vor allem in den 80er Jahren Integrationsbestrebungen von Eltern und Pädagogen, die zur Gründung sogenannter integrativer Gruppen (oder integrativer Einrichtungen) führten und die in Westfalen-Lippe heute als Schwerpunktgruppen (oder -einrichtungen) existieren (vgl. Kap. 2.1).

Tragendes Leitmotiv ist hier das gemeinsame Aufwachsen von Kindern mit und Kindern ohne Behinderung. Wie in verschiedenen pädagogischen Konzepten formuliert (s. u.), stehen das individuelle Eingehen auf die Kinder und das gemeinsame Spielen und Lernen gleichgewichtig nebeneinander. In dem individuellen Eingehen auf das Kind wird auch (pädagogisch und therapeutisch) behinderungsspezifischen Bedürfnissen Rechnung getragen, dies soll aber (zeitlich wie auf der Beziehungsebene) in das Verhältnis gesetzt werden zu dem Anspruch gemeinsamer Sozialisation der Kindergruppe. Mit der gemeinsamen Erziehung wurde und wird die Erwartung verbunden, dass sich die gegenseitige Akzeptanz der Kinder mit und ohne Behinderung unter wesentlich günstigeren Bedingungen entwickeln kann als in getrennten Sonder- und Regeleinrichtungen.

In Bezug auf die heilpädagogischen Einrichtungen ist die Schwerpunktgruppe ein vergleichsweise dezentralisiertes Angebot für Kinder mit Behinderungen. Allerdings ist es schon aus rein statistischen Gründen gegeben, dass hier die Kinder mit Behinderungen aus einem größeren Einzugsbereich kommen als die nicht behinderten Kinder[1]. Vor allem in ländlichen Gebieten kann auch die nächste erreichbare Schwerpunktgruppe gänzlich außerhalb des Wohnumfeldes eines Kindes mit Behinderung liegen. Kindergartenfreundschaften können deshalb nicht unbedingt in dem Wohnumfeld fortgesetzt werden.

Als weiterer Typus der Betreuung von Kindern mit Behinderung entstand aus diesem Gesichtspunkt heraus die sogenannte Einzelintegration in Regelkindergärten. In dieser Betreuungsform treffen die grundlegenden, oben formulierten pädagogischen Prinzipien zusammen, die von vielen Eltern eingefordert werden: Individuelle Förderung des Kindes in einer Einrichtung seines Wohnumfeldes und gemeinsame Sozialisation mit den nicht behinderten Kindern seines Wohnumfeldes. Ob diese pädagogische Strategie realisiert werden kann, ist wie überall eine Frage der Ressourcen und der Qualifikationen der Erzieherinnen. Zudem ist die Qualität der Betreuung, besonders wenn das Kind intensive therapeutische und/ oder pflegerische Unterstützung braucht, stark von der Abstimmung der Einrichtung mit anderen Unterstützungsangeboten des Umfeldes abhängig – von der Kooperation mit der Institution der Frühförderung, mit frei praktizierenden Therapeuten, evtl. mit familienunterstützenden Diensten. Insofern erfordert die fachlich angemessene Betreuung eines Kindes mit Behinderung in einer Regeleinrichtung das engagierte Bemühen um Vernetzung und Zusammenarbeit. Der entscheidende Vorteil der Einzelbetreuung liegt in der Möglichkeit, dass Kinder mit und ohne Behinderung in ihren wohnortsgemäßen Lebenszusammenhängen gemeinsam aufwachsen können.

2.3   Aktuelle Zahlen

Die beschriebene Betreuungslandschaft für Kinder mit Behinderung lässt sich auch in Zahlen beschreiben (Abb. 1 und Abb. 2).

Im Jahr 2002, d. h. zu Beginn unserer Untersuchung, wurden in Nordrhein-Westfalen in dem Einzugsbereich des LWL

- in 39 heilpädagogischen Tagesstätten 1132 Kinder mit Behinderung,
- in 38 additiven Tagesstätten 983 Kinder mit Behinderung,
- in 52 Schwerpunkteinrichtungen 392 Kinder mit Behinderung,
- in 1363 Regeleinrichtungen (wohnortnahe Einzelintegration) 2958 Kinder mit Behinderung betreut.

---

1   Die Rate für Kinder mit Behinderung im Kindergartenalter muss aus unterschiedlichen Angaben geschlossen werden; sie liegt bei etwa 2%–3%. Hat also eine Einrichtung mit z. B. 70 Kindern eine Schwerpunktgruppe, in der fünf Kinder mit Behinderung betreut werden, kommen wahrscheinlich einige von ihnen aus einem anderen Einzugsgebiet als die Kinder ohne Behinderung.

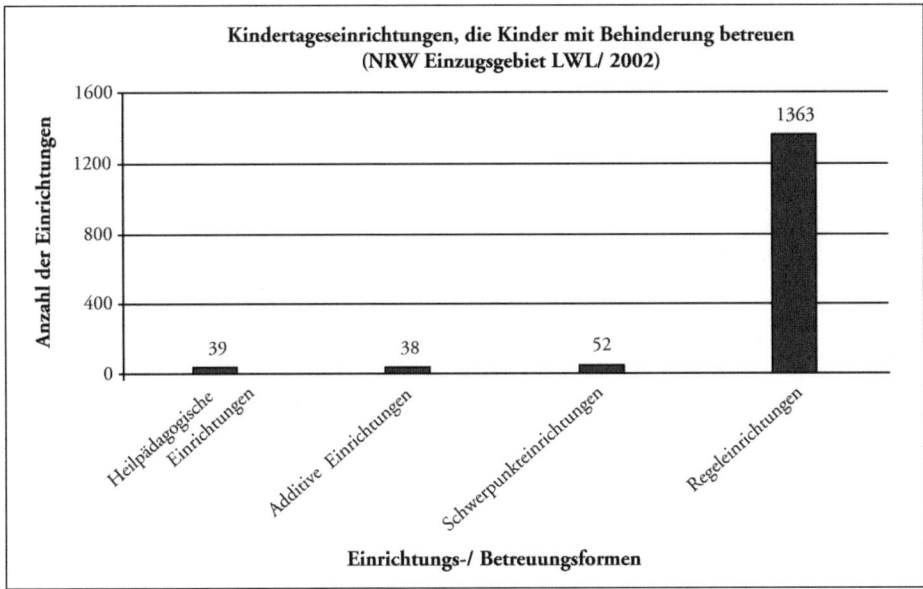

Abb. 1: Kindertageseinrichtungen, die Kinder mit Behinderung betreuen

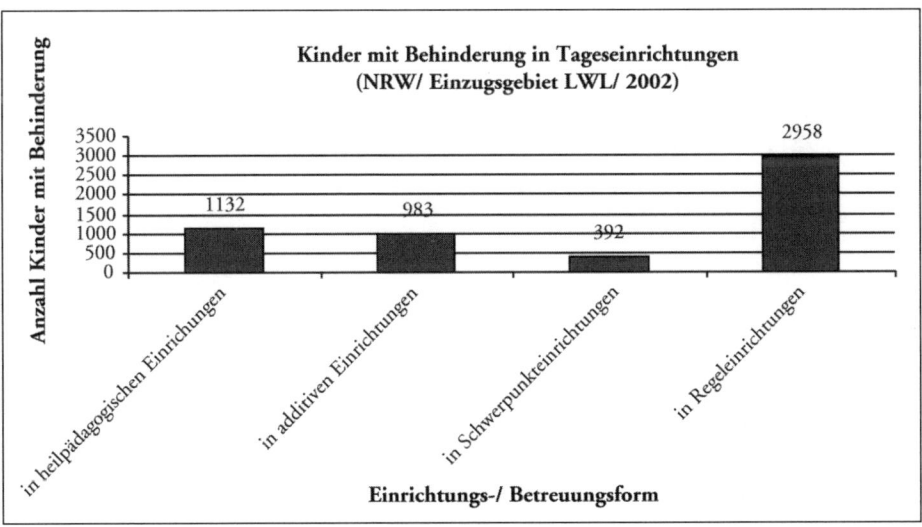

Abb. 2: Kinder mit Behinderung in Tageseinrichtungen

3 Qualität und Zielerreichung in der Betreuung von Kindern mit und ohne Behinderung im Kindergartenalter

3.1 Rechtsgrundlagen

Sozialgesetzbuch XII (SGB XII). Heilpädagogische Tageseinrichtungen wie additive- und Schwerpunkteinrichtungen erbringen als teilstationäre Einrichtungen Leistungen der Eingliederungshilfe für Kinder mit Behinderung. Sie werden im Rahmen vertraglicher Vereinbarungen mit dem überörtlichen Sozialhilfeträger abgerechnet. Mit der Novellierung des früheren §93 BSHG wurden ab 1999 Einrichtungen dazu verpflichtet, Maßnahmen zur internen Qualitätssicherung durchzuführen und sich an externen Qualitätssicherungsmaßnahmen zu beteiligen. Leistungsvereinbarungen mit den zuständigen Sozialhilfeträgern werden auf Basis dieser gesetzlichen Vorgaben abgeschlossen (SGB XII, §75ff).

Sozialgesetzbuch VIII (SGB VIII). Bereits das 1992 in Kraft getretene Kinder- und Jugendhilfegesetz (KJHG) betonte den Dienstleistungscharakter von Kindertageseinrichtungen für Kinder und ihre Familien. Auf konzeptioneller Ebene wurde damit die Kindertageseinrichtung auf den Weg von der Versorgungseinrichtung zum Dienstleistungsangebot gebracht. Inzwischen ist in dem SGB VIII eine Qualitätsentwicklungsvereinbarung gesetzliche kodifiziert; sie ist Bedingung der Leistungs- und Entgeltvereinbarung (SGB VIII, §78).

3.2 Pädagogische Entwicklungen

Elementarpädagogik des Regelkindergartens. Seit über einem Jahrzehnt gibt es die Bemühungen um eine *systematische* Qualitätssicherung im Bereich der sozialen Arbeit (vgl. Balaguer u.a. 1992; Colberg-Schrader 1998; Fthenakis 1998; Fthenakis/ Eirich 1998; Glöckner-Hertle/ Wünsche 2000; Katz 1996; Kron u.a. 1999; Tietze u.a. 1998; Tietze/ Viernickel 2002; Ziesche 1999). Das bedeutet keineswegs, dass erst damit der Qualitätsgedanke in der Elementarpädagogik Einzug hielt. Die inhaltliche Debatte um Konzepte guter Betreuung von Kindern mit und von Kindern ohne Behinderung (und deren Umsetzung) begleitete konstant die Praxis der pädagogischen Arbeit in Kindergärten und Kindertagesstätten. Maßgeblichen Anteil hatte die Entwicklung des Situationsansatzes zu Beginn der achtziger Jahre, dessen Auswirkungen 15 Jahre später untersucht wurden (Zimmer u.a. 1997). Im Mittelpunkt dieses Konzepts steht das Bedürfnis der Kinder und ihre spezifische Lebenssituation. Dieser Leitgedanke wurde fortgeführt in pädagogischen Konzepten, die auf eine enge Vernetzung der Kindertageseinrichtungen im Gemeinwesen abzielen, die auf Partizipation der Kinder pochen und die für Kinder und Familien flexible Betreuungsangebote bereit stellen wollen. Der allgemeine Kindergarten auf dem aktuellen fachlichen Stand definiert sich heute über einen eigenständigen sozialpädagogischen Auftrag, der sich an dem Entwicklungsverlauf der Kinder und ihrer Lebenssituation orientiert. Leitlinie ist die ausgewogene Bildung sozialer, emotionaler und kognitiver Kompetenzen unter Berücksichtigung der besonderen Lebenslagen der Kinder und ihrer Familien.

Mit den „PISA-Studien" (OECD 2001; OECD 2004) und ihren bzgl. deutscher Schüler unbefriedigenden Ergebnissen kam weitere Bewegung in die Elementarerziehung. Das Forum Bildung, angesiedelt bei der Bund-Länderkommission für Bildungsplanung und Forschungsförderung, zog den Schluss, dass Deutschland, im Unterschied zu anderen europäischen Ländern, den Kindergarten kaum als Gelegenheit zur Förderung der Kinder versteht. Empfohlen wird, die Kindertageseinrichtung zukünftig wesentlich besser zur Unterstützung früher Bildung zu nutzen (vgl. Arbeitsstab Forum Bildung 2001, 9; vgl. Forum Bildung 2002).

Gemeinsame Erziehung von Kindern mit und ohne Behinderung. Die gemeinsame Erziehung von Kindern mit und Kindern ohne Behinderung beeinflusste in den letzten 25 Jahren sehr stark die Pädagogik des Elementarbereichs. Von Anfang an wurden pädagogische Konzepte der gemeinsamen Erziehung von Kindern mit und Kindern ohne Behinderung intensiv wissenschaftlich begleitet und erforscht. Auf Makroebene wurden Strukturaspekte analysiert, auf Mikroebene (Beziehungs-) Prozesse und ihre Wirkungen. Die gemeinsame Erziehung – so zeigen diese Untersuchungen – ist in vieler Hinsicht ein optimaler Entwicklungsraum für alle Kinder – die einzelnen wie die Gruppe profitieren davon, vor allem, wenn bestimmte Umfeldbedingungen und Kooperationen gesichert sind (Feuser/ Wehrmann 1985; Klein u.a. 1987; Kron 1988; Sozialpädagogisches Institut des Landes NRW 1988; Dichans 1993; Sächsisches Staatsministerium für Soziales, Gesundheit und Familie1999).

Aus wissenschaftlichen Untersuchungen zum Verhältnis von Menschen mit und ohne Behinderung ist seit langem bekannt, dass Kontakte zwischen ihnen nicht automatisch der Bildung von Vorurteilen entgegenwirken oder bestehende abbauen (Cloerkes 1985.3, 219). Für die pädagogische Arbeit muss man sich also darüber im Klaren sein, dass sich Integration nicht einfach ereignet, sondern der aktiven Begleitung durch die pädagogischen Fachkräfte bedarf. Die zur gemeinsamen Erziehung von Kindern mit und Kindern ohne Behinderung formulierten theoretischen Konzepte können deshalb als Orientierung tiefergehender Überlegungen zur Betreuungsqualität dienen. Wir verweisen in diesem Zusammenhang auf die drei bekanntesten Ansätze:

Das Modell Integrativer Prozesse von Helmut Reiser (vgl. Deppe-Wolfinger/ Prengel/ Reiser 1990; Kron 2002) stellt den Charakter der psychischen Auseinandersetzung mit behinderten Menschen sowie ihre interpersonellen und sachorientierten Handlungsbezüge in das Zentrum der Überlegungen. Integration wird als ein Prozess verstanden, in dem eine Versöhnung zwischen widersprüchlichen innerpsychischen Anteilen, gegensätzlichen Sichtweisen interagierender Personen und Personengruppen zustande kommt.

Feuser (1998; 2002) entwickelte eine didaktisch orientierte Theorie, nach der sich integrative Erziehung als eine Pädagogik definiert, in der alle Kinder in Kooperation miteinander auf ihrem jeweiligen Entwicklungsniveau gemäß ihren aktuellen Kompetenzen an und mit einem gemeinsamen Gegenstand spielen, lernen und arbeiten.

Sander (2002; 2003) legt den Schwerpunkt auf das Subjekt in der Wechselwirkung mit seinem Umfeld. Nach diesem Ansatz ist Behinderung und Integrationsfähigkeit (oder Integrationsunfähigkeit) keine Eigenschaft eines Menschen, sondern eine der Systeme, in denen er lebt.

In der neueren Fachdebatte stehen die Begriffe ‚Integrationspädagogik' und ‚Inklusionspädagogik' im Mittelpunkt. Wir selbst beziehen uns hier mit Sander auf das Verständnis von Inklusion als optimierte Integration (vgl. Sander 2002; Hinz 2004).

Heil-, Sonder-, Förderpädagogik. Aufgrund des außerordentlich großen Spektrums individueller Verschiedenheit der Kinder in Sondereinrichtungen[2] sind generelle umfassende Untersuchungen erschwert. Aber auch im Bereich der Sondereinrichtungen finden inhaltliche Debatten um die Qualität statt, verknüpft mit Entwicklungen im Feld der Frühförderung. Im Zentrum der Aufmerksamkeit stehen hier zum einen Wirkungen von Fördermaßnahmen bzw. die Wirksamkeit bestimmter Therapien, zum anderen die Frage der Zusammenarbeit mit den Eltern der Kinder mit Behinderung (letzteres vgl. Speck 1995; Eckert 2002). Die Betreuung in heilpädagogischen- resp. Sondergruppen bzw. -tagesstätten indessen wurde bisher nicht umfassend wissenschaftlich untersucht.

3.3 Qualität/ Qualitätsaspekte der Betreuung von Kindern im Elementarbereich – empirische Untersuchungen, Studien, Modellprojekte, Instrumente der Qualitätsentwicklung

Die Relevanz struktureller und prozessualer Faktoren für die Qualität im Sinne bester kindlicher Entwicklung wurde schon früh vor allem durch US-amerikanische Studien deutlich[3].

Im deutschen Raum wurde die bisher wohl umfänglichste Untersuchung zur Qualität von Kindergärten von Tietze u.a. durchgeführt (Tietze u.a.1998). Im Mittelpunkt der Untersuchung steht die pädagogische Qualität. Hierunter versteht Tietze das stellvertretend wahrgenommene Interesse des Kindes. Pädagogische Qualität ist demnach in einer pädagogischen Umwelt dann gegeben, „wenn diese das körperliche, emotionale und soziale Wohlbefinden und die Entwicklung der Kinder in diesen Bereichen fördert und die Familien in ihrer Betreuungs- und Erziehungsaufgabe unterstützt" (ebd., 20).

In den Ergebnissen spiegelt sich die Situation in Einrichtungen, die *auch* Kinder mit Behinderung betreuen, nicht gesondert nieder. Einrichtungen speziell für Kinder mit Behinderung waren ohnehin nicht einbezogen.

Bisher sind uns wenige neuere evaluative Studien bekannt, die explizit die Betreuung von Kindern mit Behinderung oder die gemeinsame Betreuung von Kindern mit und ohne Behinderung zum Gegenstand hatten.

---

2 Der sprachlichen Einfachheit wegen fassen wir unter diesen Begriff alle Einrichtungen, die nur Kinder mit Behinderungen betreuen.

3 Eine Zusammenstellung von Ergebnissen empirischer Untersuchungen zu den angesprochenen Themen findet sich bei Fthenakis 1998.

- Kron, M. u. a. (1999) untersuchten die Auswirkungen ökonomischer Veränderungen und steigender Dienstleistungs- und Qualitätsanforderungen an Kindertagesstätten für Kinder mit und ohne Behinderung. Die Untersuchung zielte auf strukturelle Veränderungen und Aspekte der Qualitätsentwicklung in Kindertageseinrichtungen für Kinder mit Behinderung bzw. der gemeinsamen Erziehung. Die Ergebnisse des evaluativen Teils zeigen, dass das Spektrum der Qualität von Einrichtungen sehr breit ist. Einige der Einzelergebnisse geben wichtige Hinweise auf Stärken und Entwicklungsbedarf bei der Betreuung von Kindern mit Behinderung bzw. bei der gemeinsamen Betreuung von Kindern mit und Kindern ohne Behinderung.
- Eine zweite evaluative Studie, die sich auf die Betreuung von Kindern mit Behinderung bezieht, wurde von Kobelt-Neuhaus, Gerspach u. a. durchgeführt (Kobelt-Neuhaus, D. 2001). Es handelt sich um eine Elternbefragung zur Einzelintegration in Hessen, bei der herauszufinden war, welche sozialen und pädagogischen Kriterien sowie strukturellen Bedingungen von Kindertagesstätten aus Elternsicht eine gelungene Einzelintegrationsmaßnahme ausmachen. Aus der Fülle der Ergebnisse ist für unsere Fragestellungen interessant, dass sich „die überwältigende Mehrheit" (Kobelt-Neuhaus 2001, 62) aller befragten Eltern für die gemeinsame Erziehung in Kindertagesstätten ausspricht und die Eltern von Kindern mit Behinderung die Einschätzung haben, dass es ihrem Kind in der Regeleinrichtung gut geht. Ungeachtet dessen geht etwa ein Drittel der Eltern davon aus, dass Verbesserungen notwendig sind (ebd., 49 ff).
- Neben den Untersuchungen mit evaluativem Charakter wurde in den letzten Jahren auf wissenschaftlicher Basis nur wenig anderes im Zusammenhang mit Qualität untersucht. Zu nennen ist hier das sächsische Modellprojekt „Integration von behinderten Kindern in Kindertageseinrichtungen" mit wissenschaftlicher Begleitung, in dem wesentliche Bereiche integrativer Arbeit und Arbeitshilfen beschrieben werden, mit Beispielen und Anregungen im Sinne von „best practice" (Sächsisches Staatsministerium für Soziales, Gesundheit und Familie 1999).

Seit den neunziger Jahren gibt es das Bestreben, transparente fachliche Konzepte und systematische Methoden fortlaufender Qualitätssicherung und -entwicklung in Kindertageseinrichtungen zu etablieren (Fthenakis 1998; Glöckner-Hertle/ Wünsche 2000; Kronberger Kreis 1998; Ziesche 2001; Tietze/ Viernickel 2002). Wir greifen relevante Beispiele *trägerunabhängiger* Verfahren der Qualitätsentwicklung und -sicherung heraus, die *inhaltliche* Qualitätsstandards beinhalten:

- Im Rahmen der „Nationalen Qualitätsinitiative im System der Tageseinrichtungen für Kinder", gefördert vom Bundesministerium für Familie, Senioren, Frauen und Jugend, entstand der von Tietze und Viernickel 2002 herausgegebene Kriterienkatalog „Pädagogische Qualität in Tageseinrichtungen für Kinder".
Der Nationale Kriterienkatalog beansprucht, Qualität fachlich zu bestimmen[4], um damit eine Orientierung für die Arbeit in Kindertageseinrichtungen zu geben. Er be-

---

4 Die Inhalte stützen sich auf national und international in der Fachpraxis und -literatur gebräuchliche Kriterien sowie auf eine umfangreiche Erhebung bei pädagogischen Fachkräften in Deutschland.

schreibt „beste Fachpraxis", idealtypische Orientierungen und Handlungsweisen (vgl. ebd., 14). Tietze/ Viernickel gehen davon aus, dass dort, wo Kinder mit und ohne Behinderung gemeinsam erzogen werden, die Erzieherin zwei Dinge verbinden muss: „... die spezifische Entwicklungsförderung des einzelnen Kindes mit Behinderung mit allgemeiner pädagogischer Entwicklungsförderung für dieses wie für alle anderen der Gruppe" (ebd., 223). Die in den verschiedenen Qualitätsbereichen aufgeführten Kriterien gelten demnach für Kinder ohne wie für Kinder mit Behinderung. Ergänzt werden sie durch zusätzliche Kriterien in eben dem Qualitätsbereich „Integration von Kindern mit Behinderung" (z. B. Beobachtung der kindlichen Entwicklung auch in Bezug auf gemeinsames Lernen und spezifische Entwicklungsförderung, Anwendung angemessener Kommunikation(smittel) und Unterstützung der gegenseitigen Anerkennung unter den Kindern). Insgesamt wird in den Kriterien des Qualitätsbereichs ‚Integration von Kindern mit Behinderung' ein großer Anteil des Spektrums abgebildet, das gute Unterstützung von Kindern mit Behinderung ausmacht. Es ist aber nicht zu übersehen, dass vieles von dem Standpunkt der traditionellen Allgemeinpädagogik aus gedacht wird.[5] Am deutlichsten kommt dies in dem Integrationsverständnis zum Tragen; Integration hat hier die Kinder mit Behinderung im Focus, die bei ihrer Eingliederung zu unterstützen sind.

• Der Kronberger Kreis, ein Zusammenschluss pädagogischer Fachleute, veröffentlichte 1998 sein Konzept „Qualität im Dialog entwickeln". Das Qualitätsverständnis basiert auf einem bestimmten pädagogischen Konzept, dem in der Reform(hoch)zeit des Kindergartens entwickelten Situationsansatz, und beschreibt davon ausgehend „best practice", d. h. das, was die derzeit beste Fachpraxis im Sinne des Situationsansatzes wäre. Im reflektierten Dialog der pädagogischen Fachkräfte der Einrichtung, Eltern, Kinder und Träger sollen Veränderungsprozesse mit dem Inhalt stetiger Qualitätsentwicklung und -sicherung in Gang gesetzt werden. Die Besonderheit dieses Ansatzes liegt in der schrittweisen Erarbeitung des grundsätzlichen Verständnisses von guter pädagogischer Arbeit und seiner Umsetzung in konkrete Indikatoren. Die Qualitätsbereiche und -kriterien, die hier erarbeitet wurden, umfassen qualitative Grundorientierung, Programm- und Prozessqualität, Leitungsqualität, Personalqualität, Einrichtungs- und Raumqualität, Trägerqualität, Kosten-Nutzen-Qualität und Förderung von Qualität. In diesen acht Bereichen erfolgt die Ausformulierung fachlicher Kriterien, für die verschiedenen Felder allerdings in unterschiedlichem Differenzierungs- bzw. Konkretisierungsgrad.

• Um Instrumente der Qualitätssicherung ging es auch in dem Projekt QUINT – „Qualitätsentwicklung Integrationsplatz", das 2001–2003 in hessischen Kindergärten durchgeführt wurde. Das Projekt beschränkte sich auf einen Teilaspekt der integrativen Betreuung und Förderung, nämlich auf die Entwicklung geeigneter Verfahren zur individuellen Hilfeplanung und zur einzelfallbezogenen Dokumentation (vgl. Paries 2002).

---

5   Tietze/Viernickel vermerken auch, dass im Unterschied zu den meisten anderen Punkten die pädagogischen Fachkräfte, die ihre Aussagen zu Qualität an die Herausgeber sandten, zur Förderung von Kindern mit Behinderung eher wenige Antworten schickten (Tietze/Viernickel 2002, 21).

Fazit. Für den Bereich der Elementarpädagogik wurden Verfahren der Qualitätssicherung entwickelt oder Vereinbarungen und Bildungspläne erstellt, die die wesentlichen Aspekte der Qualität in der Elementarerziehung beschreiben. Die vorkommenden Gesichtspunkte sind (auch) für die Betreuung von Kindern mit Behinderung sehr bedeutsam. Der Betreuung, Erziehung und Bildung von Kindern mit Behinderung wird – über das Allgemeine hinaus – dabei jedoch nicht oder nur eingeschränkt Rechnung getragen.

4   Die Studie – Problemstellung

4.1   Untersuchungsinteresse

Das Interesse an den Wirkungen unterschiedlicher Formen der Eingliederungshilfe (vgl. Kap. 2) bezieht sich auf verschiedene Bereiche. Evaluiert werden sollen im Einzelnen
- die Fördereffekte, gemessen an Zielsetzungen der unterschiedlichen Konzepte,
- die Chancen sozialer Integration außerhalb der Einrichtungen,
- der Einbezug von Therapieangeboten in die Förderkonzepte und deren Wirkungen,
- die Zusammenarbeit mit anderen Fachdiensten.

Evaluiert werden sollen weiterhin
- Effekte der unterschiedlichen Formen der Eingliederungshilfe beim Übergang in den schulischen Bereich: Entwicklungen der Kinder in den ersten Schuljahren bzgl. sozialer Integration und bzgl. schulischer Leistung.

Evaluiert werden soll schließlich
- die Entsprechung vorhandener Betreuungsformen mit Elternwünschen nach familienentlastender Ergänzung
- und nach möglichst optimaler Entwicklung ihres Kindes.

Die Ergebnisse sollen über die weitere Gestaltung der Förderung und Erziehung von Kindern mit Behinderung bzw. der gemeinsamen Erziehung von Kindern mit und ohne Behinderung Aufschluss geben. Das Interesse richtet sich hier vor allem auf Arbeitsformen und -inhalte, die den Intentionen der Eingliederungshilfe im Besonderen entgegenkommen, auf bedarfsgerechte, geeignete Betreuungsprofile, Formen ganzheitlicher Entwicklungsförderung, Bausteine eines Qualifizierungskonzepts, auf Voraussetzungen interdisziplinärer Kooperation von Tageseinrichtungen und anderer Fachdienste, den Aufwand für ein leistungsfähiges und qualitatives Angebot (inhaltliche Ressourcenbeschreibung) und auf besonders wichtige und wirksame Elemente und Arbeitsformen, um die Ziele wohnortnaher Einzelintegration zu erreichen.

Insgesamt handelt es sich bei den zu evaluierenden Punkten um klassische Aspekte der Qualität, wobei die Frage nach der Wirksamkeit als einer der wesentlichen Qualitätsaspekte hervorgehoben wird. Die Frage nach der Qualität stellt sich als Frage nach (unterschiedlichen) Voraussetzungen, konkreten Betreuungsrealitäten und Entwicklungschancen vornehmlich der Kinder, letztlich aber aller Beteiligten an diesem Prozess. Es handelt sich um Qualitätsaspekte, die in der aktuellen Fachdebatte, zurückgehend auf Donabedian (1966)[6], auch unter den Schlagwörtern Struktur-, Prozess- und Ergebnisqualität beschrieben werden.

---

6   Wiewohl diese Kriterien ursprünglich für den Gesundheitsbereich entwickelt wurden, gelten sie heute als Standardkriterien der Evaluation auch im sozialen und pädagogischen Bereich.

Eine wissenschaftliche Untersuchung muss daher versuchen, die Faktoren dieser Ebenen mit den entsprechenden Fragestellungen zu erfassen.

4.2 Wissenschaftliche Fragestellungen

Wie die Faktoren der verschiedenen Ebenen aufgegriffen werden, hängt von der ersten und entscheidenden wissenschaftlichen Ausgangsfrage ab:

- Was wird unter „Qualität" und „Wirksamkeit der Betreuung von Kindern mit (und ohne) Behinderung" verstanden? Wie werden die Konstrukte „Qualität" und „Wirksamkeit" konkretisiert?

In der weiteren Untersuchung richtet sich unser Forschungsinteresse im Sinne einer Feldforschung auf wichtige Faktoren der Ebenen von Qualität und Wirksamkeit.

- Auf der Ebene der Strukturqualität geht es um die Frage der sächlichen und personellen Rahmenbedingungen. Nachgelagert werden zudem auch Fragen der Kompetenz der pädagogischen Fachkräfte in den Gruppen wie die der Leitung zum Thema. Auch die Aspekte der Kommunikation zwischen der Einrichtung und ihrem Träger sowie der Personalpolitik bilden wichtige Komponenten struktureller Qualität; auf diesem Wege wird wesentlich über die Rahmenbedingungen entschieden, in denen sich die pädagogische Arbeit realisiert.
- Die Qualität der Betreuung wird in einer ersten Phase, der Feststellung der Behinderung bzw. der Berechtigung zur Eingliederungshilfe und der Antragstellung für einen Platz in der Kindertageseinrichtung, von strukturellen wie prozesshaften Aspekten geformt. Sind sie dem Kind und seinen Eltern in ihrer Ausgangssituation adäquat? Was begründet letztlich die Entscheidung der Eltern für eine bestimmte Einrichtung?
- Der Prozess der Betreuung, Erziehung und Bildung der Kinder hat verschiedene Orientierungspunkte, abhängig von den Leitvorstellungen der beteiligten Subjekte. Daher sind elterliche wie professionelle Zielvorstellungen zu erheben. Anknüpfend daran kann die Frage nach der Bedarfsgerechtigkeit der Bedingungen und Angebote der Betreuung, Erziehung und Bildung gestellt werden.
- Prozessqualität profiliert sich in einem fachlich begründeten und praktisch realisierten Konzept der Kindertageseinrichtung. Kernstücke der Untersuchung sind deshalb Fragen nach dem „Was" und „Wie" der theoretisch-konzeptionellen Seite wie der praktischen pädagogischen Arbeit.
- Von dem Anspruch der Eingliederungshilfe her, der für jede Form der Betreuung von Kindern mit Behinderung gilt, stellt sich insbesondere die Frage nach dem Einbezug der Kinder innerhalb der Gruppe wie nach integrativen Aspekten außerhalb der Kindertageseinrichtung.
- Wie sieht das Verhältnis zwischen der Kindertageseinrichtung und den Eltern der Kinder aus? Diese Frage greift einen wichtigen Aspekt von Betreuungsqualität auf, geht es doch hier um die Vereinbarung von elterlichen und professionellen Einstellungen und Erziehungspraktiken.

• Im Hinblick auf die Wirksamkeit der Betreuung der Kinder im Alter von drei bis sechs Jahren sind auch Aspekte des Übergangs zur Schule und der schulischen Entwicklung des Kindes wichtige Anhaltspunkte. Dabei müssen wir dem Gesichtspunkt Beachtung schenken, dass der schulische Weg von Kindern mit Behinderung vielfach nicht maßgeblich von ihren Kompetenzen oder den Entscheidungen ihrer Eltern bestimmt wird, sondern durch das Spektrum der vorhandenen Angebote für Kinder mit Beeinträchtigungen.

5 Realisierung der Untersuchung – Anlage, Durchführung, Auswertung

5.1 Forschungsmethodische Überlegungen

In unserer Untersuchung wird die Wirksamkeit unterschiedlicher Betreuungsformen in ihren verschiedenen Facetten erkundet bzw. evaluiert. In dieser Hinsicht handelt es sich um Evaluationsforschung im weiteren Sinn (vgl. Wottawa/ Thierau 1998, 61), bei der wir uns an den Standards der empirischen Grundlagenforschung orientieren (vgl. Bortz/ Döring, 2002.3, 102–103).

In ihrem Vorfeld müssen zunächst die Konstrukte „Wirksamkeit" und „Qualität" operationalisiert, zumindest aber in wesentlichen Teilen konkretisiert werden. Bei beiden handelt es sich um keine objektiven Tatbestände, sondern sie werden real von betroffenen und beteiligten Subjekten definiert. Intersubjektive Überschneidungen bilden die gemeinsame Basis. Sie wird umso größer sein, je mehr fachlich fundierte Kriterien in die Vorstellungen von Qualität resp. Wirksamkeit eingehen. Auch „nicht-pädagogische" Maßstäbe sind reflektiert mit aufzunehmen, soweit sie sich auf Interesse und Bedarf der Kinder und ihrer Familien oder auf die Ressourcen und Arbeitsorganisation der Einrichtung beziehen. Die multiperspektivische Sichtweise wird durch den Einbezug von Beteiligten auf verschiedenen Ebenen gewährleistet. In unserer Untersuchung versuchen wir, diesen Anspruch durch einen Workshop zu Beginn mit Gruppen der verschiedenen Beteiligten zu realisieren, die eine solche gemeinsame Basis erarbeiten.

Da im Einzugsbereich des Landschaftsverbandes Westfalen-Lippe in der Betreuung von Kindern mit Behinderung das gesamte Trägerspektrum anzutreffen ist und die Träger-(vertretungen) ein großes Interesse an der Beteiligung *aller* ihrer Einrichtungen hatten, wurde eine flächendeckende Untersuchung konzipiert. Der Umfang der Untersuchung macht für uns eine schriftliche Befragung mit einem durchstrukturierten Fragebogen und einem relativ hohen Anteil an (auszuwählenden) Antwortvorgaben nötig (vgl. Bortz/ Döring 2002.3, 24). Die Aspekte, die dabei auf Grund der komplexen Fragestellungen zu erfassen sind, lassen den Fragebogen jedoch auf einen unübersichtlichen Umfang anwachsen und wären nur mit unzumutbarem Zeitaufwand zu bearbeiten. Daher erfolgt eine modularisierte Vertiefung: Es gibt einen Grundbefragungsteil für jede Einrichtung. Weitere Aspekte werden mit vier verschiedenen Vertiefungsmodulen erfasst. Jede Einrichtung erhält zusätzlich zu dem Grundbefragungsteil eines dieser Vertiefungsmodule. Mit den so erhobenen und quantitativ auszuwertenden Daten wird der Stand in den Einrichtungen gut beschreibbar. Adressaten der Themen, die dabei anzusprechen sind, sind die Einrichtungsleitungen.

Auf diesem Weg können viele Informationen eingeholt werden, doch genaue Beschreibung von Prozessen, Beziehungen und Wirkungsgeflechten sind so nicht möglich. Hierzu sind einrichtungsbezogene (halb-) offene Befragungen oder Interviews erforderlich. Von daher bietet sich die Kombination einer quantitativen und qualitativen Untersuchung an (Lamnek 2002, 190). Exemplarische einrichtungs- und kindbezogene Interviews mit verschiedenen Beteiligten können Hinweise auf Verläufe und Zusammenhänge der Betreuung und ihrer (wie auch immer) erlebten Wirkung geben. Darüber hinaus sind ihre Resultate vor dem Hintergrund der quantitativen Erhebung auch mehr als die Beschreibung einzelner Fälle. Sie können in Trends, typische oder atypische Muster usw. eingeordnet werden. Wir können so ein genaueres und erweitertes Verständnis der Aussagen erzielen, die wir durch die quantitative Untersuchung erhalten.

In unseren Fragestellungen beziehen sich die Vorstellungen von Qualität der Betreuung auch auf die Wirksamkeit über den Elementarbereich hinaus, nämlich auf die Schullaufbahn der Kinder. Die Kindertageseinrichtung resp. der Kindergarten ist der Ort, an dem wichtige Grundlagen für die weitere Entwicklung der Kinder gelegt werden. Unter den schon oben beschriebenen Überlegungen scheint uns dafür eine kindbezogene, halbstandardisierte schriftliche Befragung der verschiedenen Beteiligten sinnvoll. Sie erlaubt uns, eine mittelgroße, annähernd repräsentative Stichprobe zu befragen. Um wichtige Einflussfaktoren überblicken zu können, beziehen wir uns in diesem Teil der Untersuchung nur auf Kinder mit geistiger und Kinder mit körperlicher Beeinträchtigung.

Hinzuzufügen bleibt, dass wir nicht davon ausgehen, die Schulkarriere der Kinder sei letztlich von der vorschulischen Betreuung determiniert. Das Kind am Ende seiner Kindergartenzeit ist nicht schlicht das Resultat seiner Betreuung in der Tagesstätte. Neben wichtigen Einflüssen in der sonstigen Lebenswelt des Kindes wird der Besuch einer bestimmten Schule/ Schulform gerade bei Kindern mit Behinderung nur zu oft nicht durch Wunsch, Interesse und Fähigkeiten der Kinder oder ihrer Eltern entschieden. Das vorhandene Angebot zur Betreuung für Kinder mit Behinderung lässt sehr oft jede andere Überlegung in den Hintergrund treten. Im weiteren sind an der Beurteilung des Kindes in der Schule und an seinem schulischen Erfolg oder Misserfolg die Lehrer/innen ganz wesentlich beteiligt. Die Frage nach dem begonnenen schulischen Lebensweg der Kinder ist von daher vor allem die Frage nach den Ressourcen und Hindernissen, die die gegebenen Strukturen darstellen bzw. die die beteiligten Personen in die Prozesse mit einbringen.

5.2 Ein multimethodisches Untersuchungsdesign – Ebenen der Untersuchung und Zielgruppen

Entlang der eben beschriebenen Überlegungen konzipierten wir im Rahmen des Forschungsprojekts (neben der Durchführung eines Workshops zu Beginn und am Ende) drei Untersuchungsebenen: flächendeckend die schriftliche standardisierte einrichtungsbezogene Befragung, die qualitativen einrichtungs- und kindbezogenen Interviews mit Beteiligten aus Kindertageseinrichtungen (Eltern, Erzieherinnen, Leitung, Trägervertretung) und eine schriftliche halbstandardisierte kindbezogene Befragung der Beteiligten im Hinblick auf den Beginn der Schullaufbahn der Kinder (Eltern, Lehrerinnen, Erzieherinnen).

Workshop zur Erarbeitung eines Qualitäts- und Wirksamkeitsverständnisses
mit einer repräsentativen Vertretung der verschiedenen Funktionsgruppen
(Eltern, Erzieherinnen, Leiterinnen, Trägervertretungen)

Quantitative einrichtungsbezogene Untersuchung; eine weitgehend standardisierte schriftliche
Befragung der Kindertageseinrichtungen (Leitungen)
– Flächendeckend –

Qualitative kind- und einrichtungsbezogene Interviews mit Beteiligten aus Kindertageseinrichtungen
(Eltern, Erzieherinnen, Leitungen, Trägervertretungen)
– 10 Einrichtungen, 45 Interviews –

Halbstandardisierte kindbezogene Befragung im Hinblick auf den Beginn der Schullaufbahn der Kinder
(Eltern, Lehrerinnen, die ehemaligen Erzieherinnen des Kindes)
– Im Focus: 46 Kinder –

Workshop – Rückmeldungen zur Interpretation der Ergebnisse

– Kreis der Teilnehmer des ersten Workshop (s.o.) sowie Vertreterinnen der Einrichtungen,
in denen wir die Interviews durchführten –

Abb. 3: Untersuchungsebenen

Die Abbildung 3 entspricht in etwa der zeitlichen Reihenfolge, wobei sich Erhebungsphasen auch zeitlich überschneiden. Die Zeit der Datenerhebung insgesamt erstreckte sich über ca. $1^1/_2$ Jahre.

Abbildung 4 zeigt die Regionen in Westfalen-Lippe, in denen wir die flächendeckende quantitative einrichtungsbezogene Untersuchung (Grundbefragung), die qualitativen kind- und einrichtungsbezogenen Interviews und die halbstandardisierte kindbezogene Befragung im Hinblick auf den Beginn der Schullaufbahn der Kinder (schulbezogene Befragung) durchgeführt haben.

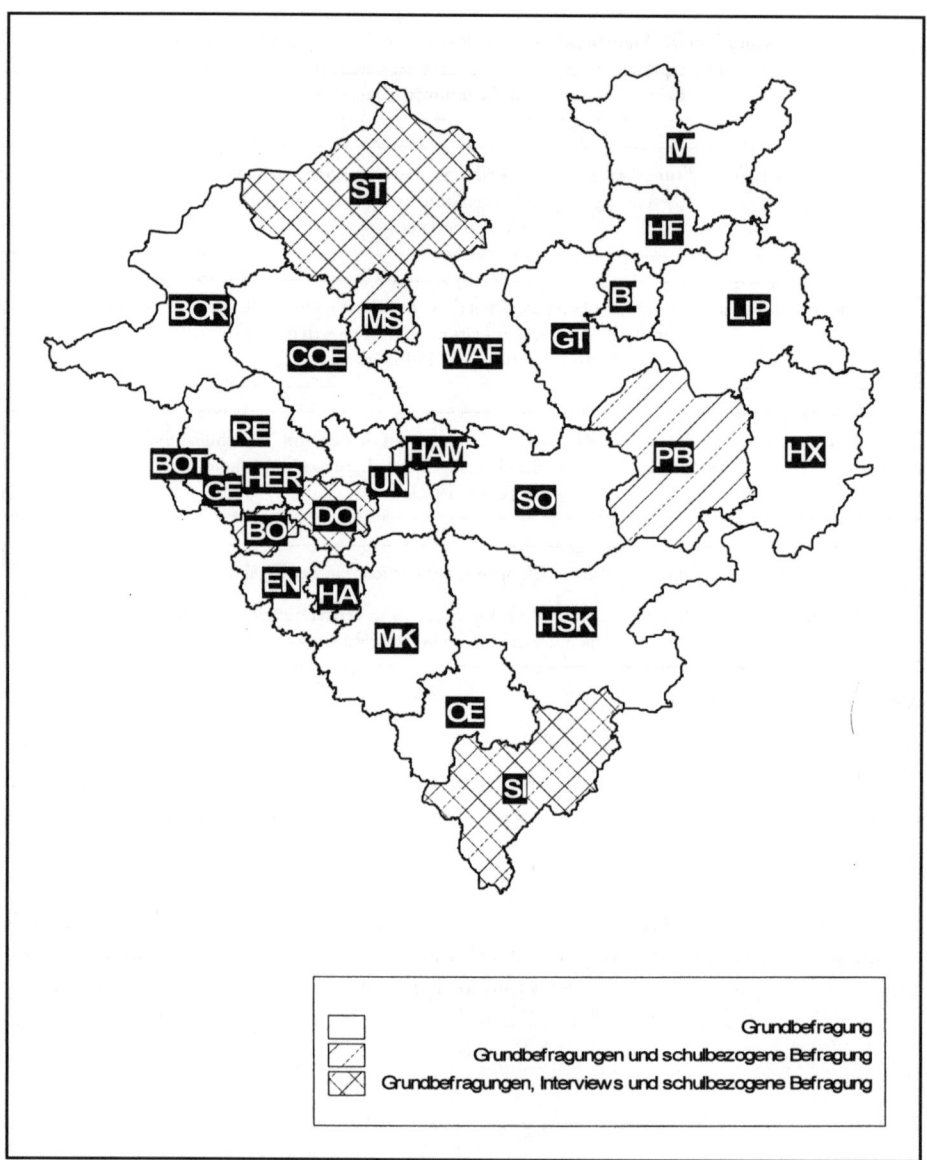

Abb. 4: Untersuchungsregionen der verschiedenen Erhebungsphasen in Westfalen-Lippe

5.2.1 Die quantitative einrichtungsbezogene Untersuchung (Grundbefragung)

Mit der schriftlichen standardisierten Befragung auf Einrichtungsebene wurden Struktur- und Prozessdaten sowie Ergebniseinschätzungen bei den Einrichtungen resp. bei den dort arbeitenden Fachkräften erhoben, die sich auf die oben ausgeführten Fragestellungen beziehen. In die Befragung wurden flächendeckend alle Kindergärten und Kindertagesstätten im Zuständigkeitsbereich des Landschaftsverbandes Westfalen-Lippe einbezogen, die (auch) Kinder mit Behinderung betreuen. Insgesamt bekamen 1492 Kindertageseinrichtungen den Fragebogen (Grundfragebogen und Vertiefungsmodul) zugesandt, davon 39 heilpädagogische Tagesstätten, 38 additive Tagesstätten, 52 Schwerpunkteinrichtungen und 1363 Regeleinrichtungen mit Einzelintegrationsmaßnahmen.

5.2.2 Die qualitativen kind- und einrichtungsbezogenen Interviews

In einem zweiten Schritt wurden die Informationen der quantitativen Befragung exemplarisch in 10 Einrichtungen verschiedenen Typs durch vertiefende qualitative Interviews präzisiert. Befragt wurden hier die Vertreter und Vertreterinnen der verschiedenen Beteiligtengruppen: Einrichtungsleitung, Mitarbeiterinnen, Eltern von Kindern mit Behinderung, Eltern von Kindern ohne Behinderung und Trägervertretungen[7]. Die Interviews fanden als Einzelinterviews (v. a. Leitungen und Trägervertretungen) und Gruppeninterviews statt. Bei den Gruppeninterviews wurden mehrere Personen *einer* Funktionsgruppe und einer Einrichtung gemeinsam interviewt (Mitarbeiterinnen einer Gruppe oder Eltern von Kindern mit Behinderung bzw. Eltern von Kindern ohne Behinderung aus einer Gruppe).

Das Untersuchungsdesign berücksichtigt weitgehend die Repräsentativität der Einrichtungen/ Gruppen, bezogen auf die Platzzahlen für Kinder mit Behinderung. Abweichungen kommen vor, begründet durch die gewollte Teilnahme aller Einrichtungstypen. Regionale Verschiedenheiten werden so weit wie möglich berücksichtigt.

5.2.3 Halbstandardisierte kindbezogene Befragung im Hinblick auf den Beginn der Schullaufbahn der Kinder (‚schulbezogene Befragung')

Um näheren Aufschluss über den Übergang zur Schule sowie die erste Schulzeit des Kindes zu erhalten, wird ein annähernd repräsentatives Sample von 46 Kindern aus verschiedenen Regionen unseres Untersuchungsgebietes zusammengestellt. ‚Annähernd repräsentativ' bedeutet hier, dass wir bei der Befragung soweit wie möglich die Verteilung des Betreuungstypus während der Kindergartenzeit, die anschließende Schulform, die verschiedenen Träger, Regionen und das Geschlecht der Kinder berücksichtigen. Um bei all diesen Aspekten, die Variationen erzeugen, noch aussagekräftige Informationen zu erhalten, versuchen wir die wesentliche Variable ‚Behinderung' überschaubar zu halten: Wir beschränken diese Befragung auf Personen des Umfeldes von Kindern mit einer *körperlichen* oder mit einer *geistigen* Behinderung.

---

7   Die von uns interviewten Trägervertretungen waren Geschäftsführer, Gemeindepfarrer, Abteilungsleitungen und Fachberatungen.

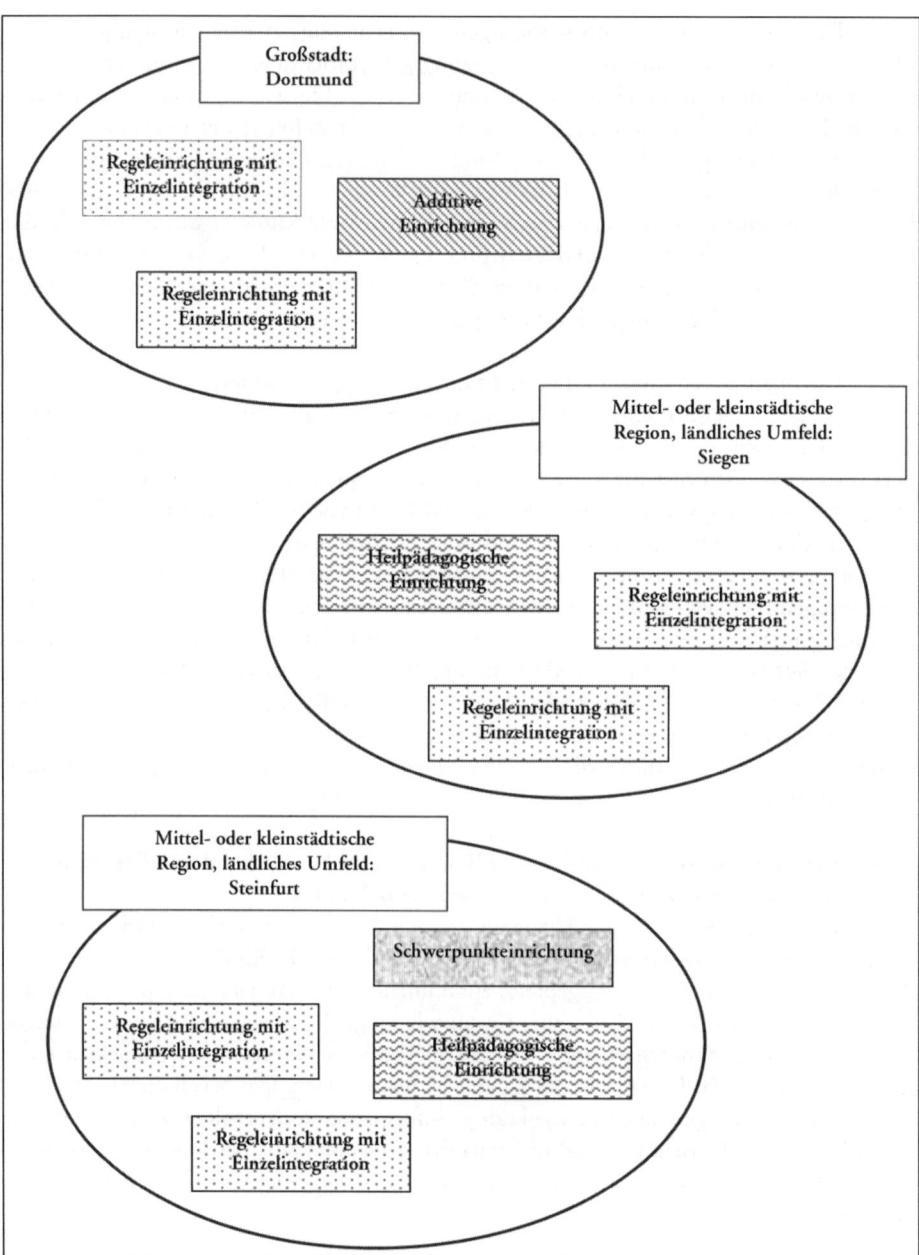

Abb. 5: Aufteilung der qualitativen kind- und einrichtungsbezogenen Interviews

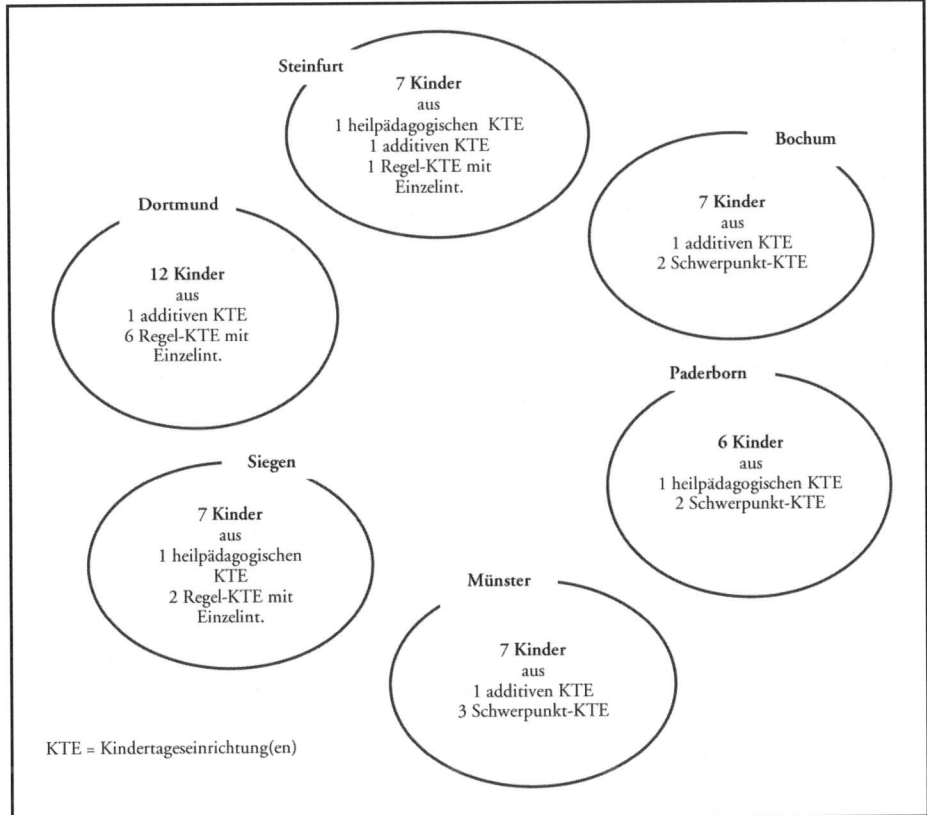

Abb. 6: Aufteilung der kind- und schulbezogenen Befragung

5.3 Untersuchungsverfahren

5.3.1 Fragebogen der quantitativen einrichtungsbezogenen Erhebung

In dem Grundfragebogen für alle Einrichtungen (vgl. 5.1) sind die wesentlichen Struktur-daten aufgenommen: Einrichtungstypus, Informationen zu den betreuten Kindern, zu dem Personal, zum Einzugsgebiet der Einrichtung. Kern des Erhebungsinstruments sind im wei-teren die thematisch relevanten Bereiche im Sinne unserer Fragestellungen, nämlich Fragen zu dem pädagogischen Konzept und zu den angebotenen Therapien, zu Aktivitäten im Zu-sammenhang des Übergangs Kindergarten-Schule, zu Vorstellungen über eine gelungene, wirksame Betreuung von Kindern mit und Kindern ohne Behinderung

Die Vertiefungsbogen, die jeweils etwa einem Viertel der Einrichtungen zugesandt wur-den, enthalten Fragen zur Einrichtungswahl der Eltern und Aufnahme der Kinder, zu Kooperationsstrukturen, Fachlichkeit und Fortbildung der Mitarbeiterinnen, zu Qualitäts-sicherung und -entwicklung. Dazu kamen tiefer gehende Fragen zu Themen des Grund-fragebogens, um diese weiter zu erschließen.

Die Fragen richten sich zu einem großen Teil auf objektivierbare Daten. Wir müssen jedoch berücksichtigen, dass wir die Informationen von dritter Seite erhalten, diese deshalb auch subjektive Verschiebungen beinhalten können. Zu einem guten Teil richten sich die Fragen auch direkt auf die *Einschätzung* oder *subjektiven Theorien* der Einrichtungsleitungen. Diesen unterschiedlichen Charakter berücksichtigen wir in der Auswertung.

Die Fragebogen wurden mit dem Programm TELE*form* maschinenlesbar erstellt, um die Daten später elektronisch zu erfassen und computergestützt analysieren zu können.

Die Erhebungsinstrumente wurden einem Probelauf mit Einrichtungsleitungen unterzogen, die nicht an der eigentlichen Untersuchung teilnahmen. Im weiteren fand eine Expertenvalidierung durch Fachkräfte aus der Praxis und durch versierte Wissenschaftler/innen statt, die mit dem Thema und mit der Forschung auf diesem Gebiet intensiv befasst sind. Einige wichtige Verbesserungen waren die Folge. Innerhalb einer Woche wurden alle Fragebogen verschickt, und zwar jeweils der Grundfragebogen mit einem der vier Vertiefungsmodule. Sie wurden repräsentativ zugeordnet, d. h. jeweils 25% der Einrichtungen einer Betreuungsform bekamen einen der vier Vertiefungsmodule. Sie wurden aus den Einrichtungen anonym zurückgesandt. Die Erhebung dauerte vom Zeitpunkt der Verschikkung bis zur letzten gültigen Rücksendung $3^1/_2$ Monate (Fragebogen im Internet, vgl. S. 15).

5.3.2 Interviews der qualitativen kind- und einrichtungsbezogenen Studie

Zur Vertiefung und Ergänzung der Informationen aus der quantitativen Befragung ist das Leitfadeninterview die Methode der Wahl. König (2002, 55) sieht darin die inzwischen „klassische Erhebungsmethode für die Erfassung subjektiver Theorien". Ein Leitfaden zur thematischen Orientierung dient zur Strukturierung des Gesprächs in der Interviewsituation. Die Leitfragen werden offen gehalten, so dass die Interviewten in freien Erzählsequenzen ihre eigenen Sichtweisen und Überlegungen darstellen können (vgl. König 2002; vgl. Lamnek 2002). Im Sinne Mayrings (2002) handelt es sich um problemzentrierte Interviews, in denen die Interviewten zwar gemäß dem Leitfaden auf bestimmte Themen und Probleme hin angesprochen werden, doch sie können und sollen ohne jede Vorgabe darauf reagieren (ebd. S. 69).

Für die Beteiligten – Einrichtungsleitung, Mitarbeiterinnen, Eltern (von Kindern mit und von Kindern ohne Behinderung) und Trägervertretern – wurden vier rollenspezifische Leitfäden entwickelt, die sich teilweise deckten, teilweise unterschiedliche Themen in das Blickfeld rückten – spezifische Themen, die für jeweils diese Rollenträger von Bedeutung sind. Die Leitfragen entstammen den Themenbereichen der quantitativen Befragung (Grundbefragung und Vertiefung). Durch das gezielte Eingehen auf die jeweiligen Rollenträger, die getrennt voneinander interviewt wurden, ist es besonders gut möglich, die subjektiven Theorien der einzelnen zu ergründen, darin Gemeinsamkeiten und Differenzen zu finden. Vor dem Hintergrund der breiten quantitativen Befragung wird es möglich, die einzelnen Bereiche zu konkretisieren und ihre subjektive Bedeutung für den einzelnen bzw. für die verschiedenen Rollenträger zu erfahren.

Bis auf die Gespräche mit den Trägervertretern fanden die Interviews in den Kindertageseinrichtungen statt.

Sie wurden mit Einverständnis der Befragten auf Band aufgenommen und anschließend verschriftlicht. Namen und Einrichtungen wurden anonymisiert.

5.3.3 Halbstandardisierter Fragebogen der kindbezogenen Befragung im Hinblick auf den Beginn der Schullaufbahn

Um Hinweise auf Zusammenhänge der Betreuung von Kindern im Vorschulbereich und ihrem Schuleintritt zu erhalten, nehmen wir Kinder in den Blick, die in ihrem ersten, zweiten oder dritten Schulbesuchsjahr sind. Zum ersten Mal befragen wir bereichsübergreifend die (ehemaligen) Erzieherinnen bzw. Erzieher eines Kindes sowie seine derzeitigen Lehrerinnen, zudem die Eltern über die Entwicklung des Kindes in Kindergarten und Schule. Wir sind uns bewusst, dass eine *nachträgliche* Befragung der Erzieherinnen besondere Unsicherheiten hat, sehen aber auch den Vorteil, den ein Urteil aus einem gewissen zeitlichen Abstand heraus hat.

Die Fragebogen wurden auf die drei Funktionsgruppen hin spezifiziert. Sie enthalten jeweils Fragen mit auszuwählenden Antwortvorgaben sowie einen guten Teil offener Fragen. Neben den objektiven Daten zu dem Kind und seiner Betreuung geht es in der Befragung der Erzieherinnen um die Entwicklung des Kindes in seiner Kindergartenzeit, um die Aktivitäten in dem Übergang zur Schule, um kindergarten- und schulbezogene Entwicklungs- und Bildungsvorstellungen der Erzieherinnen.

Bei den Eltern liegt der Schwerpunkt der Befragung auf der rückblickenden Einschätzung der Kindergartenzeit ihrer Tochter oder ihres Sohnes, auf dem Prozess der Schulwahl, auf den elterlichen Erwartungen und derzeitigen Einschätzungen im Hinblick auf die Schule und auf ihren Vorstellungen über die schulvorbereitende Funktion des Kindergartens.

Lehrerinnen und Lehrer werden zu ihren Aktivitäten während des Übergangs des Kindes von dem Kindergarten in die Schule befragt, zur Entwicklung des Kindes in der Schule und zu seinen sozialen Kontakten, zu ihrer Einschätzung darüber, was das Kind aus der Kindergartenzeit mitbrachte sowie zu ihren kindergarten- und schulbezogenen Entwicklungs- und Bildungsvorstellungen (Fragebogen im Internet, vgl. S. 15).

Die Durchführung dieses Untersuchungsteils gestaltete sich höchst aufwendig, da Anonymität zu gewährleisten war, gleichzeitig aber auch das Einverständnis der Eltern einzuholen, die Bereitschaft zur Mitarbeit bei Eltern, Erzieherinnen und Lehrer/innen jeweils eines bestimmten Kindes zu erkunden und außerdem sicherzustellen war, dass die jeweils drei Fragebogen pro Kind an die richtigen Stellen kamen und anschließend wieder richtig zusammengeführt wurden. Einen sehr großen Teil dieser Koordinationsarbeit übernahmen die Leitungen einiger Kindertageseinrichtungen (denen wir hier an prominenter Stelle einen extra Dank aussprechen möchten).

5.4 Auswertungsverfahren

5.4.1 Datenauswertung der einzelnen Untersuchungen

- Die Daten der quantitativen einrichtungsbezogenen Untersuchung wurden einzeln in einer ersten Sichtung einer Plausibilitätsprüfung unterzogen, Antworten auf offene Fragen bzw. Bemerkungen wurden codiert. Anschließend wurden die Daten maschinell eingelesen, erneut auf Plausibilität hin überprüft und ggf. durch Eingabe per Hand korrigiert. Häufigkeitstabellen und deskriptive Statistiken bzw. deskriptive Analysen wurden mittels SPSS (Statistical Package for the Social Sciences) berechnet. Für die analytische Statistik kamen im Wesentlichen nur nicht-parametrische Tests zur Anwendung (Chi-

Quadrat-Test und in wenigen Fällen U-Test nach Mann und Whitney). Da die Regeleinrichtungen mit Einzelintegration in der realen Verteilung wie in den gültigen Rückläufen 90% ausmachen, einrichtungsbezogene Summen und Mittelwerte daher fast identisch mit denen der Regeleinrichtungen sind (wobei dort aber nur ca. die Hälfte der Kinder mit Behinderung betreut werden), mussten für redliche Signifikanzprüfungen die Zahlen der verschiedenen Einrichtungstypen jeweils *paarweise* miteinander verglichen werden. Angesichts des hohen Datenumfangs beschränkten wir die Signifikanzprüfungen auf die für uns zentralen Fragestellungen und hier auf Konstellationen, bei denen die Datenlage nicht ohnehin offensichtliche Ergebnisse erwarten ließ. Nach Bortz (2002.3, 384) ist dieses explorative Signifikanztesten sinnvoll, wenn bei der „Dateninspektion" interessante Effekte auftauchen, die „auf Probe" durch einen Signifikanztest überprüft werden, um die Augenscheinbeurteilung zu präzisieren (Tabellen und durchgeführten Signifikanzprüfungen: im Internet).

- Die verschriftlichten qualitativen kindbezogenen Interviews wurden vom Tonband aus vorsichtig zusammenfassend verschriftlicht, wobei die Zusammenfassung nach strukturierten inhaltsanalytischen Gesichtspunkten erfolgte (vgl. Mayring 2002, 94–97). Das Material wurde einer tiefergehenden semantischen und pragmatischen Inhaltsanalyse unterzogen (vgl. Groeben/ Rustemeyer 2002, 233; vgl. Mayring 1997; vgl. Lamnek 2005). In einem nächsten Schritt wurden große themenspezifische Bereiche sequentiert, innerhalb dieser Sequenzen wurden Kategorien als Analyseeinheiten festgelegt, nach denen anschließend das verschriftlichte Material thematisch codiert wurde. Das Kategoriensystem wurde aus den Fragestellungen unserer Untersuchung hergeleitet und durch induktive Kategorienbildungen ergänzt (vgl. Mayring 2002, 115; vgl. Groeben/ Rustemeyer 2002, 239). Die Auswertung erfolgte computerunterstützt mit dem Programm MAXQDA, das eine effektive Verwaltung der großen Textmengen und der von uns inhaltlich zugeordneten analytischen Kategorien (Codes) möglich macht.
- Die Daten der halbstandardisierten kindbezogenen Befragung im Hinblick auf den Beginn der Schullaufbahn der Kinder wurden ähnlich der Daten der quantitativen einrichtungsbezogenen Untersuchung bearbeitet. Der Anteil zu codierender Antworten war bei der Befragung im Hinblick auf den Beginn der Schullaufbahn allerdings höher.

5.4.2 Methodische Triangulierung
Die Kombination quantitativer und qualitativer Verfahren mit ihren unterschiedlichen methodischen Zugängen hat ihren Wert in der Erweiterung und Vervollständigung der Erkenntnisse, die auf verschiedenen Ebenen gewonnen und in einer Gesamtschau integriert werden können. Die Variation der Perspektiven – unterschiedliche Perspektiven aus verschiedenen Betreuungs- und Erziehungsformen heraus, unterschiedliche Perspektiven verschiedener Rollenträger und zeitlich unterschiedliche Perspektiven – werden als komplementäre Bausteine betrachtet, um die Inhaltsbereiche einer Untersuchung zu betrachten (vgl. Bos/ Koller 2002, 271–272; vgl. Lamnek 2002, 190). Abb. 7 zeigt exemplarisch die Zuordnung der verschiedenen Kategorien im Rahmen einer methodischen Triangulation, hier zu dem Inhaltsbereich „Übergang Kindertageseinrichtung – Schule"

Der Umfang der Daten und Auswertungsresultate macht eine radikale Zusammenführung aller Erkenntnisse und Ergebnisse notwendig. Wir verzichten in der Darstellung der

12.1 Übergang Kindertageseinrichtung – Schule (Schulvorbereitung, Kooperation)		
Einzeluntersuchung	**Frage / Kategorien**	**Verfahrens-spezifische Codes**
Grundbefragung	Besondere schulvorbereitende Aktivitäten	A36
	Zusammenarbeit mit den Schulen	A37
	Falls Zusammenarbeit – mit welchen Schulen?	A38
Vertiefung	Informationen der Mitarbeiterinnen über Schule	C6
	Zusammenarbeit mit Schulen (Form)	C7
Interview Eltern	Wünsche zum Übergang Schule von Eltern	D1; D2 26
	Schulvorbereitende Angebote KTE (und Wertung)	D3 28
	Schulvorbereitende Angebote Schule	D4 29
Interview Mitarb.	Schulvorbereitende Angebote KTE (und Wertung)	H1; H2; 28
	Schulvorbereitende Angebote Schule	H4 29
	Rückmeldungen von Schule	H5 30
	Ziele bei Kooperation mit Schulen	H6 31
	Abschied von KTE	H7 32
Interview Leitg.	Wünsche zum Übergang Schule von Eltern	K2 26
	Wünsche zum Übergang Schule von Schulen	K3 27
	Schulvorbereitende Angebote KTE (und Wertung)	K1 28
	Schulvorbereitende Angebote Schule	K4 29
	Rückmeldungen von Schule	K5 30
Interview Träger	--	
schulbezogene Befr. – Eltern	Gab es spez. Angebote zur Schulvorbereitung durch KTE?	Elt42
	Art der Schulvorbereitung	Elt43
	Nützliches Gelerntes aus Kindergarten für Schule	Elt44
	Hätte sie/ er im Kindergarten mehr/ anderes lernen sollen?	Elt45
schulbezogene Befr. – Erzieh.	Gab es spez. Angebote zur Schulvorbereitung durch KTE?	Erz26
	Nützliches Gelerntes aus Kindergarten für Schule	Erz15
schulbezogene Befr. – Lehrer	Nützliches Gelerntes aus Kindergarten für Schule	Le39
	Hätte sie/ er im Kindergarten mehr/ anderes lernen sollen?	Le40

Abb. 7: Zuordnung im Rahmen einer methodischen Triangulation am Beispiel ‚Übergang Kindertageseinrichtung – Schule'

Ergebnisse deshalb auf die meist übliche *gesonderte* Vorstellung der Ergebnisse verschiedener Verfahren bzw. der Einzeluntersuchungen. Die Ergebnisse und Interpretationen der drei Einzeluntersuchungen werden gleich in ihrem *thematischen* Zusammenhang vorgestellt, wobei die jeweiligen Quellen (methodischen Verfahren) wie der Charakter des Dargestellten (Daten oder Interpretation) kenntlich bleiben.

5.5 Der Rücklauf

Die Interviews konnten wie oben beschrieben (Kap. 5.2.2 und 5.2.3) durchgeführt werden. Für den Rücklauf der beiden quantitativen Untersuchungsteile ergab sich folgendes Bild:

5.5.1 Die quantitative einrichtungsbezogene Untersuchung – Rücklauf

Im Frühjahr 2003 wurden insgesamt 1492 Fragebögen direkt an alle Einrichtungen versandt, die zu diesem Zeitpunkt (auch) Kinder mit Behinderung betreu(t)en. Die Träger wurden mit einem Ansichtsexemplar und der Bitte um Unterstützung unserer Untersuchung im Vorfeld informiert. Jedem Grundfragebogen wurde ein Vertiefungsteil beigefügt; die Aufteilung hier erfolgte nach dem Zufallsprinzip mit der Einschränkung, dass wir auf eine anteilig gleichmäßige Verteilung der Vertiefungsteile auf die vier Einrichtungstypen achteten. Tab. 1 zeigt den Rücklauf.

Tab. 1: Rücklauf insgesamt, Grundfragebogen und Vertiefungsbogen

Insgesamt versandt		Rücklauf		
		gesamt	gültig	ungültig
Grundfragebogen A	1 492	1 100 (73,7%)	1 068 (71,6%)	32 (2,1%)
Vertiefung B	373		273 (73,2%)	
Vertiefung C	373		277 (74,3%)	
Vertiefung D	373		252 (67,6%)	
Vertiefung E	373		266 (71,3%)	

Bis zum Ende der Rücklaufzeit am 15.07.03 gingen insgesamt 1100 Fragebögen ein (Rücklauf von 73,7%), wovon 32 (2,1%) aus verschiedenen Gründen nicht ausgewertet werden konnten. Der ausgewertete Rücklauf umfasst also 1068 Einrichtungen (71,6%). Die Vertiefungsteile waren dabei annähernd gleich vertreten: Vertiefung B (Anmeldung und Aufnahme der Kinder mit Behinderung; Kooperationen) mit 273 Bogen (73,2%); Vertiefung C (Strukturen der Einrichtung; Übergang Schule; Wirksamkeit aus Sicht der Eltern; Fachlichkeit und Fortbildung) mit 277 Bogen (74,3%); Vertiefung D (Konzept; Betreuungsprofile; Formen pädagogischer Arbeit, kindbezogene Reflexion, Entwicklungsdokumentation; Kooperation mit Eltern) mit 252 Bogen (67,6%) und Vertiefung E (Therapie; Qualität) mit 266 Bogen (71,3%).

Bezogen auf die Einrichtungstypen zeigt Tab. 2 den Rücklauf.

Tab. 2: Rücklauf nach Einrichtungstypen (Grundfragebogen inklusive Vertiefungsbogen)

	Heil-pädagogische Tagesstätten	Additive Einrichtungen	Schwerpunkt-einrichtungen	Regeleinr. mit Einzel-integration	Gesamt
Gesamt in Westfalen-Lippe[8]	39	38	52	1 363	1 492
Rücklauf	23 (59,0%)	38 (100%)	46 (88,5%)	961 (70,5%)	1 068 (71,6%)

Von den (zum Untersuchungszeitpunkt) 39 heilpädagogischen Einrichtungen im Einzugs-bereich des LWL schickten 23 unseren Fragebogen ausgefüllt zurück (59,0%), die 38 additiven Einrichtungen antworteten alle (100%), von 52 Schwerpunkteinrichtungen beteiligten sich 46 (88,5%) und von 1363 Regeleinrichtungen 961 (70,5%). Allerdings ist vom Gesamtbild einzelner Fragebogen her zu vermuten, dass sich einige der heilpädagogischen Einrichtungen als additive Einrichtungen charakterisiert haben[9]. Demnach wäre der Rücklauf seitens der heilpädagogischen Einrichtungen eigentlich etwas höher, seitens der additiven Einrichtungen etwas niedriger. Aufgrund der Anonymität der teilnehmenden Einrichtungen ist dies jedoch nicht zu überprüfen.

Die zahlenmäßig deutliche Dominanz der Regeleinrichtungen mit Einzelintegration relativiert sich merklich, blickt man nicht auf die Zahl der Einrichtungen, sondern auf die Verteilung der Betreuungsplätze für Kinder mit Behinderung (Tab. 3).

Tab. 3: Rücklauf nach Plätzen für Kinder mit Behinderung von 3 Jahren bis zum Beginn der Schulpflicht (Grundfragebogen inklusive Vertiefungsbogen)

	Heil-pädagogische Tagesstätten	Additive Einrichtungen	Schwerpunkt-einrichtungen	Regeleinr. mit Einzel-integration	Gesamt
Gesamt in Westfalen-Lippe[10]	1 132	983	392	2 958	5 465
Rücklauf	742 (65,5%)	998 (>100%)	320 (81,6%)	2 353 (79,5%)	4 413 (80,8%)

---

8 Nach Statistiken des LWL: Abt. Soziales, Pflege und Rehabilitation vom 01.01.2003 und Landesjugendamt und Westfälische Schulen vom 31.12.2002.

9 Einige formal heilpädagogische Einrichtungen arbeiten mit einer Regeleinrichtung unter einem Dach zusammen und mischen teilweise auch die Kinder in den Gruppen, so dass die Gruppen der realen Arbeits-weise nach eher den Schwerpunktgruppen nahe kommen.

10 Vgl. Fn. 8. Die Platzzahlen enthalten Notgruppen, aber keine Überbelegungen.

In unserer Untersuchung haben wir von den zum Untersuchungszeitpunkt angegebenen Betreuungsplätzen für Kinder mit Behinderung in heilpädagogischen Einrichtungen 65,5% erfasst. Die teilnehmenden additiven Einrichtungen berichteten von einer etwas höheren Zahl von Betreuungsplätzen für Kinder mit Behinderung, als in der Statistik des LWL angegeben. Die Zahlen können Überbelegungen enthalten sowie evtl. Plätze in der einen oder anderen formal heilpädagogischen Einrichtung, die sich aber als additiv charakterisiert hat (s. o.). Bezogen auf Schwerpunkteinrichtungen können wir für 81,6% der Betreuungsplätze für Kinder mit Behinderung Aussagen machen, bezogen auf Regeleinrichtungen mit Einzelintegration für 79,5%.

Betreuungszahlen in den teilnehmenden Einrichtungen:
Unser Augenmerk richtet sich auf die Kinder im Alter von drei Jahren bis zum Beginn der Schulpflicht. Insgesamt werden in den Einrichtungen jedoch mehr Kinder betreut (Tab. 4.)

In allen Einrichtungstypen liegt der Schwerpunkt auf der Betreuung von Kindern ab drei Jahren bis zum Beginn der Schulpflicht. Der Anteil der Kinder mit Behinderung an dieser Altersgruppe variiert erwartungsgemäß zwischen den Einrichtungstypen (Tab. 5).

In den vier Einrichtungstypen werden in unterschiedlichem Ausmaß Kinder betreut, die von den Leitungen als schwer mehrfach behindert bezeichnet werden:[11]

In heilpädagogischen Tagesstätten gelten nach Auskunft der Leitungen 40,8% der Kinder mit Behinderung als schwer mehrfach behindert, in den additven Einrichtungen 43,8%, in Schwerpunkteinrichtungen 30,9% und in Regeleinrichtungen mit Einzelintegration noch 20,7% (vgl. Tab. A6.2, Materialien).

Tab. 4/ A4: Betreuungszahlen aller Kinder der verschiedenen Altersgruppen (Grundbefragung)

	Heil-pädagogische Tagesstätten (n=23)	Additive Einrichtungen (n=38)	Schwerpunkt-einrichtungen (n=46)	Regeleinr. mit Einzel-integration (n=961)	Gesamt (N=1068)
	Anzahl	Anzahl	Anzahl	Anzahl	Anzahl
Kinder unter drei Jahren	25	56	92	1156	1329
Kinder ab drei Jahren bis zum Beginn der Schulpflicht	742	2087	3099	66659	72587
Kinder im Schulalter	0	42	161	3105	3308
Gesamt	767	2185	3352	70920	77224

---

11 Wir fragten in unserer Grundbefragung, wie viele Kinder in der Einrichtung schwer mehrfach behindert und sehr hilfebedürftig sind. Um den Interpretationsspielraum hier einzugrenzen, haben wir dies folgendermaßen definiert: „Das Kind wird immer gefüttert oder braucht immer personelle Hilfe bei der Fortbewegung oder braucht überwiegend Vermittlungshilfen Erwachsener beim Kommunizieren oder wird täglich gewindelt oder ist äußerst verhaltensauffällig".

Tab. 5/ A6.1: Betreuungszahlen aller Kinder ab drei Jahren bis zum Beginn der Schulpflicht, davon Kinder mit Behinderung (Grundbefragung)

	Heil-pädagogische Tagesstätten (n=23)	Additive Einrichtungen (n=38)	Schwerpunkt-einrichtungen (n=46)	Regeleinr. mit Einzel-integration (n=961)	Gesamt (N=1068)
	Anzahl	Anzahl	Anzahl	Anzahl	Anzahl
Kinder ab drei Jahren bis zum Beginn der Schulpflicht	742	2087	3099	66659	72587
davon: Kinder mit Behinderung	742	998	320	2353	4413
	Prozent	Prozent	Prozent	Prozent	Prozent
Anteil der Kinder *mit Behinderung* an den Kindern von drei Jahren bis zum Beginn der Schulpflicht (%)	100	47,8	10,3	3,5	6,1

5.5.2 Halbstandardisierte kindbezogene Befragung im Hinblick auf den Beginn der Schullaufbahn der Kinder – Rücklauf

An unserer kindbezogenen Befragung nahmen Eltern, ehemalige Erzieherinnen und die Klassenlehrer/innen von 46 Kindern teil. 21 Kinder haben eine Körperbehinderung und 25 Kinder eine geistige Behinderung. Mehrfachbehinderung wird der geistigen Behinderung zugerechnet, sofern die Kinder in der Schule nach den Richtlinien für Kinder mit geistiger Behinderung unterrichtet werden. Als *Set* bezeichnen wir alle Rollenträger um jeweils ein Kind herum, d. h. die Eltern des Kindes, seine ehemalige Erzieherin und seine jetzige Lehrerin bzw. sein Lehrer (Tab. 6).

Tab. 6: Rücklauf insgesamt (schulbezogene Befragung), aufgeschlüsselt nach der Behinderung der Kinder und bezogen auf die verschiedenen Rollenträger

Insgesamt versandt		Rücklauf		
		Kinder mit Körperbehinderung (n=21)	Kinder mit geistiger Behinderung (n=25)	Gesamt (N=46)
Erzieher/innen	46	21 (100%)	25 (100%)	46 (100%)
Eltern	46	20 (95,2%)	21 (84,0%)	41 (89,1%)
Lehrer/innen	46	12 (57,1%)	21 (84,0%)	33 (71,7%)
Sets	46	11 (52,4%)	17 (68,0%)	28 (60,9%)

Die Bereitschaft an der Befragung teilzunehmen wurde im Vorfeld ermittelt. Der Rücklauf bei den befragten Erzieherinnen (100%) und Eltern (89,1%) ist dementsprechend hoch. Die Lehrerinnen von Kindern mit Körperbehinderung antworteten deutlich seltener, wodurch der Rücklauf bei den Lehrerinnen insgesamt etwas schwächer ausfällt (71,7%). Wegen fehlender Fragebogen (Eltern oder Lehrerinnen) bei einzelnen Kindern kommen wir für 28 von 46 Kindern (60,9%) auf ein vollständiges Set aller Perspektiven.

Die Kinder unserer Befragung besuchen unterschiedliche Schulen/ Schulformen: elf Kinder (23,9%) besuchen Sonderschulen für Kinder mit Körperbehinderung und sechzehn Kinder (34,8%) Sonderschulen für Kinder mit geistiger Behinderung. Zehn Kinder (21,7%) besuchen Klassen mit mehreren Kindern mit Behinderung und einer aufgrund des sonderpädagogischen Förderbedarfs dieser Kinder umfangreichen pädagogischen Doppelbesetzung in allgemeinen Grundschulen (von den Eltern als „Integrationsklassen" bezeichnet). Sechs Kinder (13,0%) gehen als einzelne Kinder mit Behinderung in eine Grundschulklasse und erhalten dort einige Studien sonderpädagogische Förderung. Ein Kind (13,0%) besucht eine Sprachheilschule, so dass wir die schulbezogenen Angaben nicht verwendet haben und für zwei Kinder (4,3%) fehlen uns die Angaben über den Schulbesuch, da weder Eltern noch Lehrerinnen geantwortet haben (vgl. Tab. Elt3 und Le3, Materialien).

Im Kindergarten waren die Kinder in unterschiedlichen Einrichtungstypen und unterschiedlichen Gruppenformen betreut worden (Abb. 8):

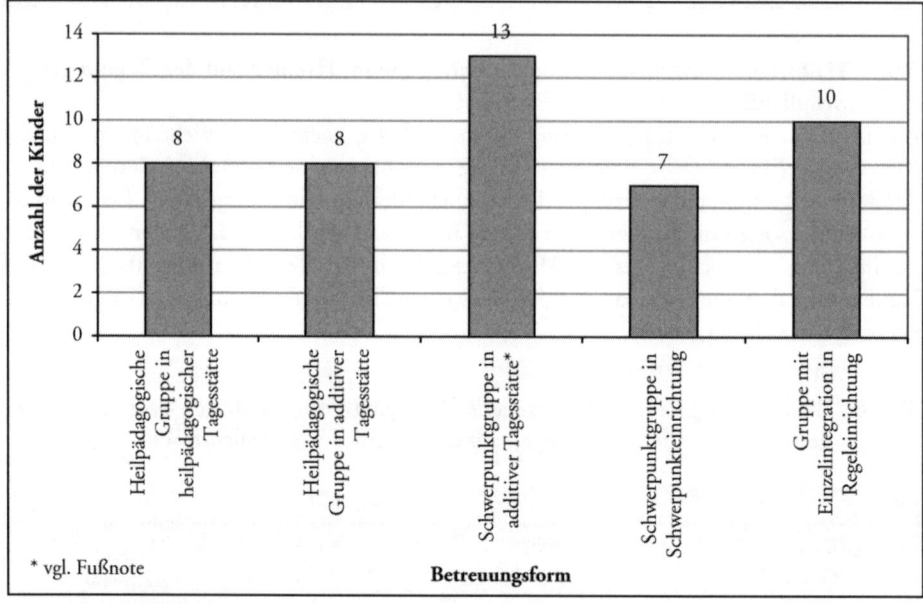

Abb. 8/ Erz3: Betreuungsform (Gruppenform/ Einrichtungstyp), in der die Kinder während ihrer Kindergartenzeit betreut wurden

---

12 Der offizielle Sprachgebrauch in der Untersuchungsregion kennt keine Schwerpunktgruppen in additiven Einrichtungen. Wir bezeichnen damit formelle Regel- und heilpädagogische Gruppen, die sich faktisch zu einer Schwerpunktgruppe mischen.

Insgesamt besuchten sechzehn Kinder (34,8%) vor ihrer Einschulung heilpädagogische Kindergruppen, jeweils zur Hälfte in heilpädagogischen (acht Kinder) und in additiven Einrichtungen (acht Kinder). Zwanzig Kinder (43,5%) wurden in Schwerpunktgruppen betreut, häufiger in additiven Einrichtungen[13] (dreizehn Kinder) als in Schwerpunkteinrichtungen (sieben Kinder). Zehn Kinder besuchten Regeleinrichtungen mit Einzelintegration.

In Bezug zur Behinderung des Kindes zeigt sich folgendes Bild des Schulbesuchs (Tab. 7):

Tab. 7/ Elt3: Derzeitige Schule des Kindes in Bezug zur Behinderung (schulbezogene Befragung)[14]

	Kinder mit Körperbehinderung (n=19)[14]		Kinder mit geistiger Behinderung (n=21)		Gesamt (N=40)	
	Anzahl	%	Anzahl	%	Anzahl	%
eine Sonderschule für Kinder mit Körperbehinderung	9	47,4	2	9,5	11	27,5
eine Sonderschule für Kinder mit geistiger Behinderung	-	-	13	61,9	13	32,5
eine ‚Integrationsklasse' an einer Grundschule	5	26,3	5	23,8	10	25,0
eine allgemeine Grundschule als einzelnes Kind mit Behinderung*	5	26,3	1	4,8	6	15,0
Gesamt	19	100	21	100	40	100

* Zwei Kinder mit Körperbehinderung besuchen eine Grundschule als „Regelkinder".

Kinder mit Körperbehinderung besuchen am häufigsten eine Sonderschule mit diesem Schwerpunkt (47,4%) aber auch zwei Kinder (9,5%), die (zusätzlich) eine geistige Behinderung haben, besuchen Klassen an Sonderschulen für Kinder mit Körperbehinderung. Ansonsten geht die Mehrzahl der Kinder mit geistiger Behinderung (61,9%) in Sonderschulen mit diesem Förderschwerpunkt. „Integrationsklassen" an Grundschulen[15] werden von Kindern mit körperlicher und mit geistiger Behinderung nahezu gleichermaßen häufig besucht (26,3% bzw. 23,8%). Kinder mit Körperbehinderung besuchen öfter allgemeine Grundschulklassen (26,3%), wobei zwei dieser Kinder offiziell als Regelkinder in die Grundschule gehen. Nur ein Kind mit geistiger Behinderung aus unserer Untersuchungspopulation besucht eine allgemeine Grundschulklasse.

---

13 Dieser Tabelle liegen nur die Elternaussagen zugrunde.
14 Ein Kind mit Körperbehinderung fehlt in dieser Aufstellung, da es eine andere Sonderschulform besucht. Wir haben die Angaben der Eltern über den Schulbesuch nicht weiter einbezogen.
15 Klassen, die mehrere Kinder mit Behinderung besuchen und die aufgrund des sonderpädagogischen Förderbedarfs dieser Kinder Ressourcen so bündeln, dass für die meiste Zeit der Schulwoche eine pädagogische Doppelbesetzung in den Klassen besteht.

Die Kinder, auf die wir uns in unserer Befragung beziehen, besuchen zum Erhebungszeitpunkt schwerpunktmäßig im ersten und zweiten Jahr die Schule (Kinder mit Körperbehinderung: 31,6% bzw. 52,6% und Kinder mit geistiger Behinderung 57,1% bzw. 14,3%). Einige Kinder befinden sich im dritten Schuljahr (zwei Kinder mit Körperbehinderung = 10,5% und fünf Kinder mit geistiger Behinderung = 23,8%). Jeweils ein Kind mit körperlicher (5,3%) und ein Kind mit geistiger Behinderung (4,8%) besucht bereits das vierte Jahr die Schule (vgl. Tab. Elt4, Materialien).

Die *Dauer ihres vorschulischen Kindergartenbesuchs* variiert bei den einzelnen Kindern und ist bei denjenigen aus heilpädagogischen Gruppen tendenziell etwas kürzer, wenn auch insgesamt der Schwerpunkt auf einem dreijährigen Kindergartenbesuch liegt. Im einzelnen zeigt sich folgende Aufteilung: Drei Kinder aus additiven Einrichtungen waren zuvor nur ein Jahr im Kindergarten (14,3%) und die Hälfte der Kinder aus heilpädagogischen Einrichtungen (vier = 50,0%) besuchten ihre Kindertagesstätte zwei Jahre lang. Insgesamt – mit Ausnahme derjenigen aus heilpädagogischen Einrichtungen – waren die meisten Kinder drei Jahre im Kindergarten (additive Einrichtungen 71,5%; Schwerpunkteinrichtungen 57,1%; Regeleinrichtungen 50,0%; heilpädagogische Einrichtungen 37,5%). Wenige Kinder besuchten auch länger als drei Jahre den Kindergarten: vier Kinder aus Regeleinrichtungen (40,0%), drei Kinder aus additiven Einrichtungen (14,3%), ein Kind aus einer Schwerpunkteinrichtung (14,3%) (vgl. Tab. Erz2c, Materialien).

6 Ein Grundverständnis unserer Untersuchung und ein erstes Ergebnis: Qualität und Wirksamkeit – ein multiperspektivisch verstandenes Konstrukt

6.1 Grundlage der Befragung

Zur Transparenz unseres Vorgehens ist es nötig, das Verständnis von Qualität und Wirksamkeit zu explizieren, das unserer Untersuchung zu Grunde liegt. Es ist in Teilen *Voraussetzung* der Untersuchung, insofern wir als Wissenschaftlerinnen an seiner „Definition" beteiligt waren, es ist aber auch erstes *Ergebnis*, da wir die Definitionen zusammen mit verschiedenen Beteiligten als ersten Schritt des Forschungsprojekts im Rahmen eines Workshops erarbeiteten. Dieser zwiespältige Charakter geht auf die Besonderheiten der Konstrukte „Qualität" und „Wirksamkeit" zurück.

Die dargestellten Grundlagen, Theorien, Untersuchungen und Qualitätsentwicklungsverfahren (vgl. Kap. 3) zeigen ein breites Spektrum von Aspekten, die jeweils in Ausschnitten ein bestimmtes Qualitätsverständnis verkörpern. Die Variationen sind nicht zuletzt der Tatsache geschuldet, dass das Qualitätsverständnis unterschiedlich ausfällt, formuliert man es von verschiedenen Konzepten oder von den Interessen verschiedener Beteiligter her. Der normative Charakter von Qualität, sofern das Qualitätsverständnis sich auch an Leitbildern und Ethiken orientiert (vgl. Gerspach/ Mattner 2004, 175) lässt kaum eine vollkommene Übereinstimmung der Definitionen erwarten. Es hängt von den je spezifischen Sichtweisen und Interessen ab, wie das Konstrukt „Betreuungsqualität" gefüllt wird.

Lilian Katz (1996) versucht, Qualität aus Sicht der Akteure im jeweiligen Handlungsfeld zu beschreiben. Sie berücksichtigt fünf Perspektiven (Abb. 9).

- Die Oben-Unten-Perspektive, die die Qualität durch Zulassungsrichtlinien, Rahmenbedingungen und Grundkomponenten von Qualität beschreibt und insofern im Wesentlichen die Sicht des Trägers trifft.
- Die Unten-Oben-Perspektive, die die Sicht der Kinder meint. Hier wird versucht, die zentrale Frage zu beantworten, wie das Kind die Einrichtung und sich in dieser Einrichtung erlebt.
- Die Innen-Perspektive, die die Mitarbeiterinnen der Einrichtung einnehmen. In der Innen-Perspektive wird Qualität auch auf die Beziehungen der Mitarbeiterinnen untereinander, zum Träger und zu den Eltern bezogen. (Nicht) zufriedenstellende Beziehungen auf dieser Ebene werden auch Einfluss auf die Zufriedenheit der Kinder haben.
- Die Außen-Innen Perspektive, die die Sicht der Familien der dort betreuten Kinder meint. Wesentlich ist hier die Qualität der Beziehung zwischen den Eltern und Pädagoginnen/ Pädagogen der Einrichtung.
- Die Außen-Perspektive. Hier wird als Qualitätsmerkmal aufgegriffen, wie die Einrichtung in den Augen ihres Einzugsgebietes, ihrer Kommune und der Gesellschaft die ihr zugeschriebenen Aufgaben und Ansprüche erfüllt.

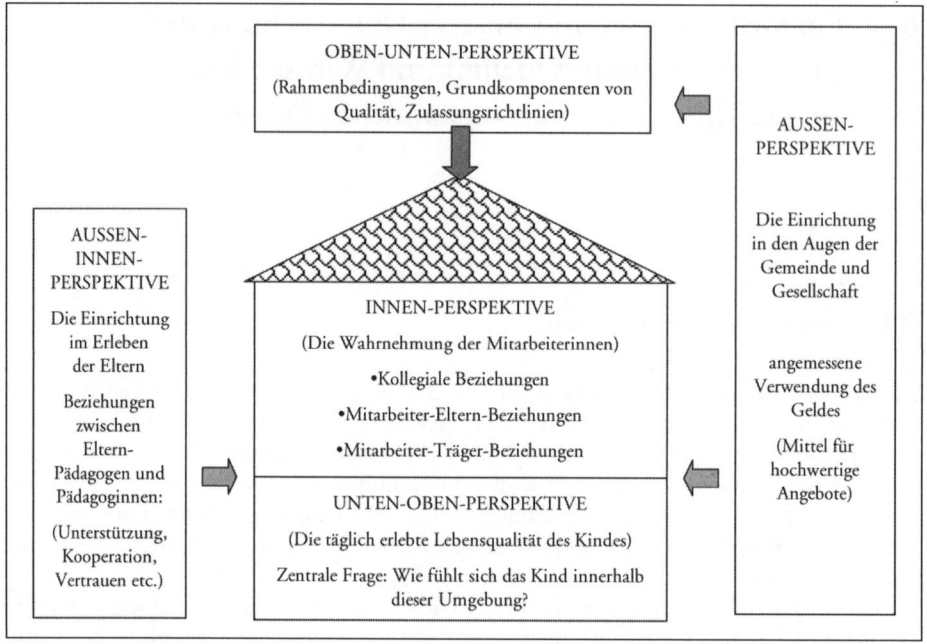

Abb. 9: Qualität aus unterschiedlichen Perspektiven (nach Katz 1996)

Als Gesamtbild ergibt sich ein multiperspektivisches Verständnis von Qualität. Angesichts der Unterschiede in den Perspektiven, auch der in ihnen eventuell enthaltenen Unvereinbarkeiten, kann „wahre" Qualität nicht schlicht als die Summe aller Beteiligtenperspektiven aufgefasst werden. Innerhalb unserer Untersuchung sehen wir unsere Aufgabe, als externe Experten „den Stand der fachlichen Diskussion in den Diskurs und die Verständigung vor Ort einzubringen und die notwendigen Auseinandersetzungen über ein angemessenes Qualitätsverständnis fair zu moderieren" (Trube u.a. 2001, 228). Es ist ein Prozess, den Lamnek (vgl. 1995, 165 ff) als „argumentative Validierung" beschreibt.

Die Wirksamkeit pädagogischer und therapeutischer Unterstützungsmaßnahmen exakt zu bestimmen, ist ein hochkomplexes, wenn nicht unmögliches Vorhaben. Da das Ergebnis eines pädagogischen Prozesses kein materielles Produkt mit objektivierbaren Eigenschaften ist, kann der Prozess der „Entstehung" dieses „Produkts" nicht in allen seinen Stadien und Faktoren nachverfolgt werden. Es ist keine Frage, dass auf Grund der Ausgangsbedingungen der Kinder, ihrer Eigenaktivität und der Einflüsse, denen sie in den etwa drei Jahren ihrer Kindergartenzeit unterliegen (in der Betreuungseinrichtung, in der Familie, im weiteren Umfeld) ein bestimmter Entwicklungsschritt nicht einem bestimmten Faktor zugeordnet werden kann. In der Qualitäts- und Wirksamkeitsforschung ist dieses Problem bekannt (vgl. Gerspach/ Mattner 2004, 175).

Was nicht objektiv und eindimensional zu definieren ist, kann durch *intersubjektiven Konsens der Beteiligten und „stakeholders"* (andere verantwortliche oder begründet interessierte Personen) beschrieben werden. Wir beschränken uns im Rahmen unserer Untersuchung auf den Kreis der professionell dort Tätigen und auf die Eltern, die mit ihren Kindern Nutzer des Angebotes der Elementarerziehung sind. Was bedeutet im Rahmen unserer Untersuchung also eine „gute", eine „gelungene", eine „wirksame" Erziehung und Betreuung?

Unsere Ausgangsfrage – Was wird unter „Qualität" und „Wirksamkeit der Betreuung von Kindern mit (und ohne) Behinderung" verstanden? – führte uns vor diesem Hintergrund in einem ersten Schritt des Projekts zu kooperativem Brainstorming mit den beteiligten Akteuren. In einem Workshop zu Beginn des Projekts mit Eltern, pädagogischen Praktikerinnen und Praktikern aus den unterschiedlichen Einrichtungstypen, pädagogischen Fachberaterinnen und -beratern und wissenschaftlichen Experten entwickelten wir gemeinsam ein Verständnis von guter und wirksamer Betreuung von Kindern mit Behinderung, das der weiteren Untersuchung zu Grunde liegt. Wir als Wissenschaftlerinnen brachten in diesen Prozess unsere und die von anderen Experten herausgearbeiteten Aspekte ein. Zusammen mit den anderen Teilnehmerinnen und Teilnehmern gelangten wir so zu einer Definition von Qualität und Wirksamkeit der Betreuung von Kindern (mit Behinderung) im Alter von drei Jahren bis zum Beginn der Schulpflicht, die den Konsens der Akteure und Interessenten fand (oder zumindest den einer großen Mehrheit), die nachvollziehbar entstand und deren Bewertung transparent begründet ist – also tatsächlich „multiperspektivisch" ist. Sie wurde der weiteren Untersuchung zu Grunde gelegt, z. B. wurden ihre verschiedenen Aspekte in der quantitativen, flächendeckenden Befragung auch als Antwortmöglichkeiten angeboten. Zudem war in der Befragung die Möglichkeit gegeben, eigene Aspekte hinzuzufügen.

Ein weiteres Ergebnis war, dass wir zwischen „guter", „gelungener" und „wirksamer" Betreuung und Erziehung im Rahmen unserer Studie nicht unterscheiden müssen. Wenn mit „wirksam" eine fruchtbare Unterstützung des Kindes im Hinblick auf eine positive Entwicklung und ein nachhaltiges Wohlbefinden beschrieben wird, dann handelt es sich auch um eine „gute" Betreuung und Erziehung. „Gelungen" beschreibt nichts anderes als diesen Sachverhalt aus der Perspektive der Rückschau.

(Diese Definition wurde im Nachhinein in den Interviews mit Eltern, Erzieherinnen, Leitungen und Trägervertretungen klar bestätigt: In der Kommunikation auf Alltags- wie auf Fachebene wurden die Begriffe von unseren Interviewpartnern synonym gebraucht.)

6.2 Wirksame Betreuung – ein komplexes Konstrukt

Das Konzept wirksamer Betreuung, so wie es die Beteiligten im Rahmen unserer Untersuchung in unterschiedlichen Rollen und Funktionen beschreiben, ist, wie oben ausgeführt, in sehr großer Teilen deckungsgleich mit dem Konzept qualitativ guter Betreuung bzw. Erziehung.

In den Interviews konnten die Befragten ohne Vorgaben freie Ausführungen machen. In ihnen wird sehr deutlich, dass das, was in den Augen der Eltern, Leitungen, Erzieherinnen und Trägervertretungen eine gelungene, wirksame Betreuung der Kinder ausmacht, auf verschiedenen Ebenen lokalisiert wird. *Das professionelle Procedere* ist eine dieser Ebenen. Eine zweite Ebene bildet die Beschreibung guter Betreuung entlang *übergeordneter Leitziele*. Hier findet sich mit hoher Relevanz deutlich wieder, was in der Fachdebatte als „Orientierungsqualität" diskutiert wird (vgl. Kronberger Kreis 1998, siehe auch Kap. 3.4). Zum dritten werden *konkrete Förderinhalte bzw. Förderziele* als Kennzeichen guter Betreuung herangezogen. Eine vierte Ebene, sehr nahe an der dritten, könnte als *„Ergebnisbeschreibung"* charakterisiert werden. Hier werden Fähigkeiten und Kenntnisse aufgezählt und abgewogen, die die Kinder zu Ende ihrer Kindergartenzeit haben sollten, Schulfähigkeit eingeschlossen. Als fünfte Ebene, die eine wirksame Betreuung ausmacht, werden die *Rahmenbedingungen, damit die Strukturqualität* angesprochen.

Letztendlich wird also „Wirksamkeit" nur bedingt als *Resultat* einer gelungenen Betreuung und Erziehung beschrieben. Einen mindestens ebenso großen Raum nehmen bei allen der befragten Gruppen *Prozessfaktoren* ein: das professionelle Procedere, die Leitziele, an denen sich die Erzieherinnen im pädagogischen Prozess orientieren (sollen) sowie die Förderziele, die konkret anzustreben sind. Das professionelle Procedere gilt offensichtlich als Absicherung der Realisierung von Leit- und Förderzielen, alle drei zusammengenommen als die Garanten wirksamer, guter Betreuung. *Fähigkeiten, Kenntnisse und Kompetenzen der Kinder werden so in unterschiedlicher Formulierung (*Ziel *oder* Resultat*) als Gradmesser gelungener und wirksamer Erziehung verstanden.* Begriffslogisch lässt sich die Wirksamkeit eines Prozesses erst an seinen Auswirkungen und Ergebnissen belegen. Das gilt begrifflich streng genommen auch für Prozesse der Erziehung, lässt sich dort aber aufgrund des Charakters pädagogischer Prozesse nicht realisieren. So ist die Verlagerung der Wirksamkeitsbeschreibung vor allem auf die Ebene der Leitziele und des professionellen Procederes bzw. der Prozessqualität sehr sachgerecht.[16] Es handelt sich hier um die beiden Komponenten, die nach fachtheoretischen Konzepten wie nach praktischer Erfahrung das bestmöglichste Resultat erwarten lassen – zumindest soweit, wie es durch die Person der Erzieherin und die gegebenen Rahmenbedingungen gewährleistet werden kann.

Dennoch bleibt die Frage, ob die angestrebten Ziele so weit wie möglich umgesetzt werden, ob sie nicht bloßes Schlagwort bleiben, sondern auch praktische Konkretisierung finden und damit die Betreuung auch tatsächlich gelingen lassen. Dieser Gesichtspunkt, obwohl er für die Beschreibung wirksamer Betreuung ausgesprochen wichtig ist, wurde von den Interviewten nicht oder nur am Rande angesprochen.

Was konkret-inhaltlich von den Befragten unter Wirksamkeit verstanden und welche Bedeutung den einzelnen Aspekten beigemessen wird, findet sich am Beginn des nachfolgenden Ergebnisteils.

---

16 Der Blick zusätzlich auf die Strukturqualität ist insofern wichtig, als diese die Qualität des Prozesses wesentlich beeinflusst.

7 Strukturen in der Betreuungslandschaft für Kinder mit (und für Kinder ohne) Behinderung

In den beiden quantitativen Untersuchungsteilen (Grundbefragung und halbstandardisierte kindbezogene Befragung im Hinblick auf den Beginn der Schullaufbahn) wurden auch wesentliche Strukturdaten erhoben, um die Einordnung der weiteren Ergebnisse zu erleichtern. Die Informationen haben aber auch ihren Eigenwert, insofern sie einen guten Teil dessen beschreiben, was als Strukturqualität festgehalten werden kann.

7.1 Interne Strukturaspekte der Kindertageseinrichtungen – Grundbefragung[17]

Beeinträchtigungen der betreuten Kinder. Wir baten die Leitungen um die Angaben über Formen der Beeinträchtigungen von Kindern in der Einrichtung. Nachfolgende Ergebnisse (Tab. 8) besagen also, dass *mindestens ein Kind* mit der angegebenen Beeinträchtigung die befragte Einrichtung zum Stichtag besuchte. Sie sagen nichts über die Anzahl von Kindern mit einer bestimmten Behinderung in den Einrichtungen aus.

Kinder mit *Entwicklungsverzögerungen* sind in (nahezu) allen Einrichtungen der verschiedenen Einrichtungstypen vertreten (84,2%–100%). Dies ist nicht verwunderlich, da häufig in Verbindung mit den anderen Beeinträchtigungen zusätzlich auch Entwicklungsverzögerungen auftreten. *Sprachbehinderungen* werden ebenfalls in allen Einrichtungstypen häufig genannt (additive-, Schwerpunkt- und heilpädagogische Einrichtungen: 87,0%–89,5%, Regeleinrichtungen mit Einzelintegration: 64,5%). Fast in allen heilpädagogischen und additiven Einrichtungen werden Kinder mit *extremen Verhaltensschwierigkeiten* (87,0% bzw. 78,9), mit *geistiger Behinderung* (91,3% bzw. 89,5%) oder *Körperbehinderung* (87,0% bzw. 97,4%) betreut. Auch in ungefähr drei Vierteln der Schwerpunkteinrichtungen haben Kinder geistige (76,1%) oder körperliche Behinderungen (71,7%), extreme Verhaltensauffälligkeiten werden von der Hälfte der Einrichtungen genannt. Ungefähr ein Drittel der befragten Regeleinrichtungen betreut zu unserem Stichtag ein oder mehrere Kinder mit extremen Verhaltensschwierigkeiten (34,0%), Körperbehinderung (31,7%) oder geistiger Behinderung (30,4%). *Drohende seelische Behinderungen* und *schwere Stoffwechselstörungen* kommen in allen Einrichtungstypen, jedoch nicht in jeder einzelnen Einrichtung vor (in heilpädagogischen- zu 65,2% bzw. 47,8%, in additiven- zu 52,6% bzw. 36,8%, in Schwerpunkt- zu 26,1% bzw. 10,9%, in Regeleinrichtungen zu 14,6% bzw. 6,2%).

---

17 Bei Strukturdaten, die sich im Zeitverlauf verändern (Kinderzahlen, Angaben zu den betreuten Kindern usw.) bezogen wir uns in der Grundbefragung auf den Stichtag 01.01.2003.

Tab. 8/ A7.1: Beeinträchtigungen der betreuten Kinder (Mehrfachantworten)

	Heil-pädagogische Tagesstätten (n=23)		Additive Einrichtungen (n=38)		Schwerpunkt-einrichtungen (n=46)		Regel-einrichtungen mit Einzel-integration (n=961)	
	Anzahl	%	Anzahl	%	Anzahl	%	Anzahl	%
Entwicklungsverzögerung	23	100	32	84,2	46	100	847	88,1
Sprachbehinderung	20	87,0	34	89,5	41	89,1	620	64,5
extreme Verhaltensschwierigkeit	20	87,0	30	78,9	23	50,0	327	34,0
Körperbehinderung	20	87,0	37	97,4	33	71,7	305	31,7
Geistige Behinderung	21	91,3	34	89,5	35	76,1	292	30,4
Hörschädigung	15	65,2	28	73,7	15	32,6	158	16,4
Sehschädigung	17	73,9	26	68,4	17	37,0	145	15,1
drohende seelische Behinderung	15	65,2	20	52,6	12	26,1	140	14,6
schwere Stoffwechselstörung	11	47,8	14	36,8	5	10,9	60	6,2
Blindheit	7	30,4	14	36,8	2	4,3	13	1,4
Taubheit	2	8,7	7	18,4	1	2,2	15	1,6
Sonstige	3	13,0	5	13,2	6	13,0	161	16,8
keine Angabe	-	-	-	-	-	-	-	-

Viele heilpädagogische und additive Einrichtungen betreuen Kinder mit einer *Hör-* (65,2% bzw. 73,7%) *oder Sehschädigungen* (73,9% bzw. 68,4%), was in Schwerpunkteinrichtungen (32,6% bzw. 37,0%) und Regeleinrichtungen mit Einzelintegration (16,4% bzw. 15,1%) etwas seltener ist. In einigen heilpädagogischen (30,4%) und additiven Einrichtungen (36,8%), jedoch nur sehr selten in Schwerpunkt- (4,3%) und Regeleinrichtungen (1,4%) werden auch *blinde Kinder* betreut. *Gehörlose Kinder* finden sich in allen Einrichtungstypen sehr selten (1,6%–18,4%) (vgl. auch Tab. A7.2, Materialien).

Die Gruppen; Gruppengröße und Gruppenzusammensetzung. Insgesamt können wir zu 1681 Gruppen Aussagen treffen, in denen Kinder mit Behinderung betreut werden.[18] Es handelt sich um:
72 Gruppen in heilpädagogischen Tagesstätten,
157 Gruppen in additiven Einrichtungen,
87 Gruppen in Schwerpunkteinrichtungen und
1365 Gruppen in Regeleinrichtungen mit Einzelintegration.
Die Anzahl der Kinder mit Behinderung in diesen Gruppen variiert (vgl. Tab. 9).

---

18 Die Anzahl der Gruppen insgesamt in den von uns befragten Einrichtungen liegt wesentlich höher. Vor allem die Regeleinrichtungen, aber auch in den Schwerpunkt- und in vielen der additiven Einrichtungen gibt es (meist deutlich mehr) Gruppen, die nur von Kindern ohne Beeinträchtigung gebildet werden.

Tab. 9/ A10.1: Zusammensetzung der Gruppen, in denen Kinder mit Behinderung betreut
werden*

	Gruppen in heil-pädagogischen Tagesstätten (n=72)		Gruppen in additiven Einrichtungen (n=157)		Gruppen in Schwerpunkt-einrichtungen (n=87)		Gruppen in Regeleinrichtg. mit Einzel-integration (n=136)	
	Anzahl	%	Anzahl	%	Anzahl	%	Anzahl	%
rein heilpädagogische Gruppen	72	100	55	35,0	-	-	-	-
integrative Gruppen mit *4 oder mehr Kindern mit Behinderung*	-	-	87	55,4	57	65,5	68	4,9
integrative Gruppen mit *2-3 Kindern mit Behinderung*	-	-	11	7,0	18	20,7	581	42,5
integrative Gruppen mit *einem Kind mit Behinderung*	-	-	4	2,5	12	13,8	716	52,5

* inkl. offene und halboffene Arbeit. Wir hatten im Fragebogen gebeten, bei offener/ halboffener Arbeit die
formale Berechnungsgrundlage der Gruppen anzugeben.

In den heilpädagogischen Einrichtungen umfassen alle 72 Gruppen (100%), in den additiven Einrichtungen 55 Gruppen (35,0%) ausschließlich Kinder mit Behinderung. In additiven und Schwerpunkteinrichtungen überwiegen dem Charakter der Einrichtung gemäß
Gruppen mit Kindern ohne Behinderung und mit vier und mehr Kindern mit Behinderung
(55,4% bzw. 65,5%) .

In den Regeleinrichtungen sind in den integrativen Gruppen solche mit *einem* behinderten Kind am häufigsten (52,5%), nicht viel seltener sind Gruppen mit *zwei bis drei* Kindern
mit Behinderung (42,5%). Obwohl nach den Richtlinien des LWL in Regelgruppen nur bis
zu drei Einzelintegrationsmaßnahmen möglich sind, werden hier gelegentlich (in 68 Gruppen, d.h. von 4,9%) vier oder mehr behinderte Kinder betreut.

Die Gruppengrößen sind sehr unterschiedlich (Tab. 10).

In Gruppen *heilpädagogischer* Tagesstätten werden im Durchschnitt 8,8 Kinder mit Behinderung betreut, wobei wir in den 72 Gruppen auf eine recht große Spanne von vier bis
zwölf Kindern pro Gruppe treffen. In heilpädagogischen Gruppen additiver Einrichtungen
ist die Situation ähnlich.

Bei *integrativen Gruppen mit vier oder mehr Kindern mit Behinderung* beträgt die
Gruppenstärke in additiven Einrichtungen im Durchschnitt 15,5 Kinder bei einer Variationsbreite in den einzelnen Gruppen von zehn bis zweiundzwanzig Kinder. In Schwerpunkteinrichtungen ist die Gruppenstärke im Durchschnitt mit 19,1 Kindern etwas größer bei
einer Variationsbreite von fünfzehn bis fünfundzwanzig Kinder. Regeleinrichtungen mit
Einzelintegration haben, wenn sie vier und mehr Kinder mit Behinderung in einer Gruppe
betreuen (was allerdings nur auf 4,9% der Gruppen zutrifft, s. o.), die größte durchschnittliche Gruppenstärke mit 23,5 Kindern. Dieser Durchschnitt bezieht sich auf eine Variationsbreite von achtzehn bis sechsundzwanzig Kinder.

Tab. 10/ A10.2: Größe der Gruppen, in denen Kinder mit Behinderung betreut werden*

	Heilpädagogische Tagesstätten (n=72)		Additive Einrichtungen (n=157)		Schwerpunkt- einrichtungen (n=87)		Regeleinrichtg. mit Einzelintegration (n=1365)	
	Durchschn. Anzahl	Variations- breite	Durchschn. Anzahl	Variations- breite	Durchschn. Anzahl	Variations- breite	Durchschn. Anzahl	Variations- breite
rein heilpädagogische Gruppen	8,8	4 - 12	9,0	6 - 13	-	-	-	-
integrative Gruppen mit *4 oder mehr KmB*	-	-	15,5	10 - 22	19,1	15 - 25	23,5	18 - 26
integrative Gruppen mit *2-3 KmB*	-	-	18,3	9 - 21	23,3	15 - 27	24,0	12 - 30
integrative Gruppen mit *einem KmB*	-	-	11,8	7 - 21	23,6	14 - 26	23,4	15 - 30

* inkl. offene und halboffene Arbeit. Wir hatten im Fragebogen gebeten, bei offener/ halboffener Arbeit die formale Berechnungsgrundlage der Gruppen anzugeben. (KmB = Kinder mit Behinderung; KoB = Kinder ohne Behinderung).

Integrative Gruppen mit zwei bis drei Kindern mit Behinderung werden in Regeleinrichtungen, in denen sie am häufigsten vorkommen, im Durchschnitt von 24,0 Kindern besucht (bei einer erheblichen Variationsbreite von zwölf bis dreißig Kindern). In Schwerpunkteinrichtungen liegt die Gruppenstärke bei durchschnittlich 23,3 und in additiven Einrichtungen bei 18,3 Kindern, bei einer Spanne von fünfzehn bis siebenundzwanzig bzw. neun bis einundzwanzig Kinder.

Integrative Gruppen mit einem Kind mit Behinderung haben in Regel- wie in Schwerpunkteinrichtungen eine vergleichbare durchschnittliche Gruppenstärke von 23,4 bzw. 23,6 Kindern (bei einer Variationsbreite von 15 bis 30 bzw. von vierzehn bis sechsundzwanzig Kinder). Die wenigen Gruppen mit einem behinderten Kind in additiven Einrichtungen (2,5%; s. o.) sind durchschnittlich kleiner (11,8 Kinder bei einer Spanne von sieben bis einundzwanzig).

Zum Vergleich: Die *Richtlinien* des Landschaftsverbands Westfalen-Lippe sehen für die Einzelintegration eine Gruppenstärke bis maximal 25 Kinder vor, darunter bis zu drei Kinder mit Behinderung. Für Schwerpunktgruppen sehen die Richtlinien eine Gruppenstärke von 20 Kindern vor, davon fünf Kinder mit Behinderung oder 15 Kinder pro Gruppe, davon fünf Kinder mit Behinderung (bei unterschiedlichem Personalschlüssel für die beiden Gruppenzusammensetzungen).

Das *Altersspektrum* wird weit überwiegend in allen Einrichtungstypen durch Kinder von drei Jahren bis zum Beginn der Schulpflicht abgebildet (heilpädagogische- 97,2%, additive- 87,3%, Schwerpunkt- 88,5% und Regeleinrichtungen 87,8%). Die ‚kleine Altersmischung', d. h. ein Altersspektrum von vier Monaten bis zum Beginn der Schulpflicht fanden wir nur in sehr wenigen Gruppen (0,0%–5,6%). Die Betreuung von Kindern im Altersspektrum von vier Monaten bis 14 Jahren (‚große Altersmischung') bzw. von drei bis

14 Jahren in einer Gruppe kommt ebenfalls sehr selten vor (0,0%–3,8% bzw. 0,0%–5,3%) (vgl. Tab. A12, Materialien). Hier ist jedoch daran zu erinnern, dass wir uns nur auf Gruppen beziehen, in denen (auch) Kinder mit Behinderung betreut werden.

Das Raumangebot einer Einrichtung wirkt sich deutlich auf die pädagogische Arbeit aus. Ein grundlegendes Kriterium des Raumangebots ist die *Größe* der Räume (Tab. 11). Die meisten Räume der Gruppen, in denen (auch) Kinder mit Behinderung betreut werden, haben eine Mindestgröße von ca. 68m² (61,1%–74,8%). In heilpädagogischen Einrichtungen sind – im Vergleich betrachtet – die Räume geringfügig kleiner, aber auch die Gruppen sind wesentlich kleiner (s. o.).

Tab. 11/ A13: Größe der Gruppenräume

	Heilpädagogische Tagesstätten (n=72)		Additive Einrichtungen (n=157)		Schwerpunkt-einrichtungen (n=87)		Regel-einrichtungen mit Einzelintegration (n=1365)	
	Anzahl	%	Anzahl	%	Anzahl	%	Anzahl	%
erheblich unter 68m²	20	27,8	19	12,1	7	8,0	236	17,3
ca. 68m²	30	41,7	66	42,0	38	43,7	540	39,6
erheblich über 68m²	14	19,4	50	31,8	27	31,0	480	35,2
keine Angabe	8	11,1	22	14,0	15	17,2	122	8,9
Gesamt	72	100	157	100	87	100	1365	100

Die Gruppenöffnungszeiten beeinflussen ebenfalls die pädagogische Arbeit, vor allem sind sie aber auch eine bestimmende Größe im Hinblick auf die Unterstützung und Entlastung der Familien (Tab. 12).

Mit Ausnahme der Regeleinrichtungen mit Einzelintegration wird in den Gruppen, in denen (auch) Kinder mit Behinderung betreut werden, überwiegend eine ganztägige Betreuung angeboten (heilpädagogische- 93,1%; additve- 91,1%; Schwerpunkt- 79,3% und Regeleinrichtungen 44,8%). In den Regeleinrichtungen wird meist eine Vor- und Nachmittagsbetreuung mit Unterbrechung zur Mittagszeit angeboten (51,3%). In den anderen Einrichtungstypen ist dies deutlich seltener (Schwerpunkt- 19,5%; additive- 5,1% und heilpädagogische Einrichtungen 4,2%). Gruppen, in denen Kinder mit Behinderung betreut werden, sind nur in wenigen Ausnahmen Halbtagsgruppen.

Tab. 12/ A11: Gruppenöffnungszeiten*

	Heilpädagogische Tagesstätten (n=72)		Additive Einrichtungen (n=157)		Schwerpunkt-einrichtungen (n=87)		Regel-einrichtungen mit Einzelintegration (n=1365)	
	Anzahl	%	Anzahl	%	Anzahl	%	Anzahl	%
halbtags	-	-	1	0,6	-	-	11	0,8
Blocköffnungszeiten	-	-	4	2,5	-	-	38	2,7
vor- und nachmittags	3	4,2	8	5,1	17	19,5	700	51,3
ganztags	67	93,1	143	91,1	69	79,3	612	44,8
keine Angabe	2	2,8	1	0,6	1	1,1	17	1,3
Gesamt	72	100	157	100	87	100	1365	100

*   Die Angaben beziehen sich auf die 1681 erfassten Gruppen, in denen zum Stichtag (auch) Kinder mit Behinderung betreut wurden. Bei unterschiedlicher Betreuungszeit in den Gruppen wurde die längste Öffnungszeit zugrunde gelegt.

7.2   Die Einzugsgebiete der Einrichtungen – Grundbefragung

In unserer flächendeckenden Untersuchung erfassten wir Kindertagesstätten und Kinder-gärten aller Regionen im Zuständigkeitsbereich des Landschaftsverbandes Westfalen-Lippe (LWL). Die Größe des Einzugsgebiets der von uns befragten Einrichtung sowie die Existenz anderer Kindertageseinrichtungen in der Stadt oder der Ortsgemeinde geben Aufschluss über die Versorgungsdichte in Bezug auf die verschiedenen Einrichtungstypen.

Regionaler Charakter. Gemäß der Struktur Westfalen-Lippes nahmen an unserer Untersu-chung Einrichtungen mit ländlichem (33,2%), kleinstädtischem (42,2%) und großstädti-schem Einzugsgebiet (über 300.000 Einwohner: 7,5% und 100.000–300.000 Einwohner: 15,3%) teil.

Etwa ein Drittel der Regeleinrichtungen mit Einzelintegration (34,7%) sowie etwa ein Viertel der heilpädagogischen und additiven Einrichtungen (26,1% bzw. 26,3%) hat ein *ländliches Einzugsgebiet*; Schwerpunkteinrichtungen liegen relativ selten im ländlichen Raum (13,0%).

Bei allen Einrichtungsformen ist der Anteil derer mit *kleinstädtischem Einzugsgebiet* un-gefähr gleich (heilpädagogische Einrichtungen 47,8%; Regel- 42,2%; Schwerpunkt- 41,3% und additive Einrichtungen 39,5%).

Annähernd ein Drittel der Schwerpunkt- (39,1%) und additiven Einrichtungen (31,6%) bezieht sich auf den *großstädtischen Raum* (über 100.000–300.000 und mehr Ein-wohner), dasselbe gilt für 26,1% der heilpädagogische und 21,5% der Regeleinrichtungen mit Einzelintegration (vgl. Tab. A22, Materialien).

Die Größe des Einzugsgebiets der jeweiligen konkreten Einrichtung unterscheidet sich stark, je nach dem, um welchen Einrichtungstyp es sich handelt und je nach dem, ob wir das

Einzugsgebiet für Kinder mit oder für Kinder ohne Behinderung betrachten (vgl. Tab. A21.1 und A21.2, Materialien):

Heilpädagogische und additive Einrichtungen weisen mit Abstand die größten Einzugsgebiete auf. 73,9% der heilpädagogischen Tagesstätten betreuen Kinder aus dem gesamten Kreisgebiet.

Auch in 60,5% der additiven Einrichtungen erstreckt sich das Einzugsgebiet für Kinder mit Behinderung auf das gesamte Kreisgebiet. Zudem geben 28,9% der additiven Einrichtungen (11 Einrichtungen) an, Kinder zu betreuen, die über das Kreisgebiet hinaus wohnen.[19]

Schwerpunkteinrichtungen betreuen nur vereinzelt Kinder mit Behinderung, die nicht in dem Stadtgebiet oder der Großgemeinde wohnen. 80,4% der Leiterinnen von Schwerpunkteinrichtungen geben an, dass die Kinder mit Behinderung aus dem gesamten Stadtgebiet oder der Gemeinde kommen.

Erwartungsgemäß haben die Regeleinrichtungen das kleinste Einzugsgebiet, bezogen auf die Kinder mit Behinderung, betreuen also in der Mehrheit solche aus dem näheren Umfeld. Nur 39,1% der Regeleinrichtungen mit Einzelintegration bezeichnen das gesamte Stadtgebiet oder die Gemeinde für die Kinder mit Behinderung als ihr Einzugsgebiet. Bemerkenswert ist bei den Regeleinrichtungen, dass sie sogar in stärkerem Ausmaß (50,3%) Kinder ohne Behinderung aus dem gesamten Stadtgebiet oder der Ortsgemeinde betreuen.

Zusammenfassend: Die Zahlen bringen keine grundlegend neuen Erkenntnisse, sondern präzisieren bekannte Strukturen: Additive- und Schwerpunkteinrichtungen – mit unterschiedlicher Ausprägung – bieten sowohl die wohnortnahe Betreuung von Kindern mit Behinderung an, richten sich aber auch an Eltern und Kinder aus einem weiteren Einzugsgebiet. Additive Einrichtungen betreuen dabei mehr Kinder mit Behinderung aus einem größeren Einzugsgebiet, Schwerpunkteinrichtungen gleichermaßen häufig Kinder mit Behinderung aus dem direkten Wohnumfeld wie aus der gesamten Stadt/ Ortsgemeinde. Anders als bei additiven Einrichtungen geht ihr Einzugsgebiet in der Regel nicht darüber hinaus. Heilpädagogische Tagesstätten betreuen gleichermaßen häufig Kinder mit Behinderung aus dem gesamten Stadt-/ Ortsgebiet, wie aus dem gesamten Kreisgebiet und tendenziell am seltensten Kinder mit Behinderung aus dem direkten Wohnumfeld der Einrichtung.

Kinder ohne Behinderung kommen überall schwerpunktmäßig aus dem direkten Wohnumfeld der Einrichtungen. Allerdings berichten alle Einrichtungstypen gleichermaßen etwa zur Hälfte, dass auch Kinder ohne Behinderung von einem auf das gesamte Stadt-/ Ortsgebiet erweiterten Einzugsgebiet kommen.

Hier wäre der Vergleich mit Regeleinrichtungen ohne gemeinsame Erziehung interessant, um zu klären ob dies eine Reaktion auf Nachfragen von Eltern ist, die gezielt nach Einrichtungen mit gemeinsamer Erziehung suchen.

Nachbareinrichtungen. Das Vorhandensein verschiedener Einrichtungen in der näheren Umgebung, vor allem solcher mit unterschiedlichen Betreuungsformen, gibt Eltern erst die realistische Möglichkeit, eine Einrichtung auszuwählen. Unsere Untersuchung zeigt, dass Eltern zur Betreuung ihrer behinderten Kinder meist Alternativen vorfinden (vgl. Tab. 13). Dies schließt aber nicht aus, dass es auch Orte/ Regionen gibt, wo dies nicht der Fall ist.

---

19 In „grenznahen" Orten muss dies kein flächenmäßig größeres Einzugsgebiet bedeuten.

Tab. 13/ A2: Kindertageseinrichtungen, die neben der befragten Einrichtung in der Stadt oder Ortsgemeinde vorhanden sind (Mehrfachantworten)

	Heil-pädagogische Tagesstätten (n=23)		Additive Einrichtungen (n=38)		Schwerpunkt-einrichtungen (n=46)		Regel-einrichtung mit Einzel-integration (n=961)	
	Anzahl	%	Anzahl	%	Anzahl	%	Anzahl	%
(andere) Regeleinrichtung(en)	23	100	34	89,5	46	100	851	88,6
Einrichtung(en) mit Schwerpunktgruppe	9	39,1	10	26,3	16	34,8	211	22,0
additive Einrichtung(en)	4	17,4	8	21,1	16	34,8	86	8,9
heilpädagogische Einrichtung(en)	1	4,3	8	21,1	14	30,4	288	30,0
keine andere Einrichtung	-	-	3	7,9	-	-	53	5,5
keine Angabe	-	-	1	2,6	-	-	40	4,2

In der Stadt oder Ortsgemeinde der heilpädagogischen- und Schwerpunkteinrichtungen gibt es immer, in der Stadt oder Ortsgemeinde der additiven- und Regeleinrichtungen mit Einzelintegration fast immer (89,5% bzw. 88,9%) *noch andere* Regeleinrichtungen (mit und ohne Einzelintegration).

Aber auch die räumliche Nähe von heilpädagogischen-, additiven- und Schwerpunktein-richtungen ist nicht selten (je nach Kombination zwischen 17% und 39%).

Bei weniger als einem Drittel der Regeleinrichtungen finden sich Einrichtungen mit anderen Betreuungsformen (8,9%–30,0%) in der gleichen Stadt oder Ortsgemeinde. (Die Angaben für additive und heilpädagogische Tagesstätten lassen übrigens vermuten, dass einige Leitungen aus Regeleinrichtungen additive- als heilpädagogische Einrichtungen einordnen.)

Nur wenige Einrichtungen, die zudem selbst auch Kinder mit und Kinder ohne Behinderung betreuen, berichten *keine anderen Kindertageseinrichtungen* in der (Stadt) oder Ortsgemeinde zu haben (drei additive Einrichtungen = 7,9% und dreiundfünfzig Regelein-richtungen = 5,5%).

Erreichbarkeit der Einrichtung. Die Leitungen von Regeleinrichtungen und Schwerpunkt-einrichtungen geben gleichermaßen häufig an, dass sie für die Kinder und Eltern gut zu Fuß erreichbar sind (jeweils 84,8%). Für additive Einrichtungen ist dies deutlich seltener (36,8%) und für heilpädagogische Einrichtungen die Ausnahme (zwei von dreiundzwanzig = 8,7%) (vgl. Tab. A18, Materialien).

Ungeachtet der unterschiedlichen Strukturen der Einzugsgebiete sind insgesamt Schwer-punkt- , Regel- und additive Einrichtungen fast gleichermaßen (67,4%, 64,4% bzw. 60,5%) für Eltern und Kinder gut mit öffentlichen Verkehrsmitteln zu erreichen. Auf heilpädagogi-sche Einrichtungen trifft dies seltener zu (43,5%) (vgl. Tab. A19, Materialien).

Trotz dieser *Möglichkeiten* sieht die *Realität* etwas anders aus. Öffentliche Verkehrsmittel spielen für das Bringen und Holen der Kinder kaum eine Rolle (8,7% in Regeleinrichtungen, 4,3% in Schwerpunkteinrichtungen, in anderen Einrichtungen überhaupt nicht).

In den meisten Regeleinrichtungen und in Schwerpunkteinrichtungen werden *Kinder mit Behinderung überwiegend* von ihren Eltern im Privatauto (87,9% bzw. 76,1%) oder zu Fuß (65,7% bzw. 65,2%) in die Einrichtung gebracht. Wenn auch seltener, so werden doch in etlichen additiven Einrichtungen die Kinder mit Behinderung von ihren Eltern gebracht (in 50,0% der Einrichtungen mit dem Auto, nur noch in 23,7% der Einrichtungen zu Fuß). In heilpädagogischen Einrichtungen ist es eher die Ausnahme, dass Kinder *überwiegend* von den Eltern gebracht werden (bei insgesamt fünf von 23 Einrichtungen: 21,7%).[20]

In etlichen Schwerpunkt- (58,7%), additiven- (47,4%) und einigen heilpädagogischen Einrichtungen (39,1%) werden Kinder mit Behinderung mit dem Taxi gebracht, in Regeleinrichtungen stellt dies die Ausnahme dar (1,9%). Die meisten Leitungen aus heilpädagogischen (73,9%) und additiven Einrichtungen (63,2%) berichten, dass die Kinder mit einem von der Einrichtung organisierten Fahrdienst geholt und nach Hause gebracht werden. Dies ist deutlich seltener in Schwerpunkteinrichtungen (26,1%) und die Ausnahme in Regeleinrichtungen (2,0%) (vgl. Tab. A20.1, Materialien).

Leitungen aller Einrichtungstypen (Regel-, Schwerpunkt und additive Einrichtungen) berichten gleichermaßen häufig, dass die *Kinder ohne Behinderung überwiegend* zu Fuß (89,9%–95,7%) oder mit dem Privatauto (90,8%–97,4%) in die Einrichtung gebracht werden. Öffentliche Verkehrsmittel spielen auch hier eine nachgeordnete Rolle, sind aber insgesamt etwas wichtiger als für die Kinder mit Behinderung (s.o.) (15,8%–28,3%) (vgl. Tab. A20.2, Materialien).

Der sozio-ökonomische Aspekte des Einzugsgebiets. Integration und Inklusion von Kindern mit Behinderung lenkt den Blick auf die familiären Bedingungen und Möglichkeiten, unter denen Kinder aufwachsen. Eine differenzierte Pädagogik sollte die Chancen unterstützen, die in der Verschiedenheit der Kinder und ihrer Familien liegen, aber auch Risiken erkennen und sich darum bemühen, (drohende) Benachteiligungen der Kinder zu verringern. Daher sind sozioökonomische Charakteristika des Einzugsgebietes für die Einrichtungen von Interesse.

Über die Hälfte der Leitungen aus Regeleinrichtungen (56,1%) berichten, Kinder aus *überwiegend* sozial und finanziell *durchschnittlich* gestellten Familien zu betreuen. Auch noch über ein Drittel der Schwerpunkt- (39,1%) und additven Einrichtungen (34,2%) machen diese Angabe. In heilpädagogischen Tagesstätten schätzt nur noch eine Minderheit der Leitungen (zwei = 8,7%), dass die Elternschaft *überwiegend* sozioökonomisch durchschnittlich gestellt ist.

In wenigen Einrichtungen überwiegt nach Einschätzung der Leiterinnen eine sozial und finanziell *gut* gestellte Elternschaft (bei keiner heilpädagogischen Tagesstätte, ansonsten 2,6%–9,5%).

Aus allen Einrichtungsformen berichten jeweils einige Leiterinnen, dass sie Kinder aus überwiegend sozial und finanziell *schlecht* gestellten Familien betreuen (vier heilpädagogi-

---

20 Selbst diese Zahl erscheint uns angesichts der Größe der Einzugsgebiete als erstaunlich hoch.

sche = 17,4% und acht Schwerpunkteinrichtungen = 17,4% sowie drei additive = 7,9% und zweiundsiebzig Regeleinrichtungen = 7,5%).

Ansonsten schätzt ein beträchtlicher Teil der Leitungen die Situation so ein, dass die soziale und finanzielle Situation ,ihrer' Familien sehr gemischt ist (heilpädagogische Tagesstätten 73,9%; additive Einrichtungen 55,3%; Schwerpunkteinrichtungen 39,1% und Regeleinrichtungen 26,2%) (vgl. Tab. A23, Materialien).

Sozio-kultureller Hintergrund. Über die Hälfte der Leitungen aus Regel-, (66,5%) additiven- (65,8%) und heilpädagogischen Einrichtungen (60,9%) berichten, dass nur wenige Kinder ihre Einrichtung besuchen, die nicht Deutsch als Muttersprache sprechen.

In einigen Einrichtungen hat über ein Viertel der Kinder (in einzelnen Einrichtungen über die Hälfte) nicht Deutsch als Muttersprache (zwei heilpädagogische = 8,7%; vier additive = 10,5%; zehn Schwerpunkteinrichtungen = 21,7% und 148 Regeleinrichtungen = 15,4%) (vgl. Tab. A24, Materialien).

7.3 Informationen zu den Schulklassen – kindbezogene Befragung im Hinblick auf den Beginn der Schullaufbahn

Die Informationen, die aus diesem Untersuchungsteil hervorgehen, beziehen wir von den Schulen und Kindertageseinrichtungen der 46 Kinder, die im Zentrum unserer Befragung stehen. Wir können diesen Kreis der Kinder und ihre Schulen als einen Ausschnitt betrachten, der exemplarisch Schulrealitäten spiegelt. Ein wesentlicher Aspekt für die Arbeit der Pädagogen in der Schule ist die Größe der Klasse, mit der sie arbeiten (Tab. 14).

Tab. 14/ Le5: Klassenstärke in Bezug zum Schultyp

	Sonderschule für Kinder mit Körperbehinderung (n=6)		Sonderschule für Kinder mit geistiger Behinderung (n=16)		,Integrationsklasse' an einer Grundschule (n=6)		Allg. Grundschule als einzelnes Kind mit Behinderung (n=5)	
	Anzahl	%	Anzahl	%	Anzahl	%	Anzahl	%
unter 8 Kinder (6 bzw. 7 Kinder)	-	-	2	12,5	-	-	-	-
8 bis 12 Kinder	6	100	14	87,5	-	-	-	-
21 bis 25 Kinde	-	-	-	-	5	83,3	3	60,0
über 25 Kinder (26 bzw. 27 Kinder)	-	-	-	-	1	16,7	2	40,0

Erwartungsgemäß sind die Klassen in Sonderschulen (ab dem diesjährigen neuen Schuljahr als Förderschulen zu bezeichnen) deutlich kleiner (sechs bis zwölf Kinder) als in Grundschulen mit „Integrationsklassen" oder mit einzelnen Kindern mit Behinderung (21 bis 25 Kinder: fünf Klassen = 83,3% bzw. drei Klassen = 60,0%; über 25 Kinder: eine Klasse = 16,7% bzw. zwei Klassen = 40,0%).

In den *Sonderschulklassen* haben definitionsgemäß alle Kinder einen sonderpädagogischen Förderbedarf. Aus den sechs sogenannten *Integrationsklassen* bzw. *Klassen mit gemeinsamem Unterricht*[21] wurde uns von unterschiedlichen Schülerzahlen und Anteilen von Kindern mit Behinderung in den Klassen berichtet. In den meisten Klassen haben Kinder mit sonderpädagogischem Förderbedarf einen Anteil von 20%–30% an der Schülerzahl (6 von 21 bis 6 von 26 Kindern). In einer Integrationsklasse liegt der Anteil von Kindern mit sonderpädagogischem Förderbedarf knapp unter zwanzig Prozent (vier von einundzwanzig) und in einer Klasse noch geringer (zwei von fünfundzwanzig).

---

21 Klassen mit in der Regel 4–6 Kindern mit und 15–20 Kindern ohne Behinderung, die aufgrund des sonderpädagogischen Förderbedarfs dieser Kinder Ressourcen so bündeln, dass für die meiste Zeit der Schulwoche eine pädagogische Doppelbesetzung in den Klassen besteht.

8   Die pädagogische und therapeutische Arbeit

8.1   Wirksame Betreuung – subjektive Konzepte und wahrgenommene Realitäten in der Praxis

Ausgehend von dem gemeinsam erarbeiteten Verständnis wirksamer Betreuung von Kindern mit Behinderung suchten wir die Vorstellungen der Untersuchungsbeteiligten zu diesem zentralen Aspekt zu ergründen. Wie füllen sie für sich den Begriff? Wie konkretisieren sie ihn? Welche Prioritäten kristallisieren sich in der Gesamtheit der Befragten und Interviewpartner heraus?

Von den grundlegenden Fragestellung unserer Untersuchung her ist es wichtig, diese Gesichtspunkte *als Vorstellungen der Beteiligten* zu erfassen (vgl. Kap. 8.1.1), aber auch als Frage der *Realisierung* (vgl. Kap. 8.1.2). Zudem erschien es uns bedeutsam zu erfahren, wie weit die pädagogischen Fachkräfte in den Kindertageseinrichtungen mit den Eltern (und umgekehrt) in dieser entscheidenden Frage kommunizieren, welche Vorstellungen demnach die Erzieherinnen über die Ansichten der Eltern an diesem Punkt haben. Wir erfragten deshalb auch bei einem Teil der Leitungen vertiefend, wie sie die elterliche Meinung zu ‚wirksamer Betreuung‘ einschätzen (vgl. Kap. 8.1.3).

8.1.1   Gute und wirksame Betreuung – die subjektiven Konzepte der Beteiligten
Wir baten die Befragten um die Nennung der fünf ihnen *wichtigsten* Aspekte aus einer vorgegebenen, aber noch zu ergänzenden Reihe von 19 Punkten. Dies sollte bei den folgenden Ausführungen berücksichtigt werden. Denn wir erfahren so die Prioritäten; daraus kann aber nicht geschlossen werden, dass die anderen Gesichtspunkte in den Einrichtungen als unbedeutend erachtet werden.

Grundbefragung
Unabhängig vom Einrichtungstyp und gleichermaßen für Kinder mit und Kinder ohne Behinderung finden sich in den Ergebnissen der schriftlichen Grundbefragung große Übereinstimmungen, aber auch bemerkenswerte Differenzen. Sie werden im folgenden erläutert und ergänzt durch die Ergebnisse aus den Interviews.

Flächendeckend wurden die Leitungen der Kindertageseinrichtungen nach den Vorstellungen des Teams hinsichtlich wirksamer Betreuung befragt. Es ergaben sich die nachfolgend angeführten Ergebnisse, um die Übersicht zu behalten als Rangplätze dargestellt (Tab. 15; Zahlen absolut und in Prozent in den Tabellen A40.2 und A40.3, Materialien).

Tab. 15/ A40.1: Vorstellungen der Einrichtungsteams über wirksame Betreuung für Kinder mit Behinderung und ohne Behinderung/ Rangfolge

	Heilpädagogische Tagesstätten (n=23)		Additive Einrichtungen (n=38)		Schwerpunkteinrichtungen (n=46)		Regeleinr. mit Einzelintegration (n=961)	
	Rang KmB	Rang KoB	Rang KmB	Rang KoB	Rang KmB	Rang KoB	Rang KmB	Rang KoB
Wohlfühlen des Kindes in der Einrichtung	1	-	1	2	2	3	1	2
(hohe) Selbständigkeit	2	-	2	1	1	1	2	1
selbstverständlicher Umgang der KmB und der KoB miteinander	11	-	4	2	3	1	3	3
Integration in die Kindergruppe der Einrichtung	9	-	6	6	5	6	4	8
(erfolgreiche) individuelle Förderung	3	-	3	5	4	5	5	5
(hohe) soziale Kompetenz	4	-	7	4	6	4	6	4
Unterstützung der Familie bei der Vermittlung weiterer Hilfen u. Dienste	6	-	9	11	7	7	7	11
(erfolgreiche) behinderungsspezifische Förderung	8	-	5	18	9	17	9	20
gute Kontakte spez. zwischen Eltern von KmB und Eltern von KoB	17	-	12	10	8	10	8	12
(hohes) Sprachvermögen	9	-	11	9	15	8	10	7
(hohe) motorische Kompetenz	11	-	12	8	11	9	11	9
Entlastung der Familien	5	-	7	14	10	16	14	15
gute Kontakte zwischen Eltern	11	-	19	16	13	14	12	10
Förderung in einem geschützten Raum	7	-	10	11	13	16	13	16
adäquate Selbsteinschätzung	17	-	16	14	17	10	15	13
Schulfähigkeit	16	-	14	6	19	12	16	6
Integration in die Nachbarschaft / den Wohnort	17	-	16	16	17	17	17	17
(hohe) kognitive Kompetenz	11	-	16	11	15	12	18	14
Gehorsam	17	-	19	18	19	17	20	19
Sonstiges	11	-	14	18	11	15	19	18

KmB = Kinder mit Behinderung, KoB = Kinder ohne Behinderung

Wohlfühlen und (hohe) Selbstständigkeit

Ob heilpädagogische-, additive-, Schwerpunkt- oder Regeleinrichtungen, ob es um Kinder mit oder Kinder ohne Behinderung geht, das *Wohlfühlen* des Kindes in der Einrichtung und die *Selbstständigkeit* des Kindes stehen an den beiden ersten Stellen, wenn es um die Vorstellungen von wirksamer Betreuung geht.

Prozentual ausgedrückt bedeutet dies, dass je nach Betreuungstyp 74%–84% der Einrichtungen das ‚Wohlfühlen des Kindes in der Einrichtung' als eines der fünf wichtigsten Kriterien wirksamer Betreuung von Kindern mit Behinderung nennen.

Eine geringe Variation gegenüber dem bisher dargestellten gibt es bei den Schwerpunkteinrichtungen. Ihre Vorstellungen in Bezug auf Kinder mit Behinderung entsprechen dem eben beschriebenen. Für Kinder *ohne* Behinderung stehen aber der *selbstverständliche Umgang der Kinder mit und ohne Behinderung* zusammen mit der *Selbstständigkeit* an erster Stelle. Beides wurde von 83% der Einrichtungen als einer der wesentlichen Aspekte wirksamer Betreuung genannt. Das *Wohlfühlen* des Kindes folgt auf Platz drei.

Interviews
In den Interviews wird von den Eltern der Kinder mit und ohne Behinderung konkretisiert, was *Wohlfühlen* verursacht: Kinder sollen voll am Tagesgeschehen teilnehmen können, sollen sozial eingebunden sein und Aufmerksamkeit für ihre Bedürfnisse und Interessen finden. Kinder mit Behinderung sollen sich als *„eines unter allen" (die Mutter eines Kindes mit Behinderung)* finden. Eltern von Kindern mit Behinderung betonen stärker als andere Eltern und als die professionellen Pädagoginnen auch die emotionale Seite: Das Kind soll einen liebevollen Umgang erleben, es soll sich in der Einrichtung willkommen fühlen, es soll gerne in den Kindergarten gehen. *„Es ist ja auch ihr zweites Zuhause. Sie sind ja auch den ganzen Tag hier" (die Mutter eines Kindes mit Behinderung).*

Eltern nicht behinderter Kinder fassen Selbstständigkeit als Kriterium guter Betreuung sehr viel stärker ins Auge als die anderen Eltern. Sie erwarten z. B., dass ein Kind in der Kindertagesstätte lernt, *„mit anderen Leuten umzugehen"*, dass es sich Fertigkeiten aneignet wie Schneiden, Schuhe binden und ähnliches.

Die Erzieherinnen und Leiterinnen ergänzen den Inhalt von Selbstständigkeit noch durch weitere Aspekte wie Kommunikationsfähigkeit und Konfliktfähigkeit.

Der selbstverständliche Umgang von Kindern mit und ohne Behinderung miteinander, der Einbezug des Kindes in die Gruppe, seine Integration in Nachbarschaft und Wohnort
Grundbefragung
Der selbstverständliche Umgang der Kinder miteinander steht mit einer Ausnahme auf Platz 2 bis 4, was bedeutet, dass es sich hier für die Einrichtungen um einen weiteren wichtigen Gesichtspunkt in der Frage wirksamer Betreuung handelt.

Die Ausnahme bilden die heilpädagogischen Tagesstätten, die diesen Aspekt auf Rang 11 einordnen. Diese Wertung ist mit hoher Wahrscheinlichkeit schlicht der Tatsache geschuldet, dass viele heilpädagogische Tagesstätten mit Gruppen von ausschließlich behinderten Kindern arbeiten.[22]

Die Einbindung des Kindes in die Gruppe und in seine Nachbarschaft ist zumindest auf fachtheoretischer Ebene eine Weiterführung der Frage nach dem Umgang der Kinder unter-

---

22 Etliche heilpädagogische Tagesstätten arbeiten mit Regeleinrichtungen im gleichen Gebäude und mischen auch Gruppen in unterschiedlicher Weise (vgl. Kap. 2.1).

einander. In der Einschätzung der Einrichtungen stellt sich dieser Bereich jedoch weniger konsistent dar. Die Integration in die Kindergruppe innerhalb der Einrichtung wird mit abfallender Tendenz von den Regeleinrichtungen (Rang 4), den Schwerpunkteinrichtungen (Rang 5), den additiven- (Rang 6) und den heilpädagogischen Einrichtungen (Rang 9) als Aspekt guter Betreuung von Kindern *mit* Behinderung gesehen. Bei den additiven- und Schwerpunkteinrichtungen wird die Wichtigkeit dieses Aspektes für Kinder *ohne* Behinderung nicht oder kaum geringer eingeschätzt, bei den Regeleinrichtungen zeigt sich jedoch eine Differenz von immerhin 4 Rangplätzen (Rang 4 bei behinderten Kindern, Rang 8 bei Kindern ohne Behinderung).

Im Vergleich zu dem Einbezug in die Kindergruppe wird die Integration des Kindes in seine häusliche Nachbarschaft oder in seinen Wohnort wesentlich seltener als bedeutsamer Ausdruck wirksamer Betreuung gesehen, gleich um welchen Einrichtungstyp es sich handelt, gleich ob es um Kinder mit oder Kinder ohne Behinderung geht. Dieser Gesichtspunkt wird auf den letzten Rängen platziert (Rang 16 bis 17).

Interviews
Wie in der schriftlichen Befragen äußern sich eher die Pädagoginnen von Schwerpunkt- und Regeleinrichtungen zu diesem Integrationsaspekt. Insgesamt lassen sich die Vorstellungen so zusammenfassen, dass Kinder soziale Kontakte knüpfen, Freundschaften schließen, Rücksichtnahme üben und in die Gruppe eingebunden sein sollen. Die Eltern von Kindern mit Behinderung und die Leitungen gehen speziell auf die Situation behinderter Kinder ein. Diese sollen die Erfahrung machen, *„bei allem, was Kinder ohne Behinderung machen, dabei sein zu können"* *(Mutter eines behinderten Jungen),* sie sollen *„am normalen Leben teilhaben"* *(eine Leiterin),* sich gegenseitig akzeptieren, gemeinsam spielen.

Förderung und Schulfähigkeit
Grundbefragung
Die *förderliche Unterstützung* des Kindes gilt in allen Einrichtungsformen und bezogen auf Kinder mit und ohne Behinderung als wichtiger Aspekt guter Betreuung; die *individuelle Förderung* wird an dritter bis fünfter Stelle platziert. Prozentual ausgedrückt heißt dies, dass je nach Einrichtungstyp 50% (Regeleinrichtungen) bis 78% (heilpädagogische Einrichtungen) der Einrichtungen die individuelle Förderung von Kindern *mit* Behinderung als Ausweis wirksamer Betreuung sehen. Die individuelle Förderung von Kindern *ohne* Behinderung sehen 45% (additive Einrichtungen) bis 57% (Schwerpunkteinrichtungen) unter den fünf ersten wesentlichen Charakteristika wirkungsvoller Betreuung.

Individuelle Förderung heißt zwar *auch*, aber längst nicht immer *behinderungsspezifische Förderung*. Je nach Einrichtungstyp drückt sich dieser Bedeutungsunterschied in einer Differenz von zwei (bei den heilpädagogischen Einrichtungen) bis fünf Rangplätzen aus (bei den Schwerpunkteinrichtungen).

Die Bedeutung, die spezifischen funktionellen Kompetenzen – soziale, sprachliche, motorische, kognitive Kompetenzen – als Ausweis wirksamer Erziehung beigemessen wird, drückt sich in den Rangplätzen von 4 bis 18 aus. In dieser großen Spanne zeigen sich deutliche einheitliche Trends:

Auf vorderen bis mittleren Rangplätzen (Rang 4 bis 7) findet sich über alle Betreuungsformen hinweg und für Kinder mit und ohne Behinderung der Aspekt ‚(hoher) sozialer

Kompetenz', auf mittleren bis hinteren Rangplätzen findet sich der Aspekt ‚kognitiver Kompetenz' (Rang 11 bis 18). Zwischen beiden sind ‚sprachliche Kompetenz' und ‚motorische Kompetenz' angesiedelt. Diese *Reihenfolge* der Bedeutung funktioneller Kompetenzen ist über alle Betreuungsformen hinweg gleich, wiewohl es bei den einzelnen Rangplätzen deutliche Unterschiede gibt. In Bezug auf Kinder mit Behinderung nehmen bei den heilpädagogischen Einrichtungen z. B. die kognitiven Kompetenzen Rang 11 ein, bei den Regeleinrichtungen Rang 18. Für Kinder ohne Behinderung ist dieser einrichtungstypische Unterschied geringer (Platz 11 bei den additiven Einrichtungen, Platz 14 bei den Regeleinrichtungen).

Wie wichtig ist es für die Einrichtungen, dass eine wirksame Betreuung insgesamt als *Förderung in einem geschützten Raum* verstanden wird? Dieser Aspekt findet sich auf mittleren bis hinteren Rangplätzen – bei den Regel- und Schwerpunkteinrichtungen (in Bezug auf Kinder mit Behinderung) an 13. Stelle, für Kinder ohne Behinderung gar an 16. Stelle. Additive und heilpädagogische Einrichtungen schreiben diesem Gesichtspunkt in Fragen wirksamer Betreuung einen höheren Stellenwert zu: heilpädagogische Einrichtungen geben dem Aspekt Rang 7, additive Einrichtungen Rang 10.

In Fortsetzung von Überlegungen zur Förderung und Kompetenz stellt sich auch die Frage, inwieweit die *Schulfähigkeit* der Kinder in der jeweiligen Interpretation der Befragten als bedeutsamer Aspekt wirksamer Betreuung gesehen wird. Hier zeigt sich ein deutlicher Unterschied mit Blick auf Kinder *mit* und auf Kinder *ohne* Behinderung. Für letztere schlägt sich die Bedeutung von Schulfähigkeit in den Rangplätzen 6 (additive- und Regeleinrichtungen) und 12 (Schwerpunkteinrichtungen) nieder (d. h. 26% der additiven, 27% der Regel- und 11% der Schwerpunkteinrichtungen nennen Schulfähigkeit als einen der fünf wichtigsten Aspekte guter Betreuung). Bei Kindern *mit* Behinderung wird er von allen vier Einrichtungstypen auf Rang 14 bis 19 platziert (von keiner der Schwerpunkt- und 8% der additiven Einrichtungen genannt). Schulfähigkeit wird also nur bedingt als Ausweis wirksamer Betreuung betrachtet, hinsichtlich der Betreuung von Kindern mit Behinderung scheint sie demnach sogar marginal zu sein.

Interviews

Der Aspekt der *Förderung* als Gesichtspunkt wirksamer Betreuung wird von unseren Interviewpartnerinnen relativ ausführlich beschrieben. Insgesamt bleibt als Inhalt bzw. Ausrichtung der Förderung kaum etwas unerwähnt. Angestrebt werden soziale Kompetenz der Kinder, Offenheit im Umgang, sozial adäquates Verhalten, Vertrauen untereinander, Selbstständigkeit, Selbstwertgefühl, Selbstsicherheit, sich behaupten können ebenso wie Rücksichtnahme und Grenzen akzeptieren. Als bestimmte funktionelle Fähigkeiten werden Sprach- und Kommunikationsfähigkeit, grob- und feinmotorische sowie kognitive Fähigkeiten genannt, auch die Fähigkeit, Dinge in Frage stellen und diskutieren zu können. Auch weitere Bereiche werden angesprochen: Emotionalität, Kreativität ... kurzum: Das selbstbewusste und sozial verantwortliche, in jeder Hinsicht kompetente Kind stellt das dar, was eine gute und wirksame Betreuung am besten verkörpert.

Interessant sind allerdings die feinen Unterschiede, die sich in den Aussagen zeigen:

• Pädagoginnen aus heilpädagogischen und additiven Einrichtungen sehen unter wirksamer Erziehung auch die „Milderung von Defiziten", die „Abmilderung von Auffälligkeiten", aber auch das Vermitteln der Fähigkeit, selbstbewusst mit Defiziten umgehen zu können.

- *Schulfähigkeit* bzw. Förderung unter dem Aspekt der Schulfähigkeit wird sehr unterschiedlich betrachtet. Von Eltern der Kinder mit Behinderung wird dies nie direkt als Ausweis guter Betreuung genannt (sehr wohl aber in der Frage nach den wichtigen Entwicklungs- und Lernzielen für ihr Kind, vgl. Kap. 8.2). Eltern von Kindern ohne Behinderung sehen das anders. Für viele gehört zu guter Betreuung auch, dass die Kinder auf die Schule vorbereitet werden, dass sie lernen, „still zu sitzen", einen Stift zu halten, auch ungeliebte Dinge zu tun und Regeln einzuhalten, vielleicht auch schon Fremdsprachen spielerisch im Kindergarten lernen. Andere grenzen sich dagegen ab. *„Kinder müssen nicht bis 10 rechnen können oder ihren Namen schreiben und das Alphabet aufsagen können, wenn sie in die Schule kommen" (die Mutter eines Kindes ohne Behinderung).* Wichtiger ist ihr die Persönlichkeitsentwicklung, Selbstvertrauen und Selbstbewusstsein des Kindes und die Vermeidung von Leistungsdruck im Kindergarten.
- Solche Unterschiede finden sich auch bei den professionellen Pädagoginnen. Die Aufgabe, soziale und emotionale Kompetenzen zu fördern, wird auch als Form der Schulvorbereitung betrachtet und ist allseits akzeptiert. Bei bestimmten Inhalten andererseits gehen die Meinungen auseinander. Exemplarisch: Eine Leiterin erachtet es als wichtig, nicht Elternforderungen nachzugeben, *„die die Kriterien der Leistungsgesellschaft"* widerspiegeln. Eine andere Leiterin betrachtet es als Kennzeichen guter Betreuung, dass auch funktionelle Kompetenzen und Grundkenntnisse vermittelt werden wie z. B. den Stift zu halten, den eigenen Namen zu schreiben, die Zahlen und Farben zu kennen. Aus dem Kreis der Erzieherinnen kommen in Bezug auf wirksame Betreuung wenige Aussagen zur Schulfähigkeit. Eine Erzieherin führt aus, dass es auch darauf ankommt, die Kinder neugierig auf Schule zu machen, eine andere, dass die Kinder gut in der Schule zurecht kommen sollen. Eine Erzieherin einer heilpädagogischen Einrichtung betrachtet es auch als Aufgabe, darauf hinzuwirken, dass Kinder in einen Regelkindergarten wechseln oder die Regelschule besuchen können.

Eltern/ Familien der Kinder
Grundbefragung
Die Leiterinnen gehen mehr oder weniger davon aus, dass die Orientierung an der familiären Situation ein wichtiger Aspekt wirksamer Betreuung ist. In erster Linie geht es dabei um die Entlastung der Familien. In Bezug auf Kinder *mit* Behinderung scheint es hier auf den ersten Blick merkliche Differenzen zu geben. Bei den heilpädagogischen Tagesstätten rangiert dieser Gesichtspunkt relativ weit vorn auf Rang 5, bei additiven Einrichtungen auf Rang 7. Schwerpunkteinrichtungen verweisen diesen Aspekt auf Platz 10, Regeleinrichtungen auf Rang 14.

Die Unterstützung der Familien mit behinderten Kindern bei der Vermittlung weiterer Hilfen und Dienste gilt überall als relevanter Punkt (Rang 6 bei den heilpädagogischen-, Rang 9 bei den additiven- und Rang 7 bei den Schwerpunkt- und den Regeleinrichtungen).

Für die Familien mit Kindern *ohne* Behinderung wird der Gesichtspunkt der Familienentlastung unabhängig von der jeweiligen Betreuungsform selten als sehr bedeutsam eingeschätzt (Rang 14 bis 16).

Kontakte zwischen den Eltern werden bzgl. ihrer Bedeutung für eine wirksame Betreuung sehr unterschiedlich beurteilt (Rangplätze zwischen 10 und 19). Überwiegend erscheinen sie dem Einrichtungsteam bei Eltern von Kindern *mit* Behinderung etwas bedeutsamer als bei anderen.

Der besondere Blick der Trägervertreter
Interviews
In der Überlegung, was eine wirksame und gute Betreuung ausmacht, melden sich die Trägervertretungen mit einem Gesichtspunkt zu Wort, der in diesem Zusammenhang bei allen anderen Interviewpartnern keine Erwähnung findet. Neben den bisher beschriebenen Aspekten sprechen sie häufig und ausführlich die Rahmenbedingungen an: Die Ausstattung der Einrichtung mit Räumen und Material, Personalstärke und Qualifikation der Mitarbeiterinnen, die Gruppengröße, das Konzept der Einrichtung, die Abstimmung der Gruppenerzieherinnen mit der integrativen Zusatzkraft, Qualitätssicherung usw. Aus anderen Zusammenhängen[23] wissen wir, dass diese Faktoren auch für Erzieherinnen und Eltern eine sehr große Rolle spielen.

Christliche Werte
In den Interviews wurde von einigen Leitungen der Tageseinrichtungen wie von Trägervertretungen auch die christliche Basis und Ausrichtung der Arbeit als Kennzeichen wirksamer und guter Betreuung beschrieben. Hier ist daran zu erinnern, dass zahlreiche Einrichtungen, die an unserer Untersuchung teilnahmen, in kirchlicher Trägerschaft geführt werden.

Zu guter Letzt ...
... ist noch zu erwähnen, dass der Gesichtspunkt ‚Gehorsam der Kinder' bei der flächendeckenden Befragung weit abgeschlagen auf dem letzten Platz landet, gleich ob er sich auf Kinder mit oder ohne Behinderung bezieht und gleich um welchen Einrichtungstyp es sich handelt.[24] Hier zeigt sich eine klare innere Logik: Wo Selbstständigkeit an erster Stelle steht, verliert Gehorsam (als isolierter Wert) seine Bedeutung.

8.1.2 Die Realisierung einer guten, wirksamen Betreuung von Kindern im Kindergartenalter – die Einschätzungen der Einrichtungsleitungen und der Eltern
Angeglichen an die Befragung nach den Vorstellungen wirksamer Betreuung (vgl. Kap. 8.1.1) erhoben wir im gleichen Teilnehmerkreis, inwieweit diese Vorstellungen in den Einrichtungen realisiert, eher realisiert, eher weniger realisiert oder nicht realisiert sind.

---

23 vgl. Kap. 14.3 und Kap. 17.1 im Internet unter www.zpe.uni-siegen.de/kimbit

24 Dass sich der letzte Rangplatz in Zahlen von 16 bis 20 ausdrückt, ist der Tatsache geschuldet, dass einige Aspekte gleich oft genannt wurden und derselbe Rangplatze deshalb auch mehrfach zu vergeben war.

Grundbefragung

Im folgenden ist das Gesamtergebnis dargestellt, in dem die bestätigenden wie die (eher) verneinenden Antworten zum besseren Überblick zusammengefasst sind (Tab. 16; für die getrennte Tabellierung des Gesamtergebnisses sowie die einrichtungsspezifischen Ergebnisse vgl. Tab. A41.2 bis A41.6, Materialien).

Tab. 16/ A41.1: Realisierung der Vorstellungen von wirksamer Betreuung für Kinder mit Behinderung und Kinder ohne Behinderung nach Einschätzung der Einrichtungsleitung – Gesamt (N=1068)

	realisiert/ eher realisiert		eher weniger realisiert/ nicht realisiert		fehlend	
	Anzahl	%	Anzahl	%	Anzahl	%
(hohe) Selbstständigkeit	933	87,4	17	1,6	118	11,0
(hohe) soziale Kompetenz	817	76,5	33	3,1	218	20,4
(hohe) kognitive Kompetenz	487	45,6	64	6,0	517	48,4
(hohes) Sprachvermögen	549	51,4	100	9,4	419	39,2
(hohe) motorische Kompetenz	585	54,8	31	2,9	452	42,3
Schulfähigkeit	583	54,6	35	3,3	450	42,1
Wohlfühlen des Kindes in der Einrichtung	952	89,1	2	0,2	114	10,7
adäquate Selbsteinschätzung	401	37,5	96	9,0	571	53,5
Gehorsam	188	17,6	159	14,9	721	67,5
Förderung in einem geschützten Raum	442	41,4	76	7,1	550	51,5
(erfolgreiche) individuelle Förderung	752	70,4	58	5,4	258	24,2
(erfolgreiche) behinderungsspezifische Förderung	495	46,3	73	6,8	500	46,8
Integration in die Kindergruppe der Einrichtung	795	74,4	6	0,6	267	25,0
Integration in die Nachbarschaft / den Wohnort	334	31,2	146	13,7	588	55,1
selbstverständlicher Umgang der Kinder mit Beh. und der Kinder ohne Beh. miteinander	889	83,2	8	0,7	171	16,0
Entlastung der Familien	531	49,7	37	3,5	500	46,8
gute Kontakte zwischen Eltern	563	52,7	50	4,7	455	42,6
gute Kontakte spez. zwischen Eltern von Kindern mit Beh. und Eltern von Kindern ohne Beh.	465	43,5	149	14,0	454	42,5
Unterstützung der Familie bei der Vermittlung weiterer Hilfen und Dienste	698	65,4	34	3,2	336	31,5

Angesichts der hohen Fehlzahlen interessieren nur die markanten Ergebnisse.

Deutlich wird, dass viele Leitungen in ihrer Einrichtung in hohem Maße verwirklicht sehen, was sie sich unter wirksamer Betreuung von Kindern mit Behinderung vorstellen. Weniger oder nicht realisierte Aspekte werden nur von sehr wenigen angemerkt. Auffallend ist die hohen Zahl von Nicht-Antworten.

- *Von 75% und mehr der Einrichtungen als realisiert oder eher realisiert eingeschätzt:*
  Im Gesamt wie nach den einzelnen Betreuungsformen (vgl. Tab. A41.2–A41.6, Materialien) ist eine sehr hohe Zahl der Einrichtungsleitungen davon überzeugt, dass sich die Kinder bei ihnen *wohlfühlen* und dass sie eine *(hohe) Selbstständigkeit* und *(hohe) soziale Kompetenz* erreicht haben. Auch die *individuelle Förderung* wird nach Ansicht von drei Vierteln und mehr der Leitungen heilpädagogischer, additiver und Schwerpunkteinrichtungen realisiert, bei den Regeleinrichtungen liegt die Einschätzung nur knapp darunter (69% der Leitungen sehen, dass bei ihnen die individuelle Förderung realisiert wird).
  Einrichtungsspezifisch gibt es weitere sehr günstige Einschätzungen (vgl. Tab. A41.3–A41.6, Materialien). Der *Umgang der behinderten und nicht behinderten Kinder* miteinander findet in den additiven-, Schwerpunkt- und Regeleinrichtungen nach Angaben von mehr als drei Vierteln der Leitungen in selbstverständlicher Weise statt. Die *Integration in die Kindergruppe* wird tendenziell etwas weniger, aber immer noch in der Mehrzahl der Fälle als gelungen eingeschätzt. Die Pole des Spektrums markieren hier die 80% der Schwerpunkteinrichtungen und 61% der heilpädagogischen Einrichtungen, die diesen Aspekt als (eher) realisiert sehen.
  Über der 75%–Marke liegen außerdem die heilpädagogischen Einrichtungen in der Frage realisierter *Förderung in einem geschützten Raum*, in der Frage realisierter *Familienentlastung* und *Unterstützung der Familie bei der Vermittlung weiterer Hilfen und Dienste*. Letzteres, die Unterstützung der Familien, wird auch von den Schwerpunkteinrichtungen in ähnlich hohem Maße als gegeben betrachtet.
- *Eher weniger oder nicht realisierte Aspekte:*
  Hier findet sich (wie zu erwarten war) bei *allen* Betreuungsformen der Aspekt des Gehorsams. Aus heilpädagogischen Einrichtungen kommt zudem die Einschätzung, dass die Kinder dort eher nicht oder noch nicht eine adäquate Selbsteinschätzung erreicht haben.[25] Additive Einrichtungen vermerken außerdem mit einem Anteil von 42%, dass bei ihnen gute *Kontakte zwischen Eltern*, auch speziell zwischen Eltern von Kindern mit und Kindern ohne Behinderung eher weniger realisiert werden.
- *Hohe Zahl von Enthaltungen:*
  Von einer großen Zahl der Einrichtungen erhalten wir in der Frage der Realisierung von Aspekten wirksamer Betreuung keine Auskunft. Zu einem guten Teil geht es darauf zurück, dass einige Aspekte für bestimmte Einrichtungsformen keine Relevanz haben (s. o.). Nicht eindeutig nachvollziehbar sind hingegen die hohen Fehlanteile (40%–50%)

---

25 Bei den heilpädagogischen Einrichtungen finden sich auch andere Aspekte als (eher) nicht realisiert, dies ist aber der Logik der Sache geschuldet – z. B. bei dem Aspekt des Umgangs der Kinder mit und ohne Behinderung miteinander.

bei der Einschätzung *adäquater Selbsteinschätzung* der Kinder und bei der Einschätzung *sprachlicher, motorischer und kognitiver Kompetenzen* sowie der *Schulfähigkeit*. Drücken sich hier Unsicherheiten bezüglich der Einschätzung aus? Gibt es Unsicherheiten bzgl. der Maßstäbe? Liegen untersuchungsbezogene Vorbehalte zu Grunde? Wir können hier keine sichere Antwort geben. Wir sehen jedoch einen Bezug zu dem Informationsmangel hinsichtlich der Schulfähigkeit, der auch an anderer Stelle zu Tage tritt (vgl. Kap. 12).

Interviews
Im Gespräch mit den Eltern lassen sich vor allem aus deren Zufriedenheit Hinweise bzgl. einer realisierten wirkungsvolle Betreuung des Kindes entnehmen. In der Mehrheit äußern sich die Eltern zufrieden über die Entwicklung ihres Kindes, manche sogar sehr zufrieden. Eltern deren Kinder mit Behinderung eine Regel-, Schwerpunkt- oder additive Einrichtung besuchen, heben vorzugsweise die positive soziale Entwicklung und Einbindung ihrer Kinder hervor, auch das Selbstbewusstsein, das die Kinder in der Kindergartenzeit aufgebaut haben und die Entlastung, die die Betreuung den Eltern gebracht hat. Eltern, deren Kinder eine heilpädagogische Einrichtung besuchen, betonen ebenfalls die positive Entwicklung ihres Kindes, dazu im Speziellen auch die Fortschritte in bestimmten Gebieten wie z. B. bei der Sprachentwicklung. Insgesamt gehen Eltern überwiegend davon aus, dass eine wirkungsvolle Betreuung ihrer Kinder stattfindet.

Vorbehalte, die sich auf die pädagogischen Inhalte beziehen, werden das eine oder andere Mal in punkto Schulvorbereitung angemeldet. Größer sind aber die Einwände gegen bestimmte Rahmenbedingungen, allem voran gegen die Bedingungen, unter denen die Integrationskraft in einer Regeleinrichtung arbeitet. Daneben werden fehlende oder zu geringe Therapiemöglichkeiten angeführt (übrigens *auch* von Eltern, deren Kinder eine heilpädagogische Einrichtung besuchen) die fehlende Übermittags-Betreuung in Regeleinrichtungen und die knappen personellen Reserven, die zu Engpässen bei Krankheit und Urlaub führen.

8.1.3 Fremdbilder – Ansichten der Pädagoginnen über elterliche Vorstellungen von wirksamer Betreuung
Vertiefende Befragung C
Wie erleben die Einrichtungsleitungen die Vorstellungen der Eltern? Sehen sie ihr Konzept von wirksamer Betreuung in Übereinstimmung mit dem der Eltern oder erleben sie eher Diskrepanzen? Welchen Eindruck haben sie von den Vorstellungen und Erwartungen der Eltern? Um dies zu beantworten, befragten wir einen Teil der Einrichtungsleitungen mit analogen Formulierungen danach, was *nach ihrer Einschätzung* die Vorstellungen der Eltern von einer wirksame Betreuung sind (Tab. 17).

Festzustellen ist, dass die Leitungen bei etwa der Hälfte der angebotenen Aspekte eine hohe bis sehr hohe Übereinstimmung zwischen ihren Vorstellungen und denen der Eltern wahrnehmen. Relevante Unterschiede sind selten, aber deutlich:

Die Mehrheit der Leitungen nimmt deutlich Unterschiede bezüglich der Einschätzung von Schulfähigkeit wahr. Gleich um welchen Einrichtungstyp es sich handelt, gleich ob es um Kinder mit oder ohne Behinderung geht, nach Ansicht der Leiterinnen spielt die Schulfähigkeit als Ausweis wirksamer Betreuung bei den Eltern eine größere Rolle als in der Kindertageseinrichtung selbst.

Tab. 17/ C8.1: Die Einschätzung der Einrichtungen: Was macht nach den Vorstellungen der Eltern im Resultat eine gelungene und wirksame Erziehung und Betreuung ihres Kindes aus? (Bitte kreuzen Sie die 5 wichtigsten Aspekte an, die nach Ihrer Einschätzung am häufigsten vorkommen.) Rangfolge

	Heilpädagogische Tagesstätten (n=5)		Additive Einrichtungen (n=8)		Schwerpunkteinrichtungen (n=10)		Regeleinr. mit Einzelintegration (n=254)	
	Rang KmB	Rang KoB	Rang KmB	Rang KoB	Rang KmB	Rang KoB	Rang KmB	Rang KoB
Wohlfühlen des Kindes in der Einr.	1	-	1	2	5	6	1	2
(hohe) Selbstständigkeit	3	-	3	4	1	2	3	3
selbstverständlicher Umgang der KmB und der KoB miteinander	13	-	3	6	5	5	6	8
Integration in die Kindergruppe	9	-	8	10	8	14	2	11
(erfolgreiche) individuelle Förderung	1	-	3	6	1	3	4	4
(hohe) soziale Kompetenz	4	-	8	3	10	8	10	6
Unterstützung der Familie bei der Vermittlung weiterer Hilfen/ Dienste	9	-	13	12	10	10	8	12
(erfolgreiche) behinderungsspezifische Förderung	9	-	6	12	5	14	9	19
gute Kontakte v.a. zwischen Eltern von KmB und Eltern von KoB	13	-	13	12	10	14	11	15
(hohes) Sprachvermögen	4	-	8	8	10	8	13	9
(hohe) motorische Kompetenz	13	-	8	17	10	10	17	14
Entlastung der Familien	4	-	2	8	4	6	7	7
gute Kontakte zwischen Eltern	13	-	13	10	10	10	16	10
Förderung in geschütztem Raum	13	-	8	12	10	10	12	13
adäquate Selbsteinschätzung	13	-	13	12	11	14	19	18
Schulfähigkeit	4	-	7	1	1	1	5	1
Integration in die Nachbarschaft / den Wohnort	4	-	13	12	11	14	15	15
(hohe) kognitive Kompetenz	9	-	13	4	9	3	13	5
Gehorsam	13	-	13	12	11	14	18	17

KmB = Kinder mit Behinderung, KoB = Kinder ohne Behinderung

Ähnliches gilt für die kognitive Entwicklung. Auch hier sehen die Leiterinnen deutliche Differenzen zwischen der Wertung durch die Einrichtung selbst und durch die Eltern; nach Einschätzung der Leitungen verbinden Eltern gute Betreuung stärker mit einer hohen kognitiven Kompetenz ihres Kindes als das Team der Einrichtung. Als Tendenz ist zudem festzuhalten, dass nach Einschätzung der Leitungen diese Differenz zwischen dem Einrichtungsteam und Eltern von Kindern *ohne* Behinderung größer ist als die Diskrepanz zwischen dem Einrichtungsteam und Eltern von Kindern *mit* Behinderung.

Für die Wertungen bzw. Differenzen bzgl. der kognitiven Kompetenzen müssen die heilpädagogischen Einrichtungen ausgenommen werden. Hier zeigt sich kein klares Bild.

Des weiteren schätzen nach Ansicht der Leitungen die Eltern die Familienentlastung als Ausweis gelungener Betreuung höher ein als die Einrichtungen selbst. Eine Ausnahme bilden hier die heilpädagogischen Einrichtungen; sie selbst sehen die Entlastung der Familien als einen wichtigen Effekt gelungener Betreuung und nehmen dies auch bei den Eltern ähnlich wahr.

8.1.4 Zusammenfassung und Folgerungen aus den Ergebnissen: wirksame Betreuung – subjektive Konzepte und wahrgenommene Realitäten in der Praxis

- Insgesamt ergeben sich in der Frage, was eine wirksame Betreuung ausmacht, mehr Gemeinsamkeiten als Unterschiede – Gemeinsamkeiten zwischen den verschiedenen Einrichtungstypen, Gemeinsamkeiten über die verschiedenen Rollen hinweg (Eltern von Kindern mit und von Kindern ohne Behinderung, Erzieherinnen, Leitungen, Trägervertretungen), Gemeinsamkeiten in Bezug auf Kinder mit und Kinder ohne Behinderung. *„Was für Kinder ohne Behinderung gilt, gilt auch für die mit Behinderung. Es ist dasselbe, nur vielleicht in anderer Ausgestaltung oder es gibt noch einen Zusatz"* (eine Erzieherin).
- Eindrucksvoll ist der hohe Rang, der über alle Einrichtungen hinweg dem Wohlfühlen und der Selbstständigkeit des Kindes eingeräumt wird. Vor allem, dass das Kind sich in der Einrichtung wohlfühlt, gilt unisono als Ausweis gelungener, wirksamer Betreuung.
- *Wohlfühlen* ist ein Indikator dafür, wie gut sich Bedürfnisse und Interessen des Kindes sowie Angebote und Hilfen der Einrichtung bzw. der Erzieherinnen treffen. Eltern von Kindern mit Behinderung geben deutlich zu verstehen, dass es sich dabei nicht nur um ein funktionales Verhältnis handelt, sondern dass die emotionale Tönung der Beziehung ein entscheidender Faktor des Wohlfühlens ist. *Selbstständigkeit* bzw. der Grad der Selbstständigkeit beschreibt, wie weit das Kind seine Bedürfnisse und Interessen autonom verfolgen kann. Dafür sind in der Regel bestimmte psychische (emotionale, kognitive) und funktionelle Fähigkeiten notwendig.
  Die Relevanz, die beiden Aspekten (Wohlfühlen und Selbstständigkeit) von der weit überwiegenden Mehrheit aller Befragten hinsichtlich der Wirksamkeit zugeschrieben wird, spiegelt also das Ideal passgenauer Entwicklungsbedingungen.

> Fast immer stellt das selbstbewusste und sozial verantwortliche, in jeder Hinsicht kompetente Kind das dar, was eine gute und wirksame Betreuung am besten verkörpert.

- In dieser allumfassenden Beschreibung treffen sich alle wichtigen Erziehungsziele – oder alle pädagogisch hoch angesehenen und ‚politisch korrekten' Leit- und Lernziele, die zur Zeit Geltung finden. Die von uns im Folgenden beschriebenen Besonderheiten und Differenzen sind daher wichtig, um Konturen in dieses Bild zu bringen.

- *Der selbstverständliche Umgang der Kinder mit und ohne Behinderung miteinander, die Integration eines Kindes in die Gruppe und seine Integration in Nachbarschaft und Wohnort* sind gleichermaßen höchst wichtige Gesichtspunkte, wenn man sich auf den gesetzlichen Auftrag bezieht, der der Betreuung, Erziehung und Bildung von Kindern mit Behinderung zu Grunde liegt. Die Einrichtungen sind in ihrer Arbeit mit behinderten Kindern diesem Eingliederungsauftrag verpflichtet. Der Unterschied, der von den Kindertageseinrichtungen gemacht wird, entspricht jedoch der realen Situation: Im Rahmen der Einrichtung kann der Umgang der Kinder miteinander und ihre Einbeziehung in das Gruppengeschehen von den Erzieherinnen angeregt und unterstützt werden. In Bezug auf die häusliche Nachbarschaft und den Wohnort als Ganzes sind die Einflussmöglichkeiten einer Kindertageseinrichtung bzgl. der Integration von Kindern mit Behinderung deutlich geringer. Insofern spiegeln die geringen Nennungen der Integration der Kinder in ihr nachbarschaftliches Umfeld vermutlich nicht die Bedeutung wider, die diesem Integrationsaspekt überhaupt beigemessen wird. Entscheidend bei der Wertung der Einrichtungen ist offensichtlich der Einflussbereich der pädagogischen Arbeit, innerhalb dessen die Wirksamkeit guter Betreuung abgesteckt wird.

- Heilpädagogische und additive Kindertageseinrichtungen haben bei der Frage wirksamer Betreuung die Beeinträchtigung der Kinder deutlicher im Blick als die anderen; weniger relevant ist für sie der Einbezug der Kinder in die Gruppe. Additive Einrichtungen, Schwerpunkt- und Regeleinrichtungen schätzen den Stellenwert der Integration der Kinder in die Gruppe und deren Teilhabe im Tagesablauf erkennbar höher ein. Diese altbekannte Scheidelinie ist inzwischen jedoch durch einen relativ hohen Anteil gemeinsamer Einschätzungen stark abgemildert.

- In seinem Stellenwert für eine gute Betreuung wird der Einbezug der Kinder in die Gruppe bei Kindern *mit* Behinderung deutlich höher angesetzt als bei Kindern *ohne* Behinderung. Hier sollte zukünftig darauf geachtet werden, ob dies in der Praxis bedeutet, dass weniger auf den Einbezug von Kindern ohne Behinderung geachtet wird oder ob es ein Ausdruck für ein insgesamt stärkeres pädagogisches Bemühen um den Einbezug von Kindern mit Behinderung ist.

- Funktionelle Fähigkeiten stehen bei vielen Einrichtungen nicht im Vordergrund, am ehesten noch bei den heilpädagogischen Einrichtungen. Bezüglich der funktionellen Kompetenzen wird die soziale Kompetenz in *allen* Einrichtungstypen durchschnittlich am häufigsten, kognitive Kompetenz durchschnittlich am seltensten als Ausweis guter Erziehung betrachtet.
Hier kommt die in der deutschen Frühpädagogik vorherrschende, eher holisitische Sicht des Kindes zum Zuge. In ihr wird die einseitige funktionell-fähigkeitsorientierte Ausrichtung skeptisch betrachtet; die Gesamtentwicklung des Kindes findet in ganzheitlicher Sichtweise Berücksichtigung. Dass aber bestimmte funktionelle Kompetenzen – am deutlichsten kognitive Kompetenz – auf den hinteren Rangplätzen landen, kann auch Anzeichen eines Missverständnisses von ganzheitlicher und funktioneller Förderung

sein. Ganzheitliche Förderung zielt nicht unspezifisch auf irgend etwas, sondern auf die Steigerung vieler bestimmter und lebensbedeutsamer Kompetenzen des Kindes – kognitive Kompetenzen sind dabei nicht die unwichtigsten. Möglicherweise gibt es bei einem Teil der Befragten auch Unsicherheiten in entwicklungspsychologischem Wissen, so dass ihnen nicht klar ist, wie sehr *allseitige* Entwicklung auch auf der kognitiven Entwicklung fußt und sie befördert. Die Ergebnisse legen jedenfalls nahe, die Form ganzheitlicher Förderung in der Alltagspraxis auf ihren konkreten Inhalt hin zu befragen.

- Schulfähigkeit von Kindern *ohne* Behinderung wird je nach Einrichtungstyp von einem mehr oder weniger großen bzw. kleinen Teil der Einrichtungen als wesentlicher Aspekt wirksamer Betreuung verstanden. Die Scheidelinie läuft hier weder klar entlang des Einrichtungstyps noch ist sie erkennbar nach Rollen unterschieden. Quer über alle Gruppen finden sich Befürworter und Gegner einer schulbezogenen Förderung, bei der schon im Kindergarten Grundkenntnisse wie Zählen und Namen schreiben vermittelt werden. Das heißt, dass sich in den unterschiedlichen Positionen unserer Interviewpartner diejenigen Standpunkte wieder finden, die derzeit die aktuellen Debatten um Bildungsstandards in Kindergarten und Schule prägen. In der Auseinandersetzung um die schulvorbereitende Aufgabe des Kindergartens und/ oder Erhaltung des Kindergartens als Schutzraum vor Leistungserwartungen sowie in der Beschreibung des Inhalts – allumfassende Persönlichkeitsentwicklung oder spezielle Grundkenntnisse – scheiden sich auch hier die Geister. Die Trennungslinie verläuft aber keineswegs klar zwischen den Vorstellungen der Erzieherinnen und Leiterinnen einerseits und den Eltern andererseits, wie es in manchen Äußerungen vermutet wird. Die Aussagen aus den Interviews zeigen, dass sich bei den Eltern wie bei den professionellen Pädagoginnen jeweils beide Standpunkte finden.

- Schulfähigkeit von Kindern *mit* Behinderung rangiert bei allen Einrichtungstypen auf den letzten Plätzen. Der Bildungsbedarf von Kindern mit Behinderung wird hier möglicherweise sehr stark unterschätzt. Es gibt gute und fachliche Argumente, dass eine individuelle Förderung nicht in dem Ziel der Schulfähigkeit aufzugehen hat. Doch lässt sich unseres Erachtens die Zurücksetzung dieses Gesichtspunktes nicht allein dadurch erklären. Denkbar ist, dass die Pädagoginnen des Elementarbereichs unsicher sind bzgl. der Anforderungen der Sonderschulen oder auch der integrativen Beschulung von Kindern mit Behinderung. Die kindzentrierte Befragung, die wir als dritten Untersuchungsschritt bei einem kleinen Teil der Tageseinrichtungen durchführten, zeigt, dass die Ungewissheit in vielen Tageseinrichtungen hoch ist (vgl. Kap. 12.1 und 12.5). Anders als bei Kindern ohne Behinderung, die den Regelunterricht besuchen werden, kann bei Kindern mit Behinderung oft nicht konkret benannt werden, welche Kompetenzen sie zum Schulbeginn ‚mitbringen' sollen. Zudem sind die Erwartungen an den verschiedenen Schulen und bei den einzelnen Lehrern und Lehrerinnen sehr unterschiedlich (vgl. Schildbach 2003). Diese verunsichernden Faktoren schlagen sich möglicherweise darin nieder, dass die Pädagogen und Pädagoginnen vermeiden, gute Betreuung an erreichter oder nicht erreichter Schulfähigkeit der Kinder zu messen, die sich zudem z. B. bei Kindern mit geistiger Behinderung nur vage auf allgemeiner Ebene beschreiben lässt. Hier besteht noch Klärungsbedarf.

- Bei der weit überwiegenden Mehrheit der befragten Leitungen fällt die Bilanz sehr positiv aus: Sie sehen ihre Einrichtung als erfolgreiche Institution adäquater Entwicklungsförderung von Kindern. Schwachpunkte werden in diesem Zusammenhang kaum benannt. Das positive Urteil der Leitungen deckt sich mit der Einschätzung vieler Eltern, vor allem derjenigen, deren Kinder noch die Kindertageseinrichtung besuchen. Bei Eltern, deren Kinder bereits die Schule besuchen, sind die Einschätzungen ebenfalls mehrheitlich positiv, doch werden in einigen Fällen rückblickend auch vorsichtige Zweifel geäußert (vgl. Kap. 12.1.2).
- Auffallend ist die hohe Zahl von Enthaltungen, wenn es um die Frage der realisierten Förderung spezifischer Kompetenzen der Kinder geht.
- Die Leitungen schätzen im Großen und Ganzen richtig ein, was Eltern im Sinne einer wirksamen Betreuung ihrer Kinder wichtig ist. An einigen Stellen stimmt das Bild nicht ganz:
  Unterschiedliche Meinungen innerhalb der Elternschaft zur Förderung der Schulfähigkeit werden von den professionellen Pädagoginnen nicht immer erkannt. Es gibt bei ihnen eine Tendenz, nicht innerhalb der Elternschaft zu *differenzieren*, sondern sie zu *typisieren* (z. B. Schulfähigkeit sei bei *den* Eltern vorrangig). Vermutlich nehmen Erzieherinnen und Leitungen vor allem den Druck derjenigen Eltern wahr, denen die Schulfähigkeit ihrer Kinder sehr wichtig ist.
- Viele Leitungen der additiven-, der Schwerpunkt- und der Regeleinrichtungen gehen davon aus, dass die Familienentlastung als Effekt einer wirksamen Betreuung von der Elternschaft höher veranschlagt wird als von der Einrichtung. Möglicherweise bildet die Basis für diese Einschätzung die in einigen Interviews geäußerte Befürchtung, manche Eltern könnten zu viele Erziehungsaufgaben an die Kindertageseinrichtung delegieren. Eltern dagegen erwähnen selten den Entlastungseffekt.

8.2 Lern- und Entwicklungsziele nach den Vorstellungen der professionellen Pädagoginnen und der Eltern

8.2.1 Elterliche und professionelle Orientierungen in der Elementarerziehung

Eltern finden bei der Frage nach der ‚passenden' Betreuungsinstitution Kindertageseinrichtungen vor, die mit einem existierenden pädagogischen Konzept und darin eingeschlossenen Lern- und Entwicklungszielen arbeiten. Selbstverständlich haben Eltern wie Erzieherinnen längst bestimmte Vorstellungen entwickelt, bevor sie sich begegnen. Die Lern- und Entwicklungsziele sind subjektive Orientierungen beider, wobei sie bei den Erzieherinnen „als Teil ihres Wissensvorrats anzusehen [sind], der gemeinhin mit dem Begriff Pädagogisches Professionswissen gekennzeichnet wird" (Fried 2003, 80). Für die Situation des Kindes wie für die Zufriedenheit der Eltern wird es von entscheidender Bedeutung sein, wie weit sich die Vorstellung der Eltern und der Erzieherinnen treffen. Etliches wird sich hier mit Aspekten wirksamer Betreuung überschneiden. Näheren Aufschluss geben die folgenden Ergebnisse.

Vertiefende Befragung D
Leitungen der Tageseinrichtungen äußern sich zu den Lern- und Entwicklungszielen für
Kinder mit (Abb.10) und Kinder ohne Behinderung (Abb. 11).

In der offenen Befragung der Leiterinnen zeigt sich in allen Einrichtungstypen und für
Kinder mit wie ohne Behinderung, dass vor allem die Selbstständigkeit (von 60%–92%
benannt) und von insgesamt ca. zwei Dritteln aller Einrichtungen auch die soziale Kompetenz der Kinder als wichtigste Ziele angestrebt werden. Bei einigen Einrichtungstypen werden besondere Aspekte sozialer Kompetenz häufig hervorgehoben. So beschreiben Schwerpunkteinrichtungen und Regeleinrichtungen als Lernziel an dritthäufigster Stelle, dass sie

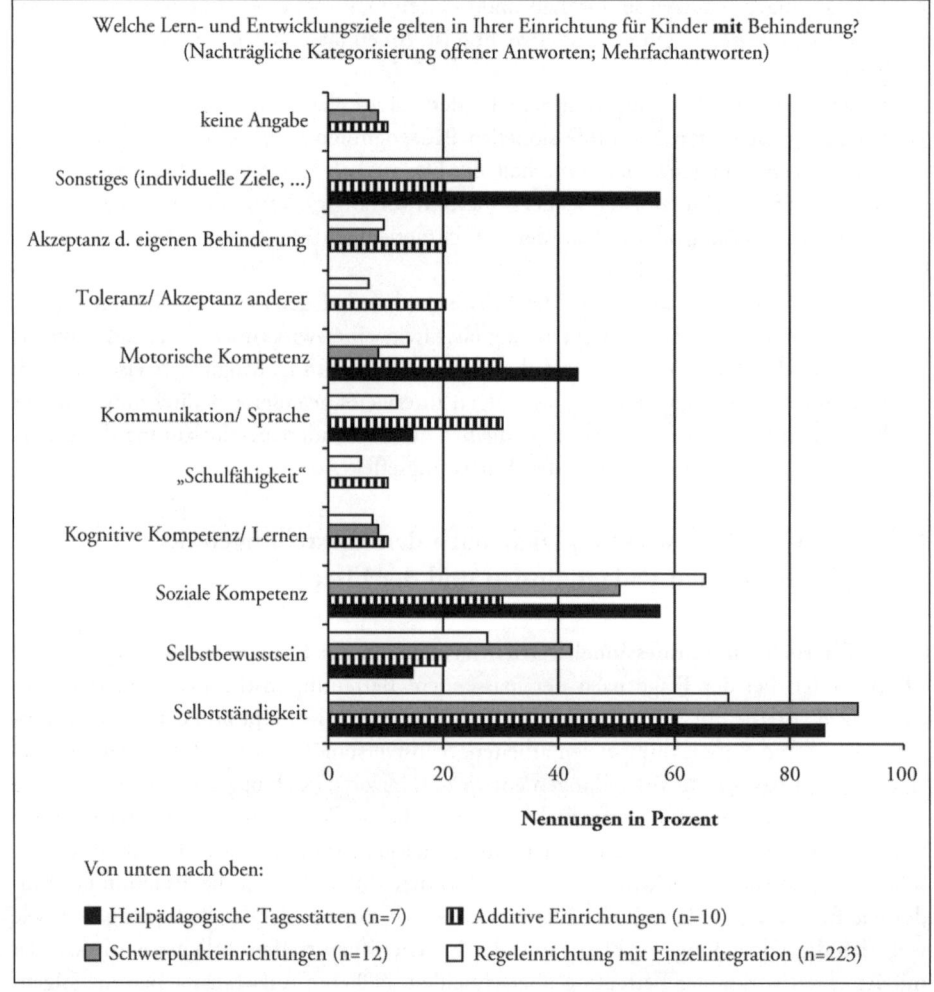

Abb. 10/ D3: Welche Lern- und Entwicklungsziele (Orientierungsgrößen) gelten in Ihrer Einrichtung für
Kinder mit Behinderung? (Offene Frage; Antworten nachträglich kategorisiert und als Mehrfachantworten ausgewertet)

für Kinder mit und ohne Behinderung ‚Selbstbewusstsein' in Verbindung mit der Eigen- und Fremdwahrnehmung als wichtiges Ziel erachten. Die Hälfte der additiven Einrichtungen nennt als wichtige Lernziele für Kinder *ohne* Behinderung die Toleranz und Akzeptanz anderer.

Heilpädagogische und additive Einrichtungen betrachten tendenziell häufiger als andere auch funktionale Kompetenzen – nämlich sprachliche/ kommunikative und motorische Kompetenzen – als wichtige Ziele für Kinder mit Behinderung. In den anderen Betreuungsformen stehen diese Aspekte weniger im Vordergrund, jedoch ist der Unterschied statistisch nicht signifikant. Für Kinder ohne Behinderung scheint er in allen Einrichtungstypen nachrangig zu sein.

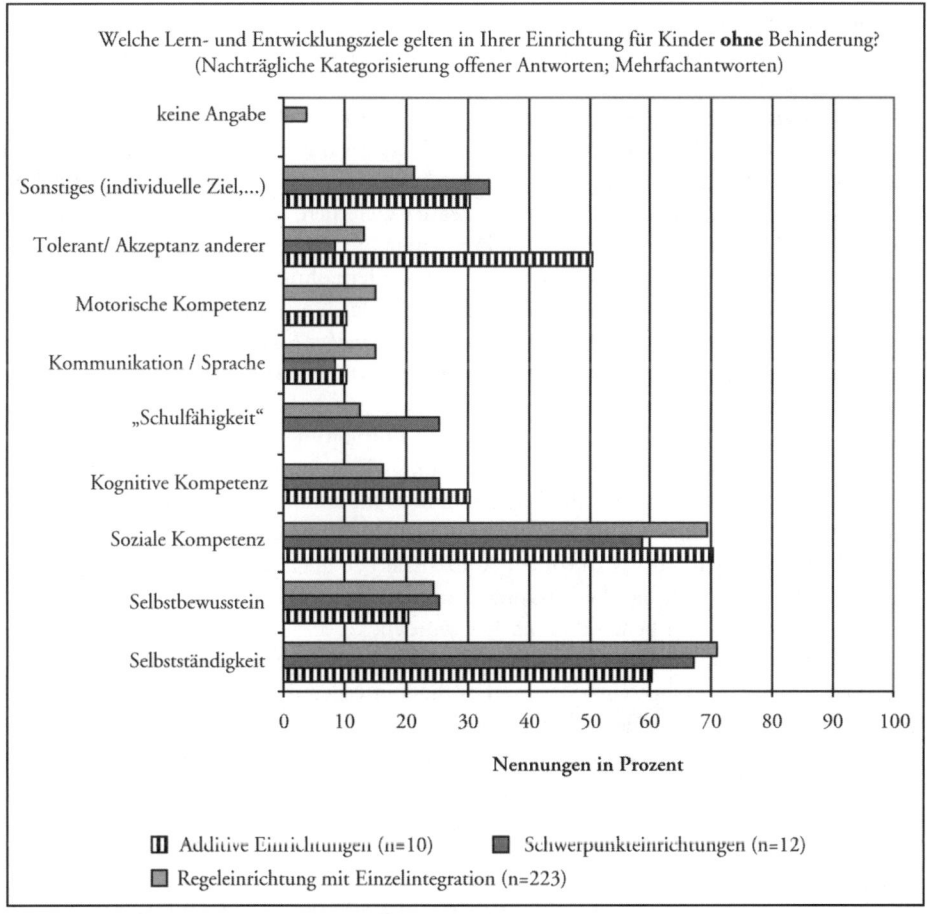

Abb. 11/ D4: Welche Lern- und Entwicklungsziele (Orientierungsgrößen) gelten in Ihrer Einrichtung für *Kinder ohne Behinderung?* (Offene Frage; Antworten nachträglich kategorisiert und als Mehrfachantworten ausgewertet)

Kognitive Kompetenzen findet man selten unter den wichtigsten Erziehungszielen, Schulfähigkeit kaum oder gar nicht (tendenziell am häufigsten noch bei den Schwerpunkteinrichtungen). Werden diese beiden Aspekte erwähnt, dann noch eher für Kinder ohne Behinderung.

Interviews Eltern

Die in die Untersuchung einbezogenen Eltern formulieren Ziele für ihre eigenen Kinder, die sich in einem großen Bereich mit denen der professionellen Pädagoginnen decken. Fast alle Eltern thematisieren, dass für sie soziale Kompetenz, Selbstwahrnehmung, Selbstvertrauen und Selbstständigkeit als Entwicklungs- und Lernziel hohe Bedeutung haben, ohne dass sich diese Kategorien in den Elternaussagen genau voneinander abgrenzen ließen. Das Kind soll lernen, *„... es gibt viele Kinder, die so sind wie ich"* (Mutter eines Kindes in der Regeleinrichtung). Wichtig ist, *„... dass das Kind verstehen lernt: Ich kann das doch, mit Hilfestellung"* (Mutter eines Kindes mit Behinderung in der Regeleinrichtung).

Eltern von Kindern mit wie ohne Behinderung und gleich in welcher Betreuungsform betonen außerdem, dass ihr Kind lernen soll, sich in der Gruppe zu bewegen, auf andere Kinder einzugehen, mit anderen Kindern zu leben und zu spielen.

Daneben beschreiben sehr viele Eltern von Kindern mit Behinderung, dass es für ihr Kind wichtig ist, Verantwortung zu übernehmen, selbstverständlichen Umgang mit behinderten Kindern einzuüben, andere Kulturen kennen zu lernen, miteinander zurecht zu kommen, Rücksicht zu nehmen, Grenzen zu akzeptieren.

Eltern von Kindern mit Behinderung, die mit Kindern ohne Behinderung gemeinsam in einer Gruppe sind, unterstreichen öfters den Aspekt der Normalität, den sie dabei als bedeutsam erachten: Das Kind soll z. B. lernen, *„mit normalen Kindern zu leben"*, es soll *„normale altersadäquate Ansprache und Kommunikation"* lernen oder sich bei anderen Kindern etwas *„abgucken"*. Über dies hinaus zeigt sich keine Besonderheit in den Zielvorstellungen, die den Eltern von Kindern in einem bestimmten Einrichtungstyp zuzuordnen wäre.

Eltern von Kindern mit wie ohne Behinderung wissen zudem genau zu benennen, auf welche konkreten funktionalen Fähigkeiten es ihnen ankommt: Die Sprache verbessern, sich an Geräusche zu gewöhnen, eine Schleife zu binden, zu schneiden, bei einer Sache zu bleiben, sich anzustrengen, kreativ zu wirken, konzentriert zu üben, etwas zu Ende zu bringen ..., dies alles, ohne dass sich hier bedeutsame Unterschiede zwischen Eltern behinderter und nicht behinderter Kinder bemerkbar machen würden.

Auch Eltern erwähnen im Zusammenhang von Lern- und Entwicklungszielen kaum kognitive Fähigkeiten (abgesehen davon, dass diese in vielen der anzustrebenden Ziele eingeschlossen sind). Schulfähigkeit dagegen wird von etlichen Eltern als Entwicklungsziel beschrieben. Von zwei Eltern behinderter Kinder gibt es explizit auch den Wunsch, dass ihr Kind sich so entwickeln wird, dass es eine Regelschule besuchen kann (Mutter eines Kindes in einer heilpädagogischen und Mutter eines Kindes in einer Regeleinrichtung).

Interviews Mitarbeiterinnen

Auch die pädagogischen Mitarbeiterinnen sehen die Verselbstständigung der Kinder und soziales Verhalten in der Gruppe als wichtiges Lern- und Entwicklungsziel für (alle) Kinder, führen dies jedoch nicht so häufig an wie die Eltern. Speziell für Kinder mit Behinderung formulieren Erzieherinnen auch das Ziel, dass die Kinder lernen, ihre Behinderung zu akzeptieren. Viele beschreiben sehr konkrete Ziele, die sich auf alltagspraktische funktionelle Fähigkeiten beziehen – Alleine essen zu können, Verbesserung von Sprache und Bewegung, Toilettentraining usw.

Wenn Erzieherinnen im Rahmen der Interviews auf Entwicklungs- und Lernziele für die Kinder angesprochen werden, kommen auffallend häufig auch Antworten, die sich nicht darauf, sondern auf die Prozessebene bzw. auf die didaktisch-methodische Ebene beziehen: Spezielle Angebote machen, einen Therapieplan erstellen, individuell und kleinschrittig arbeiten usw.

Interviews Leiterinnen
Wenn es um die Lern- und Entwicklungsziele für Kinder geht, treffen sich die Vorstellungen der Leiterinnen im Inhalt wie im Stellenwert dieser Ziele in höchstem Ausmaß mit denen der Eltern: Soziale Kompetenzen (Akzeptanz, soziales Miteinander, Rücksichtnahme) und Selbstständigkeit stehen an erster Stelle.

Interviews Trägervertretungen
Soziale Kompetenzen sind auch das, was die Trägervertretungen als erstrebenswertes Leitziel für die Kinder in den Tageseinrichtungen betrachten. Insgesamt äußern sie sich verhaltender zu dem Thema. Auffallend ist, dass sie im Zusammenhang von Lern- und Entwicklungszielen für Kinder sehr häufig und schnell Strukturbedingungen der Einrichtung (Qualifikation der Fachkräfte, Raumausstattung usw.) und Prozessaspekte (Förderung) ins Spiel bringen.

Zusammenfassend: Einrichtungsspezifische Aspekte in den Interviews. Von Seiten derjenigen, die professionell mit der Betreuung von Kindern betraut sind, d. h. die Erzieherinnen, Leiterinnen und Trägervertretungen, lassen sich keine ausgeprägten einrichtungsspezifischen Vorstellungen identifizieren – bis auf eine Ausnahme. Der Aspekt der Normalität, aber auch des Miteinanders generell, der Rücksichtnahme und Verantwortung wird fast ausschließlich von denen betont, die an der gemeinsamen Erziehung von Kindern mit und ohne Behinderung beteiligt sind. Wenn spezifische Ziele für Kinder mit Behinderung beschrieben werden, dann fast immer unter dem Aspekt der Normalisierung: Kinder mit Behinderung sollen lernen, am normalen Leben teilzunehmen; sie sollen lernen, dass sie nichts Besonderes sind; sie sollen Alltagskenntnisse erwerben.

Schulbezogene Befragung
Konkret auf einige Kinder bezogen, fragten wir die ehemaligen Gruppenerzieherinnen rückblickend nach dem besonderen Förderbedarf eines Kindes während seiner Kindergartenzeit. Implizit ist darin die Frage nach konkreten Entwicklungszielen enthalten, bezogen auf einen zeitlichen Ausschnitt und bezogen auf ein bestimmtes Kind. Legt man die konkreten Förderbedarfe und damit also gewisse Nahziele zu Grunde, so zeigt sich hier, dass bezogen auf je bestimmte Kinder mit Behinderung an erster Stelle die Verbesserung funktioneller Fähigkeiten angestrebt wird, allem voran in dem Bereich Bewegung und Körperkoordination (für Kinder mit körperlicher und geistiger Behinderung gleichermaßen 76,2% bzw.

76,0%), bei Kindern mit geistiger Behinderung auch im sprachlichen Bereich (80,0%, Kinder mit Körperbehinderung im Vergleich: 47,6%). Die Bereiche soziale Kompetenzen und Selbstständigkeit werden noch etwa für die Hälfte der Kinder genannt und damit deutlich seltener als in den Angaben zu Vorstellungen über wirksame Betreuung insgesamt (vgl. Kap. 8.1.1; vgl. Tab. Erz6b, Materialien).

8.2.2 Zusammenfassung und Folgerungen aus den Ergebnissen: soziale Kompetenz und Selbstständigkeit, Akzeptanz von Verschiedenheit

- Eltern und Kindertageseinrichtungen können zufrieden sein: Wie schon in Untersuchungen im Rahmen der Regelpädagogik (vgl. Tietze 1998) zeigte sich auch bei uns, dass die primären Lern- und Entwicklungsziele in Kindertageseinrichtungen mit denen der Eltern in hohem Ausmaß deckungsgleich sind, gleich um welchen Einrichtungstyp es sich handelt, gleich um welche Kinder es geht: Soziale Kompetenzen und Selbstständigkeit sind vorrangig (vgl. auch Kobelt-Neuhaus 2001).
- Leitungen und Mitarbeiterinnen der Einrichtungen mit gemeinsamer Erziehung sowie Eltern der Kinder *ohne* Behinderung in Schwerpunkt- oder Regelgruppen bringen zudem das Lernziel des (generellen) Umgangs mit und der Akzeptanz von Verschiedenheit ein. Eltern, deren Kinder mit Behinderung in den gleichen Gruppen sind, betonen umgekehrt als Entwicklungsziel ihrer Kinder, in „normalem" Umgang adäquates Verhalten zu lernen. Beides belegt die Kongruenz elterlicher wie einrichtungsspezifischer Lern- und Entwicklungsziele für das Kind in einem dafür prinzipiell geeigneten Betreuungsangebot mit gemeinsamer Erziehung.
- Erzieherinnen und Leiterinnen aus additiven-, Schwerpunkt- und Regeleinrichtungen betonen den Aspekt des Umgangs mit Verschiedenheit (Eigen- und Fremdwahrnehmung, Toleranz, Akzeptanz) oft sehr generell und nicht nur auf Behindert-Sein/ Nicht-Behindert-Sein bezogen. So gesehen scheinen Behinderung und Nicht-Behinderung als gleichzeitig erfahrbare Lebenssituation generell für den Umgang mit Heterogenität zu sensibilisieren – oder die so sensibilisierten Leitungen, Mitarbeiterinnen und Eltern engagieren sich eher für die gemeinsame Erziehung. In beiden Fällen kommt die gemeinsame Erziehung in hohem Maße den Zielvorstellungen der Beteiligten entgegen.
- Kognitive Fähigkeiten stehen bei den professionellen Pädagoginnen regelhaft an hinterer Stelle. Auch wenn es erst einmal nicht bedeutet, dass kognitive Kompetenzen in den Entwicklungsvorstellungen keine Rolle spielen, sondern dass anderes Vorrang hat, so ist die Wiederholung dieser Prioritätensetzung in anderen Zusammenhängen ein Grund, über das so gemeinte ‚ganzheitliche' Lernen neu nachzudenken (vgl. z. B. Kap. 8.1.1).
- Schulfähigkeit wird nur von wenigen Einrichtungen als eines der wichtigsten Erziehungsziele beschrieben, am ehesten noch von den Schwerpunkteinrichtungen. Dies bedeutet nicht, dass es für die Pädagoginnen keine Rolle spielt, sondern dass anderes Vorrang hat. Auch bei den Eltern hat die Schulfähigkeit keine Priorität, doch zeigt sich, dass ihnen dieser Aspekt deutlich präsenter ist als den Pädagoginnen der Elementarerziehung – auch dies ist ein Hinweis auf die Notwendigkeit, dass sich Eltern und Pädagoginnen in den Einrichtungen klarer verständigen.

8.3   Das Pädagogische Konzept

Pädagogische Konzepte vereinen inhaltliche Vorstellungen über Schwerpunkte und Ziele. Die Verschriftlichung des pädagogischen Konzepts erhöht die Verbindlichkeit innerhalb der Einrichtung und bildet die Grundlage für Überprüfung und Weiterentwicklung der Zielsetzungen, Inhalte und Arbeitsweisen. Nach außen hin sorgt ein schriftlich und öffentlich gemachtes Konzept für die nötige Transparenz.

8.3.1   Das einrichtungsspezifische pädagogische Konzept

Die Verortung der eigenen Arbeit durch einen bestimmten pädagogischen Ansatz drückt die Bezugnahme auf ein übergeordnetes Sinn- und Handlungskonzept, auf ein bestimmtes Menschen- und Gesellschaftsbild aus. Konkretisiert wird es durch die einrichtungsspezifische Präzisierung und Ausgestaltung.

Grundbefragung

Wir fragten die Leiterinnen sowohl danach, ob die Einrichtung nach einem bestimmten pädagogischen Ansatz arbeitet (Tab. 18) als auch danach, ob ein eigenes schriftliches Konzept vorliegt (Tab. 19).

Die Mehrzahl der Einrichtungen arbeitet nach keinem speziellen pädagogischen Ansatz, sondern bezeichnet ihre Arbeit als allgemein kind-, gruppen- und situationsorientiert (52,2%–82,6%). Trotzdem zeigen sich deutliche Unterschiede zwischen den Einrichtungstypen: Während ein bedeutender Anteil der Regel- (34,8%), Schwerpunkt- (32,6%) und additiven Einrichtungen (28,9%) nach dem Situationsansatz – und zwar nach den dort entwickelten Curricula – arbeitet, spielt dieser für heilpädagogische Einrichtungen fast keine Rolle (8,7%). Bei allen Betreuungsformen gibt es einzelne Einrichtungen, die sich auf andere gut ausgearbeitete Ansätze beziehen (Waldorf-, Montessori-, Reggio-Pädagogik – insgesamt 4,6% der Einrichtungen).

Bei dem weit überwiegenden Teil der Einrichtungen liegt ein (öffentlich zugängliches) schriftliches Konzept vor oder es wird gerade überarbeitet (beides zus. bei 79,3% der Einrichtungen). Die restlichen Einrichtungen sind nicht weit davon entfernt; fast alle arbeiten an der (erstmaligen) schriftlichen Fassung ihres Konzepts. Einrichtungstypische Trends sind vernachlässigbar.

Interviews

In unseren Interviews präzisieren die *Leitungen* die oben dargestellten Angaben zu pädagogischen Ansätzen. Ganz gleich, ob ihre Einrichtungen nach einem speziellen Ansatz arbeiten oder nicht, zunächst einmal steht für alle die pädagogische Ausrichtung an individuellen kindbezogenen Zielen im Vordergrund. Diejenigen, die ihre Arbeit innerhalb des Situationsansatzes und dessen Rahmenplan/ Curricula verorten, heben hervor, dass sie *trotzdem* größten Wert auf Flexibilität und Spontanietät im Tagesablauf wie in der Auswahl der Inhalte legen und keinesfalls etwa ein ‚Abarbeiten‘ von Themen praktizieren. Unter den von uns Befragten identifizieren sich die Leitung, Mitarbeiterinnen und Eltern der Montessori-Einrichtung am deutlichsten mit dem dort praktizierten pädagogischen Ansatz.

Tab. 18/ A25: Arbeit nach einem pädagogischen Ansatz in den Einrichtungen

	Heil-pädagogische Tagesstätten (n=23)		Additive Einrichtungen (n=38)		Schwerpunkt-einrichtungen (n=46)		Regel-einrichtungen mit Einzel-integration (n=961)	
	Anzahl	%	Anzahl	%	Anzahl	%	Anzahl	%
Situationsansatz (nach den dort entwickelten Curricula)	2	8,7	11	28,9	15	32,6	334	34,8
Waldorf-Pädagogik	-	-	1	2,6	1	2,2	17	1,8
Montessori-Pädagogik	1	4,3	-	-	4	8,7	9	0,9
Sonstiges (Reggio, ...)	-	-	-	-	1	2,2	18	1,9
kein spezieller Ansatz, sondern kind-, gruppen- und situationsorientiert*	19	82,6	26	68,4	25	52,2	572	59,5
keine Angabe	1	4,3	-	-	-	-	11	1,1
Gesamt	23	100	38	100	46	100	961	100

* hierzu zählen auch Angaben, wie ‚ganzheitliche Arbeit' o.ä.

Tab. 19/ A26: Verschriftlichte pädagogische Konzeptionen der Einrichtung

	Heil-pädagogische Tagesstätten (n=23)		Additive Einrichtungen (n=38)		Schwerpunkt-einrichtungen (n=46)		Regel-einrichtungen mit Einzel-integration (n=961)	
	Anzahl	%	Anzahl	%	Anzahl	%	Anzahl	%
wir haben ein schriftliches Konzept, jedoch nur zur internen Verständigung	2	8,7	4	10,5	4	8,7	54	5,6
wir haben ein schriftliches Konzept, das auch an Eltern, Träger u. andere Interessierte verteilt wird	17	73,9	24	63,2	26	56,5	574	59,7
wir arbeiten gerade an der erstmaligen Verschriftlichung unseres Konzeptes	2	8,7	1	2,6	7	15,2	130	13,5
wir überarbeiten z. Zt. unser Konzept	2	8,7	9	23,7	8	17,4	188	19,6
keine Angabe	-	-	-	-	1	2,2	15	1,6
Gesamt	23	100	38	100	46	100	961	100

Eltern definieren den pädagogischen Ansatz nicht über fachtheoretische Konzepte, sondern eher über beobachtbare markante Strukturen (Jahres- oder Rahmenpläne, teiloffene oder offene Gruppen, ...). Dabei gehen sie davon aus, dass die Arbeit konzeptionell durchdacht ist („*Man hat als Eltern nicht den Eindruck, dass konzeptlos gearbeitet wird*"). Letztlich ist für die Eltern ausschlaggebend, dass ihr Kind im Mittelpunkt der pädagogischen Aktivitäten steht.

Trägervertreterinnen berichten von einrichtungsübergreifenden Rahmenkonzepten, deren Eckpunkte das besondere Profil des Trägers (Leitbild, konfessionelle Ausrichtung) sicher stellen soll. Eher selten wurde in diesem Zusammenhang die Vorgabe eines bestimmten pädagogischen Ansatzes erwähnt. Gerade im Rahmen von Qualitätsmanagementprozessen betonen Trägervertretungen, dass die einzelne Einrichtung unter dem gemeinsamen Dach erheblichen Spielraum zur Entwicklung eines eigenen Profils erhalte.

In den Interviews zeigt sich auch, dass es (bis auf eine Ausnahme) alle *Leitungen* und alle *Trägervertreter/innen* als notwendig erachten, die Konzepte kontinuierlich weiter zu entwickeln. Die meisten verstehen darunter, dass Konzepte ‚bei Bedarf‘ neuen Anforderungen (oder Erkenntnissen) angepasst werden. Etliche Trägervertreter/innen machen diesen Überarbeitungsbedarf an strukturellen Veränderungen (Platzzahlen, Öffnungszeiten, Betreuung älterer oder jüngerer Kinder) fest.

Zum Zeitpunkt der Interviews gab es für viele Einrichtungen zwei wichtige Gründe, ihr Konzept zu aktualisieren: der Einbezug der Konzepte in das einrichtungs- oder trägerinterne Qualitätsmanagement sowie die konzeptionelle Berücksichtigung der Bildungsvereinbarung.

In den von uns befragten Einrichtungen wird die vollständige schriftliche Fassung des Konzepts meist nur auf Nachfrage weitergegeben oder liegt zur Einsicht aus. Viele Einrichtungen haben jedoch zur (öffentlichen) Verteilung zusätzlich ein Faltblatt mit den wichtigsten Inhalten in Kurzform erstellt.

Übereinstimmend damit berichten nur die wenigsten *Eltern* von Kindern mit Behinderung und von Kindern ohne Behinderung, das Konzept bei der Anmeldung erhalten zu haben. Sie wissen aber um dessen Existenz und Möglichkeiten zur Einsicht. Viele konzeptionelle Informationen haben Eltern mündlich im Aufnahmegespräch oder auf Elternabenden erhalten. Für einige Eltern ist ein Interesse an detaillierten pädagogischen Fragen auch erst während der Kindergartenzeit aufgekommen.

8.3.2 Pädagogische Schwerpunkte und spezielle Angebote der Einrichtung
Grundbefragung
Die Leiterinnen machen zu pädagogischen Schwerpunkten ihrer Einrichtung folgende Angaben (Tab. 20):
Ob heilpädagogische- , additive- , Schwerpunkt- oder Regeleinrichtungen mit Einzelintegration, die meisten Einrichtungen zeichnen sich durch die Schwerpunkte Bewegung (76,6%–91,3%), Sprache (42,1%–52,2%) und Spiel (41,3%–50,0%) aus.

Bei den heilpädagogischen Einrichtungen bleiben weitere Schwerpunkte oder Angebote unter der 20%–Marke. In additiven-, Schwerpunkt- und Regeleinrichtungen finden sich mit mittlerer Häufigkeit die Auseinandersetzung mit der Umwelt (33,9%–39,5%) sowie das forschende und entdeckende Lernen (31,1%–41,3%). Die gezielte Schulvorbereitung geben

Tab. 20/ A27: Pädagogischer Schwerpunkt oder spezielle Angebote, auf die in der Einrichtung *besonderen Wert* gelegt wird (Mehrfachantworten)

	Heil-pädagogische Tagesstätten (n=23)		Additive Einrichtungen (n=38)		Schwerpunkt-einrichtungen (n=46)		Regel-einrichtungen mit Einzel-integration (n=961)	
	Anzahl	%	Anzahl	%	Anzahl	%	Anzahl	%
Bewegung	19	82,6	31	81,6	42	91,3	730	76,6
Sprache	11	47,8	16	42,1	24	52,2	475	49,8
Spiel	11	47,8	19	50,0	19	41,3	466	48,9
Auseinandersetzung mit der Umwelt	4	17,4	15	39,5	16	34,8	323	33,9
forschendes u. entdeckendes Lernen	4	17,4	13	34,2	19	41,3	296	31,1
gezielte Schulvorbereitung	2	8,7	7	18,4	6	13,0	199	20,9
Unterstützte Kommunikation	4	17,4	10	26,3	6	13,0	105	11,0
Musik	3	13,0	7	18,4	3	6,5	107	11,2
Gestaltung der Eingewöhnung	3	13,0	8	21,1	7	15,2	96	10,1
andere pädagogische Schwerpunkte	4	17,4	11	28,9	7	15,2	174	18,3
kein besonderer Schwerpunkt	3	13,0	-	-	-	-	33	3,5
keine Angabe	-	-	-	-	-	-	8	0,8

relativ wenige Leitungen als Schwerpunkt an, am häufigsten noch diejenigen aus Regel- und additiven Einrichtungen (20,9% bzw. 18,4%).

Bis zu einem Viertel der Leiterinnen und Leiter nennen noch Weiteres als Schwerpunkt oder als besonderes Angebot: unterstützte Kommunikation, Musik oder Gestaltung der Eingewöhnung. Es gibt hierbei keine markanten Unterschiede zwischen den Einrichtungstypen. Unter den Angaben zu ,anderen pädagogischen Schwerpunkten' sammeln sich weitgehend Einzelangaben (Förderung der Wahrnehmung, Kunst, religionsbezogene Inhalte, ...).

Drei heilpädagogische Einrichtungen (13,0%) und 33 Regeleinrichtungen (3,5%) arbeiten ohne einen besonderen Schwerpunkt.

Vertiefende Befragung D
In offener Befragung wollten wir von den Leiterinnen wissen, welche besonderen Angebote die heilpädagogische, integrative bzw. allgemeinpädagogische Arbeit der Einrichtung kennzeichnen. Die Antworten wurden nachträglich kategorisiert und als Mehrfachantworten ausgewertet. Dabei werden sowohl Gemeinsamkeiten als auch Unterschiede zwischen den Einrichtungstypen deutlich.[26]

---

26 Nach der heilpädagogischen Arbeit gefragt, übersprangen 40% der Regeleinrichtungen diese Frage. Die restlichen Antworten der Regeleinrichtungen kommen nicht über die 20%-Marke, so dass wir hier auf eine Darstellung verzichten.

Heilpädagogische Arbeit. Heilpädagogische- und in geringerem Ausmaß auch additive Einrichtungen charakterisieren ihre heilpädagogische Arbeit über spezielle Förderangebote wie Psychomotorik, Wahrnehmungsförderung usw. (71,4% bzw. 40,0%), die in Einzelarbeit (71,4% bzw. 50,0%), aber auch in Kleingruppen (57,1% bzw. 40,0%) stattfinden. Die Leiterinnen der additiven Einrichtungen unterstreichen im Hinblick auf ihre heilpädagogische Arbeit zudem die intensive Elternarbeit (70,0%). Leiterinnen von Schwerpunkteinrichtungen heben besonders den Austausch mit Therapeuten, Fachberatungen und anderen Institutionen hervor (66,7%). Ein guter Teil von ihnen sieht ebenfalls die intensive Elternarbeit und spezielle Angebote wie Psychomotorik oder Wahrnehmungsförderung als Charakteristikum ihrer heilpädagogischen Arbeit (beides bei 41,7% der Einrichtungen; vgl. Tab. D6, Materialien).

Integrative Arbeit. Kennzeichnend für die integrative Arbeit sind nach Ansicht der Leiterinnen aller integrativ arbeitenden Einrichtungsformen in erster Linie gemeinsame Aktivitäten der Kinder, Projekte und Kleingruppenarbeit – allerdings in unterschiedlicher Häufigkeit (80,0% der additiven Einrichtungen, 50,0% der Schwerpunkteinrichtungen und 39,9% der Regeleinrichtungen geben dies an). Bis zu etwa einem Viertel der jeweiligen Einrichtungstypen sieht als weitere Merkmale ihrer integrativen Arbeit die individuelle Förderung, intensive Elternarbeit, spezielle heilpädagogische Förderangebote oder Hilfestellungen für die Kinder im Alltag (vgl. Tab. D7, Materialien).

Allgemeinpädagogische Arbeit. Was als kennzeichnend für die allgemeinpädagogische Arbeit gehalten wird, verteilt sich über ein größeres Spektrum von Angaben. Punkte, die als besonderes Profil in der heilpädagogischen und integrativen Arbeit angesehen werden, kennzeichnen demnach auch die allgemeinpädagogische Arbeit: Leiterinnen von Schwerpunkteinrichtungen z. B. halten auch hier die intensive Elternarbeit für charakteristisch, daneben spezielle Angebote aus verschiedenen Bereichen (Musik, Sport, …). Additive Einrichtungen definieren auch ihre allgemeinpädagogische Arbeit tendenziell über individuelle Förderung wie über gemeinsame Aktivitäten, Projekte und Kleingruppenarbeit (vgl. Tab. D8, Materialien).

Unterschiede in der pädagogischen Arbeit innerhalb der Einrichtung. In Einklang mit der Existenz einrichtungsbezogener pädagogischer Konzepte berichten die meisten befragten Leitungen, dass die Mitarbeiterinnen in den verschiedenen Gruppen nach ähnlichen pädagogischen Prinzipien arbeiten (in 71,4% der heilpädagogischen Einrichtungen bis zu 91,7% der Schwerpunkteinrichtungen; vgl. Tab. D13.1, Materialien).

Situationen, die das pädagogische Konzept beeinflussen. Das Einzugsgebiet der Einrichtung, die Kinder, die die Tagesstätte oder den Kindergarten besuchen, ihre Familien, evtl. auch die räumliche Situation der Tageseinrichtung und andere Gegebenheiten bilden die Basis, auf die sich eine Tagesstätte oder ein Kindergarten beziehen sollte. Besondere Umstände können explizit in ein Betreuungskonzept mit aufgenommen werden (Tab. 21).

Leiterinnen additiver- und heilpädagogischer Einrichtungen (sechs von zehn = 60,0% bzw. vier von sieben = 57,1%) berichten am häufigsten, dass in ihrem Konzept bestimmte Behinderungsarten der betreuten Kinder berücksichtigt werden. In Regel- und Schwerpunkteinrichtungen spielt dieser Aspekt vergleichsweise selten eine Rolle (17,0% bzw. zwei von zwölf = 16,7%). Der jeweilige Unterschied zwischen heilpädagogischen und additiven Einrichtungen zu den Regeleinrichtungen mit Einzelintegration ist hier statistisch sehr signifikant ($p < 0{,}01$).

Tab. 21/ D2:   Berücksichtigung besonderer Bedingungen der Einrichtung im Konzept (Mehrfachantworten)

	Heil-pädagogische Tagesstätten (n=7)		Additive Einrichtungen (n=10)		Schwerpunkt-einrichtungen (n=12)		Regel-einrichtungen mit Einzel-integration (n=223)	
	Anzahl	%	Anzahl	%	Anzahl	%	Anzahl	%
ist nicht nötig, bei uns liegen keine besonderen Umstände vor	-	-	1	10,0	2	16,7	86	38,6
bestimmte Behinderungsarten bei Kindern unserer Einrichtung	4	57,1	6	60,0	2	16,7	38	17,0
hoher Anteil ökonomisch und sozial schwacher Familien im Einzugsgebiet	2	28,6	2	20,0	3	25,0	31	13,9
hoher Anteil ökonomisch und sozial gut situierter Familien im Einzugsgebiet	-	-	-	-	1	8,3	17	7,6
hoher Anteil von Kindern aus anderen Kulturen in der Tageseinrichtung	-	-	1	10,0	6	50,0	48	21,5
Sonstiges	-	-	4	40,0	3	25,0	41	18,4

Recht wenige Leitungen berichten (von 13,9% der Regeleinrichtungen bis zu 28,6% der heilpädagogischen Einrichtungen), dass sie in ihrem Konzept berücksichtigen, ein Einzugs-gebiet mit einem hohen Anteil sozio-ökonomisch schwach gestellter Familien zu haben.

Ein hoher Anteil von Kindern aus anderen Kulturen in der Einrichtung schlägt sich bei der Hälfte (50,0%) der befragten Schwerpunkteinrichtungen, aber nur noch bei 21,5% der Regeleinrichtungen im Konzept nieder. Interkulturelle Aktivitäten sind in allen Ein-richtungstypen relativ selten (in den befragten heilpädagogischen Einrichtungen wurde nie davon berichtet). Falls es interkulturelle Angebote gibt, finden diese bis auf wenige Ausnah-men meist in Form von Projekten statt (vgl. Tab. D15, Materialien).

Mitwirkung der Kinder. Bei Vorschlägen zur Tagesstruktur, zu Aktivitäten oder Themen wirken die Kinder in Schwerpunkteinrichtungen, in additiven und in Regeleinrichtungen in ähnlichem Umfang mit (41,7%; 40,0%; 35,9%). Dagegen geben 85,7% der heilpädagogi-schen Einrichtungen an, die Kinder seien damit überfordert (vgl. Tab. D17, Materialien).

Elterliches Engagement. Laut Konzept wird das Engagement der Eltern mit Ausnahme ei-ner heilpädagogischen Einrichtung überall und hauptsächlich bei Festen, Ausflügen oder anderen Sonderaktionen gewünscht (71,4%–90,0%). Lediglich Schwerpunkteinrichtungen erwarten tendenziell mehr: Neben der Mitwirkung bei besonderen Anlässen (in 7 der 12 Einrichtungen = 58,3%) sieht das Konzept bei 5 von 12 Einrichtungen (41,7%) auch vor, dass Eltern sich stark bei der alltäglichen Arbeit engagieren (vgl. Tab. D16, Materialien).

8.3.3 Beteiligung an der Konzepterstellung und Akzeptanz des Konzeptes

Tab. 22/ D1: Mitarbeit an der Erstellung des pädagogischen Konzepts der Einrichtung (Mehrfachantworten)

	Heil-pädagogische Tagesstätten (n=7)		Additive Einrichtungen (n=10)		Schwerpunkt-einrichtungen (n=12)		Regel-einrichtungen mit Einzel-integration (n=223)	
	Anzahl	%	Anzahl	%	Anzahl	%	Anzahl	%
das Team (oder viele Mitarbeiter/ innen) der Tagesstätte	7	100	9	90,0	12	100	214	96,0
die Leitung der Einrichtung	7	100	10	100	10	83,3	184	82,5
Eltern	1	14,3	3	30,0	4	33,3	39	17,5
Fachberatung	-	-	4	40,0	3	25,0	71	31,8
(andere) Mitarbeiter/ innen des Trägers	2	28,6	3	30,0	1	8,3	54	24,2
Andere	-	-	-	-	-	-	25	11,2

Vertiefende Befragung D
Über alle Einrichtungstypen hinweg werden die Konzepte durch Mitarbeiterinnen (90%–100%) und die Leiterinnen (82,5%–100%) erarbeitet. Darüber hinaus sind z. T. auch die Fachberatungen involviert (25%–40% außer in heilpädagogischen Einrichtungen). Eltern sind nicht oft an der Konzepterstellung beteiligt, am ehesten noch bei Schwerpunkt- und additiven Einrichtungen (hier bei knapp einem Drittel der Einrichtungen).

Übereinstimmend[27] berichten die Leiterinnen, dass alle Mitarbeiterinnen der Einrichtung das Konzept mittragen (80,0%–85,7%) oder zumindest die Mehrheit hinter dem Konzept steht. Bei fast allen oder zumindest bei der Mehrheit der Eltern gehen die Leiterinnen ebenfalls von einer hohen Akzeptanz des Konzeptes aus (vgl. Tab. D9 u. D10, Materialien).

Interviews
Einrichtungsspezifische Konzeptionen entstehen in Teamarbeiten, das bestätigen auch unsere Interviews mit *Trägervertreterinnen, Leiterinnen und Mitarbeiterinnen*. Dabei werden verschiedene Konzeptteile oftmals von unterschiedlichen Arbeitsgruppen entwickelt, denen die Mitarbeiterinnen je nach Thematik zugeordnet sind. Fachberater und andere Trägervertreterinnen werden meist zu bestimmten Themen hinzugezogen. Einrichtungen werden an ‚Konzepttagen' geschlossen oder Mitarbeiterinnen treffen sich an Samstagen, um die zeitaufwendige Konzeptarbeit zu erledigen. Einige Einrichtungen haben eine kontinuierliche ‚Konzeptarbeitsgruppe', die sich in regelmäßigen Abständen (z. B. monatlich) trifft, um das Konzept aktuell zu halten.

---

27 Eine Einrichtung bildet eine Ausnahme: Die Leitung nimmt an, dass die wenigsten Mitarbeiterinnen hinter dem Konzept stehen.

Rahmenkonzepte der Träger werden meist in Arbeitsgruppen mit Trägervertretungen, Fachberaterinnen, Leiterinnen und in einigen Fällen auch Mitarbeiterinnen erarbeitet.

Zur Mitarbeit von Eltern bei der Konzepterstellung bekamen wir unterschiedliche Aussagen. Während *Trägervertretungen* meist von Elternmitarbeit ausgehen, wird dies – in Übereinstimmung mit der schriftlichen Befragung – nur von einzelnen *Leiterinnen* erwähnt. Auf Nachfrage wurde meist auf die Möglichkeit der Eltern verwiesen, sich über den Elternrat oder Elternabende einzubringen. Eltern von behinderten wie von nicht behinderten Kindern erwähnen in den Interviews nie eigene konzeptionelle Mitarbeit. Aus einer Einrichtung berichten die Eltern, das neue Konzept sei „präsentiert, nicht diskutiert" worden.

8.3.4 Zusammenfassung und Folgerungen aus den Ergebnissen: das pädagogische Konzept – relativ viele Gemeinsamkeiten, einrichtungstypische Schwerpunkte

- Nach unserer Untersuchung wird in allen Einrichtungsformen mehrheitlich, wenn auch in unterschiedlicher Ausprägung kind-, gruppen- und situationsorientiert gearbeitet, ohne dass sich die Einrichtung einem bestimmten Ansatz der Elementarpädagogik zuordnet. Etwa ein Drittel der Regel-, Schwerpunkt- und additiven Einrichtungen arbeitet nach dem Situationsansatz, für heilpädagogische Einrichtungen spielt er fast keine Rolle. Insgesamt gesehen geht die Bedeutung des Situationsansatzes in seiner konzeptgetreuen Umsetzung offensichtlich weiter zurück. Der weit überwiegende Teil der Einrichtungen entwickelt eigene Konzepte, über deren Qualität nur im Einzelfall etwas ausgesagt werden kann.
- Die Träger ermöglichen und fördern die Entwicklung einrichtungsspezifischer Profile, die in der Regel vor Ort von Leitung und Team (oder einzelnen Mitarbeiterinnen aus dem Team) entwickelt werden.
- In der ‚Grundlagenarbeit' sind die Kindertageseinrichtungen – verglichen mit früheren Ergebnissen oder anderen Untersuchungsregionen – in den letzten Jahren sehr gut voran gekommen. Fast alle Einrichtungen verfügen über ein schriftliches Konzept oder arbeiten gerade daran. Wir können annehmen, dass die von den Leitungen berichtete Übereinstimmung der Mitarbeiterinnen mit dem einrichtungsspezifischen Konzept sowie die weitgehende Homogenität der pädagogischen Arbeit der Mitarbeiterinnen unter anderem auf diese Grundlagenarbeit zurück geht.
- Interkulturelle oder sozioökonomische Besonderheiten des Einrichtungsumfelds finden eher selten Eingang in konzeptionelle Überlegungen. (Was nicht ausschließt, dass z. B. interkulturelle Angebote in der Einrichtung stattfinden).
- Eltern erfahren konzeptionelle Informationen vor allem über Aufnahmegespräche, Elternabende und über die sichtbare Strukturierung der Arbeit; sie definieren den pädagogischen Ansatz nicht über fachtheoretische Konzepte sondern eher über den sichtbaren Tagesablauf und andere markante Strukturen. Partizipation der Eltern bei der Konzeptentwicklung gibt es kaum. Dass sie trotzdem nach dem Eindruck der Leiterinnen mehrheitlich hinter der pädagogischen Arbeit der Einrichtungen stehen, scheint eher ein Ergebnis von Vertrauen und täglicher Erfahrung zu sein.
- Die geringe Beteiligung der Eltern bei der Konzeptentwicklung signalisiert unseres Erachtens Nachholbedarf. Es geht letztlich nicht (nur) um die Beteiligung von Eltern, deren Kind aktuell die Einrichtung besucht. Die grundlegende Frage ist vielmehr, in wie

weit die Elternperspektive bei der Konzeptentwicklung zur Betreuung ihrer Kinder überhaupt vorkommen soll oder ob sich professionelle Pädagoginnen im Vorgriff als die anwaltschaftliche Vertretung ihres Klientels definieren.

- Ungeachtet des Einrichtungstyps beschreibt die Mehrheit der Leitungen ihre pädagogischen Schwerpunkte in erster Linie über Bewegung, Sprache und Spiel, mit mittlerer Häufigkeit auch als Auseinandersetzung mit der Umwelt sowie als forschendes und entdeckendes Lernen. Sie betrachten dies jedoch nicht als gezielte Schulvorbereitung, obwohl die schulvorbereitende Bedeutung besonders des letzteren in den aktuellen Debatten immer wieder zur Sprache kommt. Die Unklarheiten in Bezug auf das Verhältnis zwischen Kindergarten und Schule werden hier sichtbar.

- Heilpädagogische und additive Einrichtungen charakterisieren in offenen Antworten ihre *heilpädagogische* Arbeit in erster Linie durch spezifische Förderprogramme (Psychomotorik, Wahrnehmungsförderung z. B.) und ihre individualisierte Arbeitsweise. Additive Einrichtungen unterstreichen hier zudem die intensive Elternarbeit. Schwerpunkteinrichtungen heben den Austausch mit Fachleuten und Institutionen besonders hervor. Als Kennzeichen der *integrativen* Arbeit werden in allen Einrichtungsformen mit integrativer Betreuung die gemeinsamen Aktivitäten der Kinder mit Behinderung und der Kinder ohne Behinderung sowie Projekt- und Kleingruppenarbeit beschrieben. Die Einrichtungen greifen hier sehr sachkundig wesentliche Ebenen bzw. Aspekte auf, die unter dem jeweiligen Gesichtspunkt bedeutend sind. Wenn hier mit ‚passenden‘ Konkretionen gearbeitet wird (passend auf die Kindergruppe z. B.), wären wichtige Elemente qualitativ guter heilpädagogischer und integrativer Arbeit realisiert.

8.4 Die konkrete Arbeit in der Kindertageseinrichtung: Gruppenpädagogik, individuelle Förderung, Entwicklungsdokumentation, Förderplanung

Die bisherigen Ergebnisse zeigen, dass der weit überwiegende Teil der Einrichtungen in unserer Untersuchung nach einrichtungsspezifischen kind-, gruppen- und situationsorientierten Konzepten arbeitet (s. o.). Doch wie werden Grundzüge der pädagogischen Arbeit auf der Gruppenebene konkret gestaltet? In welchem Verhältnis stehen dabei Gruppenpädagogik und individuelle Förderung?

8.4.1 Gruppenpädagogik und individuelle Förderung
Offene/ teiloffene Gruppen
- *Grundbefragung:* Zum Zeitpunkt unserer flächendeckenden Befragung arbeiten 51,5% der Regeleinrichtungen, 50,0% der Schwerpunkteinrichtungen, 28,9% der additiven und drei heilpädagogische Einrichtungen (13,0%) mit halboffenen Gruppen. Offene Gruppen kommen in allen Einrichtungstypen nur in einer Häufigkeit von unter zehn Prozent vor (vgl. Tabelle A9, Materialien).
- *Interviews:* Einige (Regel- und additive) Einrichtungen, in denen wir Interviews durchführten, arbeiten nach einem teiloffenen Konzept. Dabei zeigt sich ein recht großes Spektrum an unterschiedlichen Ausgestaltungen (bzgl. der Zeiten in den Stammgruppen, des

gemeinsamen Frühstücks oder der Einrichtung eines Frühstücksraums, bzgl. des Morgen-kreises, in dem die Kinder ihre Aktivitäten planen und/ oder der Abschlussrunde usw.). Gemeinsam ist allen die Wertschätzung der Stammgruppen, durch die den Kindern ein gewisses Maß an Kontinuität und Zugehörigkeitsgefühl erfahrbar sei. *Leiterinnen, Mitarbei-terinnen* und *Eltern* bewerten die teiloffene Arbeit durchweg positiv, gerade für die Kinder mit Behinderung. In den themenbezogenen Räumen könnten einzelne Kinder viel eher ihre Interessen ausleben oder auch spezielle Förderung und Unterstützung erfahren.

Spezielle individuelle Förderangebote

• *Grundbefragung:* Gruppengesichtspunkte und individuelle Aspekte machen die Balance einer guten Betreuung aus. Wie steht es um die individuelle Unterstützung der Kinder? (Tab. 23).

Leiterinnen aller Einrichtungstypen mit gemeinsamer Erziehung berichten in hohem Ausmaß (74,6%–84,8%), *jedem Kind* spezielle Förderaktivitäten anzubieten, wenn dies nö-tig oder sinnvoll ist. Nur bei den heilpädagogischen Einrichtungen richtet sich das Angebot notwendigerweise speziell an Kinder mit Behinderung.

• *Interviews:* Individuelle Förderung oder kindbezogene Pädagogik konkretisiert sich in den Berichten der Gruppenmitarbeiterinnen als gruppeninterne Differenzierung der Ziele und Inhalte und als Betonung von Kleingruppenarbeit. Besonders die Regeleinrichtungen (höchste Gruppenstärke) betonen, dass sie die individuelle Förderung der Kinder mit Be-hinderung häufig nur in Kleingruppen realisieren können.

Die Bedeutung der Gruppenpädagogik wird von allen Interviewpartnerinnen hervorge-hoben, allerdings mit der Einschränkung, dass nicht für jedes Kind das gleiche Verhältnis von Gruppen- und Einzelarbeit ideal sei. Kleingruppen werden in den befragten Einrich-tungen nach unterschiedlichen Kriterien gebildet (themen- oder arbeitsmaterialabhängig, nach Alterskriterien, nach Interessen der Kinder, nach Fördergesichtspunkten oder nach sich anbahnenden Kontakten der Kinder). Gerade die meist große Gruppenstärke erfordere

Tab. 23/ A34: Spezielle Förderaktivitäten in der Einrichtung

	Heil-pädagogische Tagesstätten (n=23)		Additive Einrichtungen (n=38)		Schwerpunkt-einrichtungen (n=46)		Regel-einrichtungen mit Einzel-integration (n=961)	
	Anzahl	%	Anzahl	%	Anzahl	%	Anzahl	%
spezielle Förderaktivitäten für die Kinder mit Behinderung	18	78,3%	6	15,8%	4	8,7%	104	10,8%
spezielle Förderaktivitäten für jedes Kind, wenn es nötig oder sinnvoll ist	5	21,7%	30	78,9%	39	84,8%	717	74,6%
keine speziellen Förderaktivitäten	-	-	-	-	3	6,5%	110	11,4%
keine Angabe	-	-	2	5,3%	-	-	30	3,1%
Gesamt	23	100	38	100	46	100	961	100

Kleingruppenarbeit, nicht zuletzt um auch die ‚Großgruppe' zu entzerren. Allerdings berichten die Mitarbeiterinnen häufig davon, dass die personelle Ausstattung die Kleingruppenarbeit nicht im gewünschten Maße ermögliche.

Fallbesprechungen und Reflexionen der Gruppensituation
• *Grundbefragung:* Die meisten Leiterinnen heilpädagogischer, additiver- und Schwerpunkteinrichtungen geben in recht ähnlicher Häufigkeit an, wöchentliche Fallbesprechungen und Reflexionen der Gruppensituation durchzuführen (78,3%, 65,8% und 64,4%). Ein diesbezüglicher Austausch findet auch noch in über der Hälfte der Regeleinrichtungen mit Einzelintegration (57,6%) wöchentlich statt, allerdings auch in 11,0% der Regeleinrichtungen seltener als einmal im Monat (vgl. Tabelle A28, Materialien).
• *Interviews:* In unseren Interviews berichten Leiterinnen und Mitarbeiterinnen, dass die (wöchentlichen) Teamsitzungen gleichzeitig die Bereiche Organisation, Fallbesprechung und Weitergabe von Fortbildungsinhalten abdecken. In einigen Einrichtungen finden wöchentlich sowohl Besprechungen der Gruppenteams als auch des Gesamtteams bzw. der Gruppenleiterinnen statt. In heilpädagogischen und additiven Einrichtungen werden interdisziplinäre Fallbesprechungen zusammen mit den Therapeutinnen durchgeführt. Einige Mitarbeiterinnen aus Regeleinrichtungen beklagen, dass für Fallbesprechungen in Teamsitzungen zu wenig Zeit eingeräumt wird und diese nur ausreiche, die ‚auffälligeren Kinder' zum Thema zu machen.

Einhalten von Verfügungszeiten
• *Vertiefende Befragung C:* Ungeachtet des Einrichtungstyps berichten nur einzelne Leiterinnen (jeweils eine aus heilpädagogischen und additiven und 13,4% aus Regeleinrichtungen), dass sie die pauschalen Verfügungszeiten (Zeiten für Vorbereitung und Organisation) *immer* einhalten können. Die meisten geben an, dass sie mit *wenigen Ausnahmen* die Verfügungszeit einhalten (67,2% in Regeleinrichtungen bis 90,0% in Schwerpunkteinrichtungen; vgl. Tabelle C2, Materialien).

Aufgabenteilung in den Gruppen, in denen Kinder mit Behinderung betreut werden
• *Vertiefende Befragung D:* Befragt nach der Zuständigkeit der Mitarbeiterinnen für die betreuten Kinder mit Behinderung in den Gruppen, gibt die Mehrheit (76,7%) der Leiterinnen von Regeleinrichtungen mit Einzelintegration an, dass *alle Mitarbeiterinnen gleichermaßen* für die ganze Gruppe zuständig sind. Nur 17,9% der Leitungen berichten von einer *gruppeninternen Aufgabenteilung*, nach der die Zusatzkraft in erster Linie (alleine) für das Kind/ die Kinder mit Behinderung zuständig ist.
Ein ähnliches Bild zeigt sich für die integrativen Gruppen in Schwerpunkteinrichtungen (75,0%) und additiven Einrichtungen (60,0%), in denen ebenfalls alle Mitarbeiterinnen der Gruppe gleichermaßen für alle Kinder zuständig sind (vgl. Tab. D14, Materialien).
• *Interviews:* Die Interviewbeschreibungen bezüglich der Arbeit der integrativen Zusatzkraft oder der heilpädagogischen Fachkraft in Regel- und Schwerpunkteinrichtungen decken sich mit der quantitativen Befragung. Unsere Interviewpartnerinnen berichten mehrheitlich, dass die integrativen Fachkräfte zwar besonderes Augenmerk auf die Bedürfnisse des Kindes/ der Kinder mit Behinderung richten, darüber hinaus jedoch auch (Klein-) Gruppenangebote für alle Kinder machen.

8.4.2 Individuelle Entwicklungsdokumentation und Förderplanung

Um eine sachgerechte kind- und gruppenzentrierte Arbeit abzusichern, ist die Beobachtung der Fähigkeiten und Förderbedarfe der Kinder unabdingbar. Die Dokumentation individueller Entwicklung und die darauf aufbauende Förderplanung erleichtern gezielte Förderangebote sowohl in der (Klein-)Gruppen- als auch in der Einzelarbeit.[28]

Grundbefragung

Zur Dokumentation des kindlichen Entwicklungsstands (Abb. 12) und zur Erstellung schriftlicher Förderpläne (Abb. 13) in den verschiedenen Einrichtungstypen machen die Leitungen folgende Angaben:

Abb. 12/ A29: Für Kinder mit Behinderung gibt es unabhängig vom Einrichtungstyp in nahezu allen Einrichtungen eine individuelle Entwicklungsdokumentation (89,5%– 100%). Darüber hinaus dokumentieren etliche integrativ arbeitende Einrichtungen auch die Entwicklung der Kinder ohne Behinderung (für alle Kinder ohne Behinderung: 42,1%– 63,0%; für einzelne Kinder ohne Behinderung: 34,8%–44,7%).

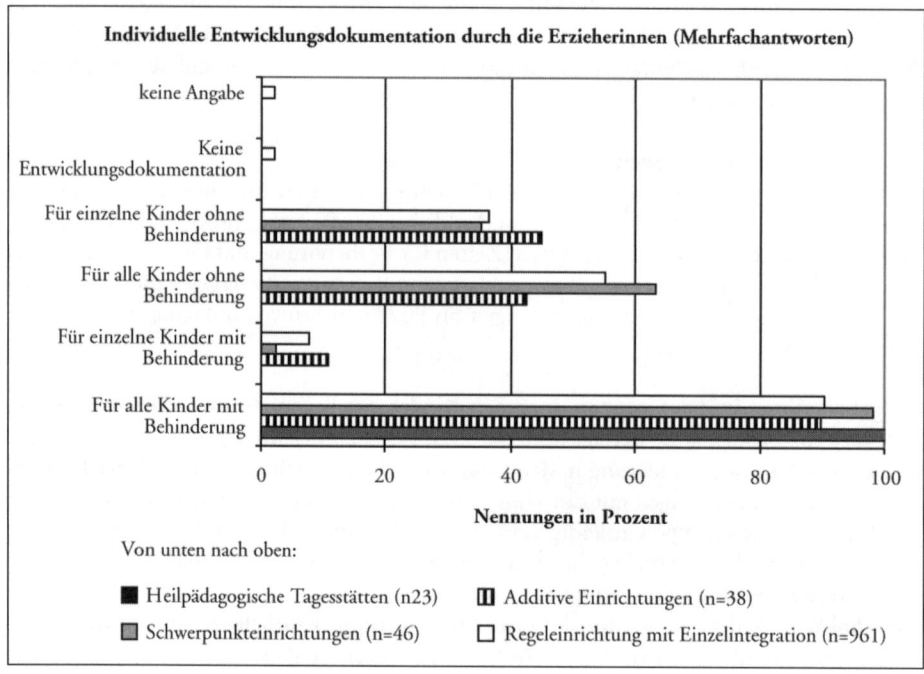

Abb. 12/ A29:   Individuelle Entwicklungsdokumentation durch die Erzieherinnen

---

28 In der aktuellen Fachdiskussion um die Umsetzung der Bildungsvereinbarung NRW werden die Themen der Beobachtung und Dokumentation des kindlichen Entwicklungsstandes und der individuellen Entwicklungsprozesse im Hinblick auf eine individuelle Bildungsplanung diskutiert (vgl. Schäfer 2004b).

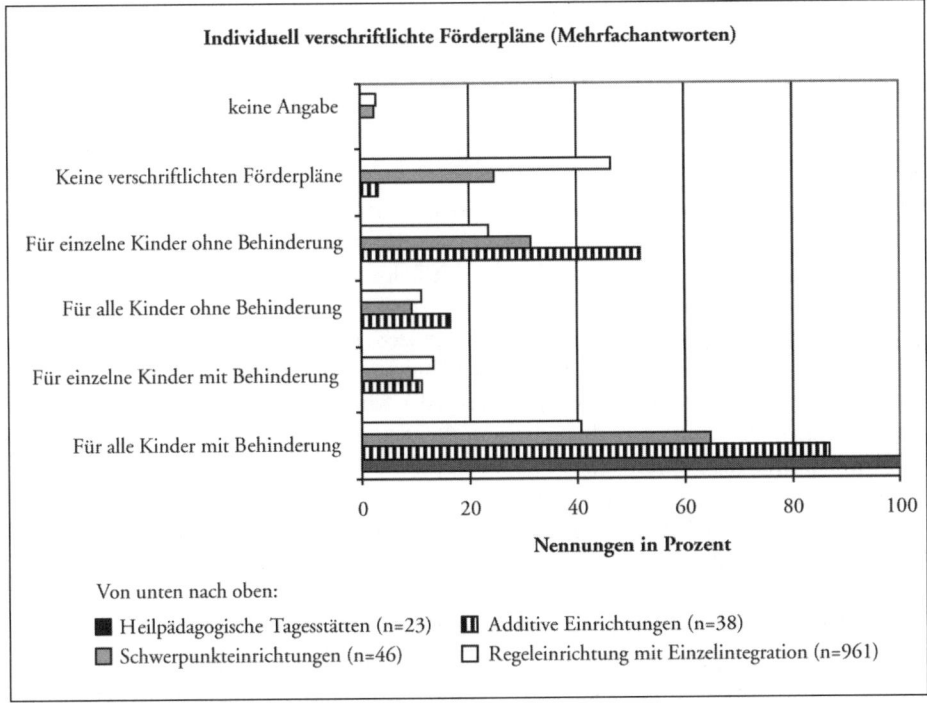

Abb. 13/ A30:   Individuelle verschriftlichte Förderpläne

Abb. 13/ A30: Heilpädagogische und additive Einrichtungen (100% bzw. 86,5%) erstellen für die Kinder mit Behinderung signifikant häufiger (p<0,05) schriftliche Förderpläne als Schwerpunkt- und Regeleinrichtungen (64,4% bzw. 40,3%). Für Kinder ohne Behinderung werden schriftliche Förderpläne in allen integrativen Einrichtungsformen eher dann erstellt, wenn einzelne Kinder den Erzieherinnen besonders auffallen (23,1% der Regeleinrichtungen bis 51,4% der additiven Einrichtungen). Zum Zeitpunkt unserer Befragung arbeiteten immerhin noch 46,2% der Regeleinrichtungen mit Einzelintegration und 24,4% der Schwerpunkteinrichtungen völlig ohne verschriftlichte Förderpläne.

Schulbezogene Befragung
In unserer schulbezogenen Befragung konkretisieren die Erzieherinnen die Form der Entwicklungsdokumentation und/ oder Förderplanung in Bezug auf je ein bestimmtes Kind, nach dessen Kindergartenzeit wir fragten. Regelmäßige Notizen stellen dabei die häufigste Variante dar (100% der heilpädagogischen Gruppen und der Gruppen mit gemeinsamer Erziehung in Regeleinrichtungen; 65,% der Gruppen mit gemeinsamer Erziehung in additiven und Schwerpunkteinrichtungen). Einige erstellen (zusätzlich) jährliche oder halbjährliche Entwicklungsberichte (61,5% der heilpädagogischen Gruppen, 50,0% der Gruppen mit gemeinsamer Erziehung in additiven und Schwerpunkteinrichtungen und drei (30,0%) der befragten Gruppen mit gemeinsamer Erziehung in Regeleinrichtungen) oder

nutzen standardisierte Dokumentationsbogen (69,2% der heilpädagogischen Gruppen, 45,0% der Gruppen mit gemeinsamer Erziehung in additiven und Schwerpunktein- richtungen und zwei (20%) der Gruppen mit gemeinsamer Erziehung in Regelein- richtungen; vgl. Tab. Erz8a, Materialien).

Interviews
In den Interviews wird deutlich, dass die Entwicklungsberichte meist identisch sind mit den jährlichen Berichten (Sachberichte) an den Kostenträger (LWL). Bezüglich der Entwicklungsdokumentation für die Kinder mit Behinderung besteht hier also eine vorge- gebene (Minimal-)Struktur.

Mitarbeiterinnen machen darüber hinaus Notizen, setzen Beobachtungsbogen ein, die teilweise im Rahmen des einrichtungs-/ trägerinternen Qualitätsmanagements entwickelt wurden, oder legen Beobachtungsmappen für jedes Kind (für einzelne Kinder) an. In den meisten Fällen wird systematisch mit den vorhandenen Dokumentationen gearbeitet, sie werden kontinuierlich weitergeführt, in Fallbesprechungen oder Elterngesprächen berück- sichtigt und/ oder der individuellen Förderplanung (Erziehungsplanung) zugrunde gelegt. Einige berichten bezüglich der Dokumentation oder deren systematischen Einbezugs in die Arbeit jedoch auch von Entwicklungsbedarf in ihrer Einrichtung.

8.4.3 Zielkontrolle und Kriterien für Fördereffekte
Durch Entwicklungsdokumentation und Förderplanung werden Förderbedarf und Fördereffekte besser sichtbar und nachvollziehbar, was die Bewertung und Weiterentwick- lung der pädagogischen Arbeit auch über den Einzelfall hinaus erleichtern kann. Welche Methoden der Zielkontrolle und Beurteilung von Fördereffekten existieren (darüber hinaus) in den Einrichtungen?

Interviews
Mitarbeiterinnen berichten übereinstimmend, dass sie zur Einschätzung des kindlichen Ent- wicklungsstandes, zur Zielformulierung und zur Überprüfung der eigenen Arbeit in erster Linie auf ihre Beobachtungen und das Gespräch mit Kollegen/ Kolleginnen zurückgreifen. Beobachtungen und Einschätzungen werden in Teambesprechungen ausgetauscht. Ob die- sen Gesprächen persönliche Notizen, Beobachtungsbogen oder Förderpläne zugrunde lie- gen, stellte sich in unseren Interviews als sehr unterschiedlich heraus.

Inhaltlich nennen Mitarbeiterinnen neben konkreten kindbezogenen Beispielen auch eine Reihe von übergeordneten Kriterien, auf die sie regelmäßig bei den Kindern achten. Dazu gehört, ob das Kind sich wohlfühlt, Kontakte innerhalb der Kindergruppe hat, Ver- trauen den Erwachsenen gegenüber entwickelt, spielt, teilnimmt, sich in der Einrichtung orientiert und sicher bewegt.

Leiterinnen beschreiben stärker die bestehenden Strukturen und Instrumente zur Ziel- kontrolle und Feststellung von Fördereffekten. In den heilpädagogischen und additiven Ein- richtungen spielt der Austausch mit den Therapeutinnen eine besondere Rolle bei der Ziel- definition und -bewertung (vgl. Kap. 8.5).

Übereinstimmend mit unseren quantitativen Ergebnissen berichten einige Leiterinnen von der Arbeit mit (standardisierten) Dokumentationssystemen (Entwicklungsdokumentation, Beobachtungsbogen, Förderpläne), einige berichten aber auch, dass sie noch in der Entwicklungsphase bzw. auf der Suche nach geeigneten Instrumenten sind.

Trägervertretungen richten ihre Aufmerksamkeit erwartungsgemäß weniger auf die Einzelfallebene. Sie berichten in erster Linie, dass sie durch das persönliche Gespräch mit den Leiterinnen, manchmal mit den Mitarbeiterinnen, in Arbeitsbesprechungen, Ausschüssen und Arbeitskreisen über das Erreichen der gesetzten Ziele in den Einrichtungen informiert werden. Rückmeldungen von Eltern sind dabei wichtige Indikatoren – u. a. das Ausbleiben von Kritik. Für einige Trägervertreter stellt die Nachfrage nach Plätzen, also die Stellung der Einrichtung ‚am Markt‘, ein zentrales Kriterium für gute Qualität und damit auch für Zielerreichung dar.

8.4.4 Zusammenfassung und Folgerungen aus den Ergebnissen: Gruppenpädagogik, individuelle Förderung, Entwicklungsdokumentation, Förderplanung

- In allen Einrichtungsformen, die gemeinsame Erziehung von Kindern mit und Kindern ohne Behinderung praktizieren, werden jenen Kindern spezielle Förderaktivitäten angeboten, für die es den Mitarbeiterinnen nötig oder sinnvoll erscheint. Individuelle Förderung prägt also nicht nur die Arbeit mit Kindern mit Behinderung, sie kennzeichnet vielmehr das Angebot für alle Kinder gleichermaßen.
- Etwa die Hälfte der Regel- und Schwerpunkteinrichtungen, einige additive und wenige heilpädagogische Einrichtungen arbeiten zum Zeitpunkt unserer Untersuchung mit einem teiloffenen Konzept. Dabei zeigt sich ein recht großes Spektrum einrichtungsspezifischer Ausgestaltung bei einheitlicher Betonung der Relevanz von Stammgruppen.
- Ob mit teiloffenem oder gruppenbezogenem Konzept, alle Einrichtungstypen betonen die Bedeutung von Kleingruppenarbeit. Besonders bei großer Gruppenstärke (in den Regeleinrichtungen) wird in Kleingruppenarbeit (auch) die individuelle Förderung der Kinder mit Behinderung geleistet. Hier wird die Notwendigkeit entsprechender personeller Ressourcen sehr deutlich.
- Die Frage, wie bei Einsatz einer integrativen Zusatzkraft die Zuständigkeiten zu verteilen sind, scheint in den meisten Einrichtungen so beantwortet zu werden, dass sich die Pädagoginnen gemeinsam in der Verantwortung für die gesamte Gruppe sehen. Dies entspricht auch den fachlichen Überlegungen, da so die Entwicklung von Know-how in der integrativen Arbeit bei den festangestellten Teammitgliedern, der Wissenstransfer wie die Kooperation am besten gefördert werden und die Sonderstellung des Kindes mit Behinderung am ehesten vermieden werden kann (vgl. auch die Arbeitshilfe ‚Gemeinsame Erziehung‘ des Landesjugendamts und Westfälische Schulen 2002, 13 u.17). Verbindliche Verantwortlichkeiten kann und sollte es bei einer gleichzeitigen Aufgabenteilung dennoch geben, wobei sich die Aufgabenteilung nicht entlang der Linie Kinder mit Behinderung – Kinder ohne Behinderung vollziehen sollte.
- Fallbesprechungen und Reflexionen der Gruppensituation finden laut Angaben der Leitungen in der Mehrzahl aller Einrichtungen wöchentlich statt. Einer nicht unbedeutenden Minderheit der Regeleinrichtungen gelingt dies seltener als einmal im Monat. In den Interviews wird deutlich, dass Fallbesprechungen in den Teamsitzungen ihren festen Ort haben, dass die Zeit jedoch auch in erheblichem Ausmaß zur Organisation genutzt wird. *Wichtiges* wird immer noch zu oft hinter *Dringliches* zurück gestellt (und geht so vermutlich vielfach unter).

- Für Kinder *mit* Behinderung gibt es unabhängig vom Einrichtungstyp in nahezu allen Einrichtungen individuelle Entwicklungsdokumentationen. Darüber hinaus werden in etlichen Einrichtungen, längst jedoch noch nicht in allen, auch Entwicklungs-dokumentationen für (alle oder einige) Kinder *ohne* Behinderungen erstellt.
- Die vom Kostenträger geforderten *Entwicklungsberichte* (Sachberichte) für Kinder mit Behinderung geben der Entwicklungsdokumentation eine gewisse turnusmäßige Routi-ne und (Minimal-)Struktur. In den meisten Einrichtungen werden über diese Vorgaben hinaus Entwicklungs- und Förderplanungen häufig in Form freier persönlicher Notizen festgehalten, seltener mittels standardisierter Beobachtungs- und Dokumentationsbogen (etwas häufiger in heilpädagogischen, additiven- und Schwerpunktgruppen). Im Bereich alltagstauglicher und hilfreicher Dokumentationssysteme gibt es offensichtlich noch Entwicklungsbedarf.
- Schriftliche *Förderpläne* sind in heilpädagogischen und additiven Einrichtungen die Re-gel, während knapp die Hälfte der Regeleinrichtungen nicht mit verschriftlichten Förderplänen arbeitet. Schwerpunkteinrichtungen lassen sich dazwischen ansiedeln.
- Dokumentation und Förderplanung sind u. E. bei der starken Betonung einrichtungs-interner kind- und gruppenbezogener Konzepte (vgl. Kap. 8.3) ein Muss für eine fun-dierte individuelle Förderung. Nach den vorliegenden Ergebnissen wäre dies v. a. in ei-nem Teil der Regeleinrichtungen und in einigen Schwerpunkteinrichtungen noch zu etablieren.
- Zentrale Bestandteile der persönlichen Zielkontrolle sind für die Mitarbeiterinnen und Leitungen die Beobachtung der Kinder, kollegialer Austausch und Fallbesprechungen. Ob und welche (systematischen) Dokumentationen diese Prozesse unterstützen, ist da-bei in den einzelnen Einrichtungen sehr unterschiedlich.
- Eine spannende Frage ist die Entwicklung des Stellenwertes von Beobachtung, Doku-mentation und schriftlicher Förderplanung in den Einrichtungen im Zusammenhang mit der Bildungsvereinbarung NRW. Diese betont (hauptsächlich mit Blick auf Kinder ohne Behinderung) Dokumentation und Förderplanung im Sinne einer individuellen Entwicklungs- und Bildungsplanung für jedes Kind. Wird diese Entwicklung dazu die-nen, professionelle pädagogische Handlungsweisen in ,Regel-' und ,Heil-' Pädagogik zu vereinheitlichen und können hier Erfahrungen aus integrativer Arbeit die allgemeine Debatte bereichern?

8.5   Therapeutische Angebote

8.5.1 Die Situation in den Kindertageseinrichtungen

Fast alle Kinder mit Behinderung im vorschulischen Alter erhalten therapeutische Unter-stützung, um ihre Entwicklungschancen zu verbessern. Während ihrer Kindergartenzeit kann dies, sofern die Kinder eine heilpädagogische oder additive Tagesstätte besuchen, von dort angestellten Therapeutinnen und Therapeuten übernommen werden. Schwerpunkt-einrichtungen arbeiten nur zum Teil mit therapeutischen Kräften, die in der Einrichtung selbst angestellt sind, in Regeleinrichtungen ist die therapeutische Versorgung kein Bestand-teil des einrichtungsspezifischen Angebots. Kinder erhalten die notwendige Unterstützung (weiterhin) außerhalb der Einrichtung durch die Fachkräfte einer Frühförderstelle oder durch frei arbeitende Therapeuten. Durch Absprachen zwischen Eltern, Therapeuten und der Einrichtung wird es jedoch möglich, dass auch in den Regeleinrichtungen Therapien durchgeführt werden.

Von Anfang an wurde und wird über Vor- und Nachteile der unterschiedlichen Versorgungsstrategien diskutiert. Die Überlegungen sind Bestandteil der Abwägung von Stärken und Schwächen insgesamt, die der jeweiligen Betreuungsform aus unterschiedlichen Perspektiven zugeschrieben werden. Unsere Untersuchung zeichnet ein aktuelles Bild der Situation.

Zwischen Therapie und der spezifischen Förderung nach einem fachlich anerkannten Förderansatz kann in den frühen Jahren der Kinder oft keine klare Grenze gezogen werden. Dies schlägt sich auch in der sprachlich uneindeutigen Verwendung der Begriffe unter Pädagogen nieder. Wir müssen solche Unklarheiten berücksichtigen und beziehen uns im folgenden auf beide Bereiche, gebrauchen aber ‚Therapie' als übergreifende Bezeichnung.

Grundbefragung
Zunächst eine *Bestandsaufnahme* für die von uns befragten Einrichtungen (Abb. 14 und Tab. 24).

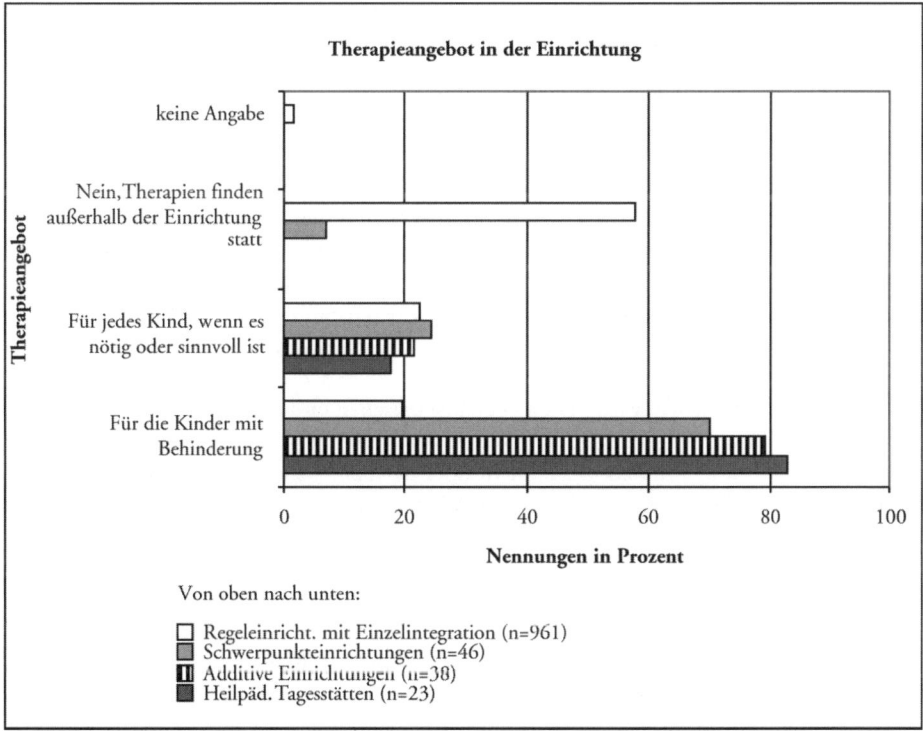

(Bei den Angaben der heilpädagogischen Einrichtungen muss es sich in beiden Aspekten um Kinder mit Behinderung handeln)

Abb. 14/ A31: Therapieangebot in der Einrichtung

Tab. 24/ A32: Wer führt zur Zeit Therapien in der Einrichtung durch?* (Mehrfach-antworten)

	Heil-pädagogische Tagesstätten (n=23) (100%)		Additive Einrichtungen (n=38) (100%)		Schwerpunkt-einrichtungen (n=43) (93,5%)		Regel-einrichtungen mit Einzel-integration (n=397) (41,3%)	
	Anzahl	%	Anzahl	%	Anzahl	%	Anzahl	%
Therapeut/ innen, die in der Einrichtung angestellt sind	22	95,7	35	92,1	15	34,9	16	4,0
Therapeut/ innen, die an anderer Stelle bei dem Träger angestellt sind	2	8,7	1	2,6	-	-	15	3,8
Mitarbeiterinnen von Frühförderstelle	3	13,0	7	18,4	13	30,2	231	58,2
frei praktizierende Therapeut/ innen	15	65,2	20	52,6	40	93,0	170	42,8
Therapeut/ innen, Mitarbeiterinnen, die bei anderen Fachdiensten angestellt sind	2	5,3	4	10,5	5	10,9	59	6,6
keine Angabe	-	-	-	-	1	2,3	46	11,6

* Nur Einrichtungen, in denen Therapien stattfinden – vgl. A31

Wie zu erwarten war, werden derzeit bei allen heilpädagogischen und additiven Tagesstätten Therapien innerhalb der Einrichtung durchgeführt. Doch auch in fast allen Schwerpunkt-einrichtungen (bei 69,6% + 23,9%, d.h. 93,5%) wurde dies möglich gemacht und zwar nicht nur für die Kinder mit Behinderung, sondern bei 23,9% der Einrichtungen für alle Kinder, für die die Therapie nötig oder sinnvoll ist. In den Regeleinrichtungen finden deutlich seltener Therapien statt (41,4%). Etwa die Hälfte davon beschränkt sich auch hier nicht nur auf behinderte Kinder, sondern ermöglicht die Therapien für alle diejenigen, für die es sinnvoll ist (vgl. Abb. 14).

Wie schon beschrieben, wird in den heilpädagogischen und additiven Einrichtungen die therapeutische Versorgung durch Therapeuten gewährleistet, die in der Einrichtung selbst angestellt sind (bei 95,7% bzw. 92,1%). In über der Hälfte dieser Einrichtungen arbeiten zudem noch frei praktizierende Therapeuten mit den Kindern. Bei etwa einem Drittel jener Schwerpunkteinrichtungen, bei denen Therapien innerhalb der Einrichtung durchgeführt werden, sind ebenfalls Therapeuten angestellt, nahezu überall werden jedoch (evtl. zusätzlich) Therapien von externen Fachkräften durchgeführt (vgl. Tab. 24).

Welche Therapien werden in den Einrichtungen durchgeführt? Insgesamt finden sich alle bekannten und bewährten Therapien in unterschiedlicher Häufigkeit. In den meisten heilpädagogischen-, additiven- und Schwerpunkteinrichtungen (bis zu 90% der Einrichtungen) wird Psychomotorik/ Mototherapie, Krankengymnastik und Ergotherapie durchgeführt, in über der Hälfte finden auch heilpädagogische Entwicklungsförderung, Sprachtherapie, Logopädie und Wahrnehmungsförderung statt.

Bei den Regeleinrichtungen gibt es keine solchen deutlichen Schwerpunkte. Am häufigsten, d. h. in 41,4% der Einrichtungen findet heilpädagogische Entwicklungsförderung statt, gefolgt von Sprachtherapie, Wahrnehmungsförderung und Psychomotorik/ Mototherapie (vgl. Tab. A33, Materialien).

Vertiefende Befragung E
Umfang der Therapien. Vertiefend fragten wir in einem Teil der Einrichtungen, wie weit sie mit der beschrieben Situation zufrieden sind. Insgesamt sehen die Leiterinnen deutliche Lücken (vgl. Tab. E2, Materialien). Dort, wo die therapeutischen Ressourcen hoch sind, ist es offensichtlich für den Bedarf der Kinder dennoch nicht genug. Knapp die Hälfte der heilpädagogischen und additiven Einrichtungen würden die Therapien gerne ausweiten. Ebenso ergeht es vielen Regeleinrichtungen (38,7%), die z. T. auch erst Therapien einführen möchten. Unter den Schwerpunkteinrichtungen wird seltener eine Ausweitung gewünscht (nur 2 von 9 Einrichtungen).

Einige Leiterinnen geben uns an, weshalb die Einführung oder Ausweitung von Therapien schwierig ist (vgl. Tab. E3 und E3.1, Materialien). Am häufigsten beschreiben sie finanzielle Hindernisse oder Probleme, externe Therapeuten dafür zu gewinnen (was letztlich meist ebenfalls eine finanzielle Frage ist).

Das therapeutische Setting. Oft diskutierte Fragen wie die, ob Therapien in dem Gruppenraum oder in einem besonderen Raum stattfinden, ob sie nur mit dem behinderten Kind durchgeführt werden oder ob auch andere Kinder daran teilnehmen können, ob es feste Therapiezeiten gibt oder ob je nach Verlauf des Gruppengeschehens Kinder therapiert werden, können in einer Hinsicht klar beantwortet werden: In allen Betreuungsformen ist offensichtlich alles möglich (vgl. Tab. 25) – was nicht heißt, dass in einer bestimmte Einrichtung jedes Setting realisiert wird.

Tab. 25/ E4: Wann und wo finden Therapien statt? (Mehrfachantworten, nur Einrichtungen, in denen Therapien stattfinden, N=122)

	Heil-pädagogische Tagesstätten (n=5)		Additive Einrichtungen (n=11)		Schwerpunkt-einrichtungen (n=10)		Regel-einrichtungen mit Einzel-integration (n=96)	
	Anzahl	%	Anzahl	%	Anzahl	%	Anzahl	%
in einem extra (Therapie-) Raum	5	100	11	100	9	90,0	85	88,5
in der Gruppe	2	40,0	5	45,5	3	30,0	21	21,9
unter Einbezug anderer (auch nicht behinderter) Kinder	3	60,0	9	81,8	9	90,0	47	49,0
nur mit dem therapiebedürftigen Kind	3	60,0	5	45,5	5	50,0	57	59,4
zu festen Zeiten	4	80,0	5	45,5	10	100	82	85,4
je nach Verlauf des Gruppengeschehens	2	40,0	6	54,5	4	40,0	11	11,5

In Einrichtungen, in denen Therapien stattfinden, geschieht dies meistens in gesonderten (Therapie)Räumen, (z. B. auch in einem Mehrzweckraum) (88,5%–100%), etwas seltener im Gruppenraum (21,9%–45,5%). Andere Kinder (ohne Behinderung) werden dabei – besonders in Schwerpunkt- und additiven Einrichtungen – häufig einbezogen (49,0%–90,0%), in allen Einrichtungsformen finden aber auch Einzeltherapien mit dem therapiebedürftigen Kind statt (45,5%–60,0%). Dass es feste Therapiezeiten gibt, ist überall häufiger (80,0%–100%, mit Ausnahme der additiven Einrichtungen in unserer Befragung) als die Orientierung am Verlauf des Gruppengeschehens (11,5%–54,5%).

Der Austausch zwischen Therapeutinnen und Erzieherinnen. Er entspricht der Ausgangskonstellation: In heilpädagogischen und additiven Einrichtungen mit dem hohen Anteil interner Therapeutinnen wird der Austausch durch gemeinsame Teamsitzungen oder zumindest regelmäßige Gespräche außerhalb der Sitzungen gewährleistet. Diese Regelmäßigkeit außerhalb von Teamsitzungen findet sich auch bei den Schwerpunkteinrichtungen und bei vielen (56%) Regeleinrichtungen. Bei letzteren besprechen sich jedoch immerhin 40% nur ‚im Bedarfsfall‘. Insgesamt werden die Ziele des Austauschs – bessere Verständigung zwischen Erzieherinnen und Therapeutinnen und damit eine Verbesserung der eigenen Arbeit sowie die zeitliche Abstimmung – voll oder zumindest annähernd erreicht (vgl. Tab. E5–E7, Materialien).

Vor- und Nachteile der Therapien innerhalb der Einrichtung. *Alle* Einrichtungen sehen Vorteile darin, wenn die Therapie während der Betreuungszeit in der Einrichtung stattfinden kann. Begründet wird dies vor allem mit der besseren Kooperation von Therapeutinnen und Erzieherinnen, mit der Entlastung der Familien und der Einbindung der Therapie in den Alltag des Kindes. Viele Leiterinnen (etwa zwei Drittel) halten aber auch fest, dass es zu einer Sonderstellung des Kindes mit Behinderung führen kann oder zu einer Einschränkung in der Gruppenarbeit oder in der Raum- und Zeitplanung. Einige wenige Leiterinnen weisen zudem auf die Gefahr hin, dass sich die Kontakte zwischen Eltern und Therapeuten reduzieren können (vgl. Tab. E8 – E9, Materialien).

Interviews
Eltern. Wie spiegelt sich die von den Leiterinnen beschriebene Situation bei den Eltern? Auch Eltern beschreiben ein großes Spektrum von Therapien und speziellen Fördermaßnahmen, die in der Einrichtung durchgeführt werden.

Trotz des breiten Spektrums insgesamt, mangelt es nach Aussagen der Eltern nicht selten in der einzelnen Einrichtung an Therapien oder es fehlt ein spezifisches Angebot für ein bestimmtes Kind. In diesen Fällen erhalten Kinder – trotz der prinzipiellen Möglichkeit in der Einrichtung – Therapien von extern arbeitenden professionellen Fachkräften. Dies betrifft übrigens auch Kinder ohne Behinderung, wie deren Eltern uns mitteilen.

Eltern von Kindern ohne Behinderung berichten, dass ihr Kind und andere Kinder gerne an der Therapie oder Förderung teilnehmen. Eltern von Kindern ohne Behinderung und vor allem die Eltern von Kindern mit Behinderung begrüßen uneingeschränkt die therapeutischen Angebote in der Betreuungseinrichtung.

Die von uns interviewten Eltern fühlen sich über das therapeutische Geschehen ausreichend informiert. Sie können mit den Therapeutinnen Gespräche vereinbaren, z. T. haben sie die Gelegenheit, selbst zu hospitieren; bei einigen wird der Austausch mit der Therapeutin über die Erzieherin oder über ein Mitteilungsheft geführt. Fälle von Unstimmigkeiten werden zwar beschrieben, betreffen hier aber den Austausch zwischen den pädagogischen und therapeutischen Fachkräften (eine Therapeutin z. B. möchte die integrative Zusatzkraft nicht hospitieren lassen, in einem anderen Fall gab es unterschiedliche Einschätzungen zwischen Erzieherin und Therapeutin).

Anders als es in der schriftlichen Befragung oder den Interviews mit den Erzieherinnen deutlich wird, berichten etliche Eltern von Finanzierungsproblemen bzw. davon, dass notwendig erscheinende Therapien nicht oder nicht mehr bewilligt wurden.

Eltern der Kinder mit Behinderung heben besonders den großen Entlastungseffekt hervor, den sie durch die Therapie in der Einrichtung erfahren. Für sie ist dies der Hauptgesichtspunkt. Eine Mutter beschreibt, dass es ihr erst dadurch wieder möglich wurde, „... nur Mama zu sein und nicht wie in den drei vorangegangenen Jahren Therapeutin, Kinderpflegerin und Mutter in einer Person sein zu müssen".

Erzieherinnen und Leiterinnen. Für die Erzieherinnen sind die entscheidenden Aspekte der Therapie in der Einrichtung, dass Therapien in den Tagesablauf eingebettet werden können und ein gegenseitiger Austausch zwischen ihnen und den Therapeuten stattfinden kann. Der Nutzen dieses Transfers wird von allen Erzieherinnen und Leiterinnen, die Therapie in der Einrichtung erleben, stark hervor gehoben. In der Regel scheint dies auch gut zu funktionieren. Einige Einschränkungen gibt es bei externen Therapeuten, auch wenn sie die Therapie in der Einrichtung durchführen. Die Zeit für Austausch und Absprachen ist zu knapp, in dem einen oder anderen Fall wird hier fehlende Zuverlässigkeit beklagt oder die Vermutung geäußert, dass externe Therapeuten ihr Fachwissen „nicht gerne weiter geben".

Einige Erzieherinnen und Leiterinnen sehen als (einzigen) Nachteil, dass Therapien in der Einrichtung zur Folge haben können, dass sich Eltern ein Stück aus der Verantwortung nehmen und der Austausch zwischen ihnen und den Therapeutinnen nicht eng genug ist.

Therapien außerhalb der Einrichtung werden als gute Ergänzung gesehen. Allerdings besteht hier erst recht das Problem des Austauschs, das jeweils mehr oder weniger gut gelöst wird.

8.5.2 Zusammenfassung und Folgerungen aus den Ergebnissen: sehr gute bis gar keine therapeutische Versorgung in den Einrichtungen

- Die therapeutische Versorgung von Kindern mit Behinderung ist – mit Ausnahme weniger Einzelfälle – in den heilpädagogischen und additiven Einrichtungen sehr gut gewährleistet, großen Teils durch Therapeutinnen und Therapeuten, die in der Einrichtung selbst angestellt sind. In vielen Schwerpunkteinrichtungen ist die Situation annähernd gleich gut. Bei etwa einem Viertel der Einrichtungen sind Therapien nicht nur für die Kinder mit Behinderung möglich, sondern für all jene, bei denen die Therapie nötig oder sinnvoll erscheint.

- Für die Erzieherinnen sind die entscheidenden Aspekte der Therapie *in* der Einrichtung, dass sie in den Tagesablauf eingebettet werden kann und ein gegenseitiger Austausch zwischen ihnen und der Therapeutin stattfinden kann. Mit fest angestellten Therapeutinnen in der Einrichtung ist dies am ehesten zu realisieren, mit externen Therapeutinnen gibt es hier oft Unzufriedenheit.

- *Alle* von uns Befragten – Eltern, Leiterinnen, Erzieherinnen – sehen es als großen Gewinn, wenn Therapien in der Kindertageseinrichtung stattfinden können, trotz einiger Punkte, die besondere Aufmerksamkeit erfordern (Einschränkung in der Gruppenarbeit oder der Raum- und Zeitplanung, Verringerung des Kontakts zwischen Eltern und Therapeuten; die von uns interviewten Eltern fühlen sich über das therapeutische Geschehen allerdings ausreichend informiert). Eltern der Kinder mit Behinderung in Einrichtungen, die Therapien ermöglichen, heben besonders den großen Entlastungseffekt hervor, den sie durch die einrichtungsinterne Therapie erfahren.

- Das Votum der pädagogischen Fachkräfte und vor allem der Eltern lässt keinen Zweifel daran: Dort, wo Kinder mit Behinderung betreut werden, müssen Therapien in der Einrichtung möglich sein. Es gehört inzwischen zum professionellen Können, das therapeutische Setting zufriedenstellend zu garantieren sowie Absprachen, und Austausch bzgl. der Therapien in die interdisziplinäre Kooperation mit einzubeziehen. Viele Einrichtungen zeigen, dass dies möglich ist.

- Die therapeutische Versorgung von Kindern mit Behinderung ist auch in Regeleinrichtungen möglich. Das belegen jene 41% in denen Therapien stattfinden. Diese positive Entwicklung muss jedoch beschleunigt fortgesetzt werden, denn noch ist derzeit die therapeutische Versorgung von Kindern mit Behinderung in der überwiegenden Zahl der Regeleinrichtungen und in wenigen Schwerpunkteinrichtungen mangelhaft. Bisher wird in dem Betreuungskonzept der Einzelintegration die therapeutische Versorgung von Kindern mit Behinderung offensichtlich nicht grundlegend eingeplant und strukturell abgesichert. Nur dann jedoch erscheint es uns aussichtsreich, prinzipiell Kinder mit verschiedenen Behinderungen und Schweregraden auch in Regeleinrichtungen verantwortungsvoll zu betreuen.

- Die therapeutische Versorgung kann erfolgreich von externen Therapeuten durchgeführt werden, doch müssen dafür generelle strukturelle Veränderungen stattfinden. Letztlich münden sie in Finanzierungsfragen (Erstattung des zeitlichen Mehraufwands für Fahrzeiten und Austausch mit den Erzieherinnen). Hier besteht hoher Handlungsbedarf. Die notwendigen grundsätzlichen Regelungen können nicht von den Beteiligten vor Ort, also nicht auf der Ebene Eltern – Kindertageseinrichtung – Therapeuten getroffen werden. Hier sind die Träger der Sozialhilfe, Wohlfahrtsverbände, Kommunen und Krankenversicherungen gefragt, um bestehende Regelungen im Hinblick auf neue Entwicklungen in der Betreuung von Kindern mit Behinderung abzuändern.

9 Integration/ Inklusion als besonderer Aspekt der pädagogischen Arbeit

Der Anspruch, in der Tageseinrichtung allen Kindern einen sozialen Zusammenhang zu geben, ein Gefühl der Gruppenzugehörigkeit zu vermitteln und soziale Kompetenzen zu unterstützen, ist einer der vorrangigen Zielvorstellungen der Elementarpädagogik überhaupt. Insofern ist ‚Integration' bzw. ‚Inklusion' ein Aspekt, der für heilpädagogische Gruppen wie für Gruppen von Kindern mit und ohne Behinderung zu beachten ist. Integrationspädagogik zielt darüber hinaus auf die Beziehungen von Kindern mit und ohne Beeinträchtigung, auf ihr selbstverständliches Miteinander-Umgehen, auf Gewinn aus ihrer gemeinsamen Sozialisation. Sie betrifft zudem auch die Eltern von Kindern mit und ohne Behinderung, die durch die gemeinsame Erziehung ihrer Kinder auch erweiterte Möglichkeiten für Kontakt, Verständnis und evtl. Freundschaften haben. Wir sprachen in den Interviews verschiedene Punkte dieser integrativen/ inklusiven Aspekte an und baten in der schulbezogenen Befragung für ausgewählte Kinder um eine rückblickende Einschätzung der sozialen Kontakte im Kindergarten durch die Erzieherinnen.

Wir interviewten Eltern von Kindern mit und ohne Behinderung zu den Positionen ihrer Kinder in der Gruppe, zu deren Bekanntschaften und Freundschaften, zu den Kontakten der Eltern untereinander. Zu diesen Punkten befragten wir auch die Erzieherinnen, zusätzlich thematisierten wir mit ihnen die Aspekte des Gruppenklimas, der erzieherischen Aktivitäten zur Unterstützung der Integration in die Gruppe und den Umgang der Kinder miteinander. Auch die Leitungen interviewten wir zu dem Thema der Elternkontakte. Im Folgenden stellen wir zusammenfassend die Aussagen aus den Interviews *thematisch* strukturiert vor; die Quellen der Aussagen bleiben erkenntlich. Viele Aussagen haben einrichtungsübergreifend den gleichen Tenor. Wenn nicht ausdrücklich auf Unterschiede hingewiesen wird, beziehen sich die Ausführungen auf alle Betreuungsformen.

9.1 Gemeinsame Sozialisation der Kinder

Schulbezogene Befragung
In unserer kindbezogenen Befragung nutzten wir die Gelegenheit, Erzieherinnen bezüglich *konkreter Kinder* rückblickend nach deren sozialer Position in der Gruppe zu befragen (Tab. 26 und Tab. 27).

In den meisten integrativen Gruppen spielten sowohl die anderen Kinder gerne mit dem Kind mit Behinderung als auch das Kind selbst gerne mit den anderen Kindern (jeweils 70,0%–80,0%). Aus den befragten heilpädagogischen Gruppen schätzt dies nur knapp die Hälfte der Erzieherinnen so positiv ein (jeweils 43,8%).

Meist sind es Kinder mit geistiger Behinderung (52,0% von ihnen), die selbst nicht so gerne mit anderen Kindern spielten (wohingegen dies nur für ein Kind mit Körperbehinderung angegeben wird = 4,8%). Entsprechend häufig geben die Erzieherinnen für Kinder mit geistiger Behinderung an (52,0%), dass diese fast immer Unterstützung ihrer sozialen Kontakte benötigten (vgl. Tab. Erz20b.2 und Erz22b, Materialien).

Mit Blick auf die Einrichtungstypen zeigen sich leichte Unterschiede, wenn man das Ausmaß der notwendigen pädagogischen Unterstützung der Kontakte zwischen den Kindern betrachtet: Erzieherinnen aus heilpädagogischen Gruppen geben für alle Kinder an, dass diese Hilfen bei ihren sozialen Kontakten brauchten (50,0% manchmal und 50,0% sogar fast immer). Aus Schwerpunktgruppen wird berichtet, dass 60,0% der Kinder manchmal und 25,0% hier fast immer Unterstützung benötigten. Die Erzieherinnen aus Regelgruppen mit Einzelintegration berichten, dass 40,0% (vier von zehn) der Kinder manchmal und nur 20,0% (zwei) fast immer pädagogische Unterstützung im sozialen Kontakt mit anderen Kindern nötig hatten (vgl. Tab. Erz22a, Materialien).

Tab. 26/ Erz20a.1: Rückblickende Bewertung der sozialen Position des Kindes mit Behinderung in der Kindergartengruppe, bezogen auf *die anderen Kinder in der Gruppe*

| | Gruppentyp im Kindergarten | | | | | | | |
| | Heil-pädagogische Gruppe (n=16) | | Schwerpunkt-gruppe (n=20) | | Einzel-integration (n=10) | | Gesamt (N=46) | |
	Anzahl	%	Anzahl	%	Anzahl	%	Anzahl	%
andere Kinder spielten mit ihr/ ihm meistens gern	7	43,8	16	80,0	7	70,0	30	65,2
andere Kinder spielten meistens nicht so gern mit ihr/ ihm	6	37,5	2	10,0	2	20,0	10	21,7
keine Angabe	3	18,7	2	10,0	1	10,0	6	13,0

Tab. 27/ Erz20a.2: Rückblickende Bewertung der sozialen Position des Kindes mit Behinderung in der Kindergartengruppe, bezogen auf *das Kind selbst*

| | Gruppentyp im Kindergarten | | | | | | | |
| | Heil-pädagogische Gruppe (n=16) | | Schwerpunkt-gruppe (n=20) | | Einzel-integration (n=10) | | Gesamt (N=46) | |
	Anzahl	%	Anzahl	%	Anzahl	%	Anzahl	%
das Mädchen/ der Junge selbst spielte meistens gern mit anderen Kindern	7	43,8	14	70,0	8	80,0	29	63,0
das Mädchen/ der Junge selbst spielte meistens nicht so gern mit anderen Kindern	7	43,8	6	30,0	1	10,0	14	30,4
keine Angabe	2	12,5	-	-	1	10,0	3	6,5

Interviews

Gruppenklima. Ausnahmslos alle Erzieherinnen berichten von einem insgesamt positiven Gruppenklima, in dem allerdings durchaus auch einzelne Kinder eher am Rande stehen. Aus den Darstellungen wird deutlich, dass der Gruppenzusammenhalt je nach Kindern in der Gruppe von Jahr zu Jahr wechseln kann.

Position der Kinder in der Gruppe. Die Kinder mit Behinderung nehmen ein breites Spektrum von Gruppenpositionen ein. Sie können Liebling der Gruppe sein oder Außenseiter, Gruppenkasper oder zurückhaltende/r Beobachter/in, Prinzessin oder Raufbold, Beschützte und Beschützer. Am häufigsten berichten Erzieherinnen und Eltern übereinstimmend, dass sie „im guten Mittelfeld" liegen (Mutter eines Kindes mit Behinderung). Zwei Kinder mit Behinderung, die von ihren Müttern wie von den Erzieherinnen als Außenseiter beschrieben werden, haben diese Position auf Grund ihres Verhaltens inne. (Eine Mutter berichtet z. B., dass ihr Sohn sehr ausagiert und den Gruppenrahmen öfters sprengt.) Erzieherinnen bemerken zu diesem Punkt, dass auch Kinder *ohne* Behinderung mit Verhaltensproblemen oft Randpositionen in der Gruppe haben.

Eltern beschreiben auch, wie sehr sich die Position des Kindes in der Gruppe ändern kann – mit allmählicher Eingewöhnung meist zum Positiven hin.

Auffällig ist in diesen Beschreibungen die hohe Überseinstimmung der Eltern und der Erzieherinnen. Die Eltern, mit denen wir sprachen, sind durch die Gespräche mit den Erzieherinnen und durch eigene Gruppenbesuche bestens über ihre Kinder und deren Stellung in der Gruppe informiert. Dass es auch einige Eltern gibt, die dafür weniger Interesse aufbringen, ist durch die Berichte der Erzieherinnen ebenfalls deutlich geworden.

Eltern von *Kindern ohne Behinderung* beschreiben die Positionen ihrer Kinder nicht anders als eben ausgeführt. Positive wie problematische Seiten kommen in den Darstellungen mit etwa gleicher Häufigkeit vor. Ein Unterschied zeigt sich allerdings deutlich (was nicht überrascht): die Frage von Hilfe erhalten oder bemuttert werden bzw. helfen oder bemuttern ist für die Eltern kein Thema.

Umgang der Kinder miteinander. Die Erzieherinnen betonen vor allem die Rücksichtnahme der Kinder sowie die Möglichkeit, dass die Kinder unterschiedliche Fähigkeiten als selbstverständlich erleben. Sie sollen – so eine Erzieherin – sensibel werden für die Schwächen und Stärken anderer, nicht nur auf Kinder mit Behinderung bezogen. „*Kinder wachsen mit dem Bewusstsein auf, dass es Kinder gibt, die bestimmte Dinge nicht können wie sie, oder bei vielen Dingen Unterstützung brauchen*" (eine Erzieherin). Gegenseitige Hilfe ist vielen Kindern selbstverständlich, besonders älteren Mädchen oder Jungen der Gruppe. Erzieherinnen bremsen Kinder hier aber auch – helfen, die Balance zu halten, um Kindern mit Behinderung den Weg zur Selbstständigkeit frei zu halten. Auf der anderen Seite sind es auch die behinderten Kinder selbst, die sich z. T. gegen eine überbordende Fürsorglichkeit sträuben.

Eine Erzieherin beschreibt, wie selbst der ‚wildeste' Junge der Gruppe zur Ruhe kommt, wenn er sich zeitweise mit einem behinderten Kind beschäftigt. Umgekehrt profitieren auch behinderte Kinder von der sozialen Vielfalt und von den Themen, die im Kreis besprochen werden (z. B: ‚Was macht einen Freund aus?').

Insgesamt sind die Rückmeldungen also sehr positiv.

Bei der großen Anzahl positiver Stimmen sollen die sehr wenigen negativen Eindrücke nicht verschwiegen werden. Eine Erzieherin findet es schwierig, dass Kinder mit und Kinder ohne Behinderung zusammenfinden, weil Kinder mit Behinderung in der Regel sehr viel Hilfestellung brauchen (Erzieherin aus einer additiven Einrichtung). Die Mutter eines Kindes mit Behinderung berichtet allerdings auch, dass ihr Kind in einer Regelgruppe mit 28 Kindern Hänseleien und Zurücksetzung ausgesetzt war, und sie deshalb einen Wechsel in eine heilpädagogischen Einrichtung veranlasste. Eine andere Mutter beschreibt, dass einige Eltern ihren Kindern davon abraten, sich mit ihrem Sohn anzufreunden, weil sie ihn für schlecht erzogen halten.

Unterstützung des Einbezugs und des Gruppenzusammenhaltes. Was tun Erzieherinnen, um integrative Prozesse zu befördern? Zunächst berichten viele Erzieherinnen von Aktivitäten und Ritualen, die allgemein das Zusammengehörigkeitsgefühl stärken sollen: Morgenkreis, Stuhlkreis vor dem Mittagessen u. ä. Wichtig ist auch, so eine Erzieherin, dass Kinder mit Behinderung in bestimmten Fällen Konsequenzen wie die anderen Kinder erfahren, wenn ihr Verhalten nicht mit der Behinderung entschuldbar ist.

Etliche Erzieherinnen unterstreichen, wie wichtig es ist, bei den üblichen Aktivitäten auf den Einbezug aller zu achten, also z. B. nur solche Spaziergänge zu machen, bei denen auch das Kind im Rollstuhl dabei sein kann. Im weiteren beschreibt ein sehr hoher Anteil der Interviewten die Kleingruppe als höchst wichtige Ebene, auf der Kindern mit und Kindern ohne Behinderung positive Erfahrungen gemeinsamen Spielens und Lernens ermöglicht werden kann. Die Kleingruppe gilt als der Zusammenhang, in dem gemeinsame Projekte möglich sind, an denen sich Kinder mit sehr unterschiedlichem Vermögen beteiligen können. Sie ist der Zusammenhang, in dem auch Erzieherinnen, wenn es nötig ist, als ‚Übersetzerinnen' auftreten können, d. h. sprachlich vermitteln oder das Verhalten des Kindes mit Beeinträchtigung erklären können. Sie gilt als die Gelegenheit, bei der besonders gut Interesse am gemeinsamem Spielen und Lernen entstehen kann. Entsprechend kritische Stimmen sind aus den Einrichtungen zu hören, in denen Kleingruppenarbeit wegen zu knappem Personalschlüssel nicht oft möglich ist.

Umgang mit der Bezeichnung „Behinderung". Einige Erzieherinnen wünschen, dass die Kinder lernen, offen mit Behinderung umzugehen. Dies bedeutet nicht, dass Behinderung von den Erzieherinnen selbst zum Thema gemacht wird (aus keiner Einrichtung wird solches berichtet). Die Beeinträchtigung eines Kindes wird erklärt, wenn ein anderes Kind danach fragt.

Die Mutter eines Kindes ohne Behinderung bestätigt dies durch eine Begebenheit. Ihre Tochter fragte, was Lina[29] aus ihrer Gruppe habe. Die Mutter erklärte, dass Lina krank sei. Nach einigen Tagen wurde sie von ihrer Tochter darauf hingewiesen, dass es nicht stimme, sie habe ihre Erzieherin gefragt. Lina sei nicht krank; krank sei, wenn man Schnupfen oder Husten habe. Lina sei behindert.

Nachbarschaftskinder. Kinder mit Behinderung, die in der heilpädagogischen Gruppe betreut werden, treffen laut den von uns interviewten Eltern keine Kinder aus der Nachbarschaft in ihrer Gruppe. Bei behinderten Kinder, die in der Schwerpunktgruppe oder der Regelgruppe betreut werden, ist dies öfter der Fall, aber nicht unbedingt die Regel. Auch

---

29 Name geändert

hier werden sie oft nicht in ihrem Einzugsbereich betreut. Von Eltern der Kindern ohne Behinderung erfahren wir, dass ihre Söhne und Töchter fast immer Kinder aus der Nachbarschaft in der Tageseinrichtung treffen (sofern eben Kinder ähnlichen Alters benachbart wohnen).

9.2   Kontakte und Freundschaften der Eltern untereinander

Interviews
Wünsche nach Begegnung, Hindernisse, Zufriedenheit. Unter den Eltern der Kinder mit Behinderung gibt es deutlich unterschiedliche Positionen. Sie wünschen sich intensivere Kontakte, organisieren Elternstammtische oder sie haben ganz und gar nicht das Bedürfnis nach Intensivierung, sie sind mit den bestehenden Begegnungen zufrieden oder hätten sie gerne ausgeweitet, sie schätzen vor allem die Treffen mit anderen Eltern behinderter Kinder, um sich mit ihnen auszutauschen, sie hätten gerne mehr Kontakt mit den Eltern der Kinder ohne Behinderung. *Die* Elternschaft mit einem gemeinsamen Bedürfnis nach Begegnung und Freundschaft gibt es so nicht.

Etliche Eltern betonen, dass die Kontakte wesentlich durch die jeweiligen Sympathien oder Antipathien der Erwachsenen bestimmt werden; die evtl. Beeinträchtigung eines Kindes spiele hier nur eine untergeordnete Rolle. Dennoch gibt es einige Aspekte, die besonders Eltern von Kindern mit Behinderung betreffen. Eine Mutter berichtet z. B., dass sie zeitlich durch die Therapien und ‚Anwendungen‘ für das Kind so beansprucht ist, dass es kaum Möglichkeiten für Verabredung mit anderen Eltern gebe, eine andere stellt dar, dass auch bei Festen der Tageseinrichtung kaum neue Kontakte entstehen, weil sie sich mit ihrem Kind beschäftigen muss.

Eltern von Kindern ohne Behinderung zeigen mit dem Wunsch nach mehr oder weniger Begegnung kein anderes Spektrum: Sie berichten von intensiven Kontakten zu Eltern von Kindern mit wie von Kindern ohne Behinderung, andere aber auch davon, dass sie kein Bedürfnis nach Kontakten zu anderen Eltern haben, weil sie genug Freundschaften pflegen. Auch sie betonen, dass die Sympathien zwischen den Eltern entscheidender sind als eine Behinderung des Kindes; dies gilt auch für die Treffen der Kinder außerhalb der Einrichtung.

In den Darstellungen der Eltern von Kindern mit und von Kindern ohne Behinderung werden auch Gesichtspunkte deutlich, die den Kontakt zwischen den Eltern erschweren: Der Fahrdienst für Kinder mit Behinderung kann ein zufälliges Zusammentreffen zwischen Eltern behinderter und nicht behinderter Kinder verhindern, das sich beim Bringen und Abholen sonst oft ergibt. Zwischen Eltern der Kinder in der Schwerpunktgruppe und der Regelgruppe (additive Einrichtung) kommt es auf Grund der unterschiedlichen Betreuungszeiten kaum zu Begegnungen.

Die Rolle der Kindertageseinrichtung. Mitarbeiter/innen der Kindertageseinrichtungen fühlen sich in unterschiedlichem Ausmaß für die Beziehungen der Eltern untereinander verantwortlich (Tab. 28).

Vertiefende Befragung D

Tab. 28/ D19: Aktive Unterstützung von Elternkontakten durch die Mitarbeiterinnen der Einrichtung

	Heil-pädagogische Tagesstätten (n=7)		Additive Einrichtungen (n=10)		Schwerpunkt-einrichtungen (n=12)		Regel-einrichtungen mit Einzel-integration (n=223)	
	Anzahl	%	Anzahl	%	Anzahl	%	Anzahl	%
Wir regen Kontakte unter Eltern von Kindern mit Behinderung an.	7	100	-	-	-	-	2	0,9
Wir regen Kontakte unter Eltern von Kindern mit Beh. und ohne Beh. an.	-		8	80,0	8	66,7	137	61,4
Wir überlassen die Kontakte der Eltern von Kindern mit Beh. und Kindern ohne Beh. deren Eigeninitiative.	-	-	2	20,0	4	33,3	81	36,3
keine Angabe	-	-	-	-	-	-	3	1,3
Gesamt	7	100	10	100	12	100	223	100

Die überwiegende Mehrzahl der Leiterinnen berichtet, dass die Mitarbeiterinnen der Einrichtungen Kontakte zwischen den Eltern aktiv anregen (62,3%–100%). Dort wo gemeinsame Erziehung stattfindet auch Kontakte unter den Eltern von Kindern mit Behinderung und Kindern ohne Behinderung. Nur wenige überlassen die Kontakte der Eltern ganz deren Eigeninitiative (0,0%–36,3%).

Interviews
Auch in unseren Interviews sehen sich die Erzieherinnen wie Leitungen weit überwiegend dafür verantwortlich, Begegnungen zwischen den Eltern zu initiieren oder zumindest Kontakte zu unterstützen, nur eine Pädagogin erklärt sich explizit für nicht zuständig. Um Begegnungen zu fördern, setzen sie vielfältige Aktivitäten in Gang. Elternabende sind nur ein Faktor unter anderen. Z. B. verteilen die Mitarbeiterinnen der Einrichtung zu Beginn des Kindergartenjahres Elternlisten, veranstalten ,Kennenlernfeste‘, ,Elternpartys‘, ,Mütter- und Vätertreffs‘ oder ,Frühstückstreffs‘ in der Einrichtung. Elterncafés/ Frühstückstreffs werden hauptsächlich von den in der Nähe wohnenden Eltern genutzt, die ihre Kinder selbst in die Einrichtung bringen. Aus einer additiven Einrichtung wird uns berichtet, dass die Eltern der Kinder mit Behinderung einen eigenen ,Elternstammtisch‘ wünschten, um spezifische Situationen und Probleme zu besprechen, die mit der Behinderung des Kindes zusammen hängen.

Das Engagement der Beteiligten. Unter den Eltern wie den professionellen Pädagoginnen wird eine hohe Motivation sichtbar, den Gedanken des gegenseitigen Einbezugs auf die Elternschaft auszuweiten. Doch nicht alle Eltern teilen dieses Verständnis. Pädagoginnen wie Eltern konstatieren auf der anderen Seite auch, dass bei einem Teil der Eltern das Interesse an Begegnung untereinander, Teilnahme an Veranstaltungen wie das Engagement für die Kindertageseinrichtung nur bedingt vorausgesetzt werden können. Die Gründe dafür sind sicher sehr verschieden. Die Gesamtsituation zeigt, dass Pädagoginnen wie Eltern Zeit und Energie aufbringen (müssen), um im familiären Umfeld der Kinder Aufmerksamkeit und Anerkennung zu finden.

9.3 Kontakte und Freundschaften der Kinder außerhalb der Kindertageseinrichtung

Interviews
Eltern von Kindern mit wie Eltern von Kindern ohne Behinderung beschreiben vielfältige Kontakte ihrer Kinder. Nichts von dem ist nur auf Kinder mit oder Kinder ohne Behinderung beschränkt. Es gibt jedoch in verschiedenen Punkten unterschiedliche Tendenzen und Gewichtungen, die zum Teil aufgrund der unterschiedlichen Einzugsgebiete auch zu erwarten waren. So haben z. B. *Kinder ohne Behinderung* deutlich mehr Kontakte und Freundschaften außerhalb der Tageseinrichtung als Kinder mit Behinderung, auch mehr Kontakte zu Nachbarskindern inner- und außerhalb der Einrichtung. Kontakte mit behinderten Kindern aus der Kindertageseinrichtung gibt es durchaus, doch deutlich weniger als zu Kindern ohne Behinderung. *Kinder mit Behinderung* gehen selten mit Nachbarskindern in eine Gruppe, wenn doch, dann in Regeleinrichtungen (s. o.). Die Tageseinrichtungen, sofern es sich um zentralisierte Formen handelt, haben von daher relativ wenig Einfluss auf Freundschaften dieser Kinder zu anderen in ihrer Wohnortnähe. Auch die Möglichkeiten der Eigenaktivität des jeweiligen Kindes spielen eine Rolle und vor allem – was bereits vorhergehend dargestellt wurde – das Engagement der Eltern, die Sympathien, die Abgrenzungen und Annäherungen, die Eltern aufbringen (oder nicht).

Die eben beschriebene Situation ergibt sich aus der Sache selbst und ist nicht neu. Sie soll deshalb nicht weiter ausgeführt werden. Im Folgenden gehen wir auf einige Besonderheiten ein, die z. T. zwar auch bekannt, aber in ihrer klaren Beschreibung durch die Eltern noch einmal ein Licht auf die Situation werfen.

Die Häufigkeit der Kontakte von Kindern mit Behinderung variiert stark. Es gibt (wenige) Kinder, deren Eltern von vielen und unproblematischen Treffen und Freundschaften der Kinder mit anderen aus der Nachbarschaft oder dem gleichen Viertel berichten, wobei deutlich wird, dass es sich hier um weniger stark beeinträchtigte, aktive Kinder handelt. Es gibt aber auch (wenige) Jungen und Mädchen, die trotz motivierender Unterstützung seitens der Eltern keine anderen Kinder zu sich nach Hause einladen wollen. Der größte Teil der Kinder hat die Gelegenheit, während der Woche auch mit einigen anderen Kindern außerhalb der Einrichtung zu spielen: mit Kindern ihrer Gruppe, die sie besuchen, mit Geschwisterkindern und deren Freunden, mit Kindern aus der näheren Verwandtschaft. In der Art ihrer Aktivitäten unterscheiden sie sich insgesamt nach den Beschreibungen der Eltern nicht sehr von den Kindern ohne Behinderung (Toben, mit Lego, Eisenbahn, Puppen spielen, andere Rollenspiele, ‚Kämpfchenspiele‘, draußen spielen, Fahrrad fahren), auch wenn für bestimmte Kinder bestimmte Tätigkeiten und Spiele nicht in Frage kommen.

Erschwernisse für Kinder mit Behinderung. In den Darstellungen der Eltern wird deutlich, dass es für Kinder mit Behinderung vielfältige Umstände gibt, die ein Treffen mit anderen außerhalb der Tageseinrichtung erschweren. Häufiger als bei Kindern ohne Behinderung ist der Aufwand für die Eltern hoch: Fast immer müssen die Kinder von den Eltern gefahren werden, z. T. müssen sie dort von ihren Eltern unterstützt werden, wenige müssen zudem auch während des Besuchs von ihren Eltern mit Essen, Medikamenten, Pflegeutensilien oder Wechselkleidung versorgt werden. Auch fehlt wegen Behandlungen und Therapien oft schlicht die Zeit für weitere Unternehmungen.

Probleme. Das gegenseitige Kennenlernen, das eine Nachbarschaft allmählich ermöglicht, *kann* den Umgang miteinander einfacher machen – muss es aber nicht. Die elterlichen Beschreibungen der Nachbarschaftskontakte ihrer Kinder an diesem Punkt reichen von „gut und problemlos" bis „ein Höllentrip". Zwar sind explizit negative Urteile die Ausnahme, aber es gibt sie eben doch.

Ein weiteres Problem liegt bei den Vorstellungen, Vermutungen und Befürchtungen der Eltern. Manche Eltern von Kindern ohne Behinderung befürchten, dem Besuch von Kindern mit Behinderung nicht gewachsen zu sein, weil sie einen umfangreichen oder komplizierten Betreuungsaufwand vermuten. Aber auch manche Eltern von Kindern mit Behinderung haben Berührungsängste, wenn sie vermuten, bei der Familie des Kindes, das sie besuchen könnten, kein Verständnis zu finden. Bei einigen konnten diese Befürchtungen mit der Zeit ausgeräumt werden.

9.4 Beurteilung der sozialen Beziehungen der Kinder im Rückblick

Integrative Erziehung besteht nicht nur darin, soziale Kontakte zu stiften (s. o.), aber die Beziehungen der Kinder untereinander sind die Grundlage der Aktivitäten miteinander. Wir befragten deshalb (ehemalige) Erzieherinnen von Kindern, die bereits die Schule begonnen haben (Tab. 29), sowie die Eltern dieser Kinder (Tab. 30), wie sie rückblickend die sozialen Kontakte beurteilen.

Schulbezogene Befragung
Weit überwiegend (zwischen 70% und 80%) sind die Erzieherinnen rückblickend mit den sozialen Beziehungen der jeweiligen Kinder im Kindergarten insgesamt (sehr oder eher) zufrieden. Mit schwacher Tendenz sind Erzieherinnen aus heilpädagogischen Gruppen damit am zufriedensten bzw. nie wirklich unzufrieden. Zudem zeigt sich ein leichter Trend, dass insgesamt die Zufriedenheit bzgl. der sozialen Beziehungen der Kinder mit Körperbehinderung geringfügig höher ist als bzgl. derer mit einer geistigen Behinderung (vgl. Erz.17b, Materialien).

Die Angaben der Eltern zu guten Kontakten und/ oder Freundschaften ihrer Töchter und Söhne im Kindergarten sind für die gemeinsame Erziehung positiver. Demnach hatten dort gut drei Viertel der Kinder mit Behinderung Kontakte oder Freundschaften mit anderen Kindern (mit recht vielen 21,3% bzw. 37,5%/ mit einzelnen 47,4% bzw. 50,0%). Von Kindern, die die heilpädagogischen Gruppen besuchten, hatten insgesamt 57,1% Kontakte oder Freundschaften mit einzelnen anderen. Nach Aussagen der Eltern haben Kinder mit Körperbehinderung etwas häufiger recht viele Kontakte, Kinder mit geistiger Behinderung häufiger Kontakte mit Einzelnen (vgl. Tab. Elt32b, Materialien).

Tab. 29/ Erz17a: Rückblickende Beurteilung der sozialen Beziehungen des Kindes während der Kindergartenzeit (Erzieherinnen)

	Heil-pädagogische Gruppe (n=16)		Schwerpunkt-gruppe (n=20)		Einzel-integration (n=10)		Gesamt (N=46)	
	Anzahl	%	Anzahl	%	Anzahl	%	Anzahl	%
sehr zufrieden	7	43,8	7	35,0	3	30,0	17	36,9
eher zufrieden	4	25,0	9	45,0	4	40,0	17	36,9
unentschieden	5	31,2	2	10,0	2	20,0	9	19,6
eher nicht zufrieden	-	-	2	10,0	-	-	2	4,3
unzufrieden	-	-	-	-	1	10,0	1	2,2
Gesamt	16	100	20	100	10	100	46	100

Tab. 30/ Elt32a: Rückblickende Beurteilung der Kontakte/ Freundschaften des Kindes mit anderen Kindern während der Kindergartenzeit (Eltern)

	Gruppentyp im Kindergarten							
	Heil-pädagogische Gruppe (n=14)		Schwerpunkt-gruppe (n=19)		Einzel-integration (n=8)		Gesamt (N=41)	
	Anzahl	%	Anzahl	%	Anzahl	%	Anzahl	%
Kontakte/ Freundschaften mit recht vielen Kindern	-	-	4	21,1	3	37,5	7	17,1
Kontakte/ Freundschaften mit Einzelnen	8	57,1	9	47,4	4	50,0	21	51,2
kaum Kontakte	6	42,9	6	31,6	1	12,5	13	31,7
Gesamt	14	100	19	100	8	100	41	100

9.5 Zusammenfassung und Folgerungen aus den Ergebnissen: Integration/ Inklusion als besonderer Aspekt der pädagogischen Arbeit

- *Gruppenklima und Position der Kinder mit Behinderung in der Gruppe.* Die Aussagen der Eltern und der Erzieherinnen zu diesem Punkt stimmen in sehr hohem Ausmaß überein: Ausnahmslos alle Erzieherinnen berichten von einem insgesamt positiven Gruppenklima. Die Kinder mit Behinderung nehmen ein breites Spektrum von Gruppenpositionen ein. Am häufigsten berichten Erzieherinnen und Eltern übereinstimmend, dass sie mittlere Positionen besetzen. Kinder mit Verhaltensproblemen – ob sie behindert sind oder nicht – geraten am ehesten in randständige Positionen.
- Dies trifft sich mit früheren wissenschaftlichen Untersuchungen (vgl. Cowlan u.a. 1994). Offensichtlich gibt es besonders bei dem Thema ,Verhaltensprobleme von Kindern (und Pädagogen)' fortdauernden Informations- und Fortbildungsbedarf, um die pädagogischen Handlungskompetenzen zu erweitern.
- Die Erzieherinnen betonen als die Chance der gemeinsamen Erziehung, dass die Kinder Unterschiede und unterschiedliche Fähigkeiten als selbstverständlich erleben, nicht nur auf Kinder mit Behinderung bezogen. Diese Chance sehen die Erzieherinnen zu recht. Denn neuere Untersuchungen bestätigen, dass dies in der Tat ein Sozialisationsgewinn ist, der über den Kindergarten hinaus wirkt, nicht nur auf Menschen mit Behinderung bezogen (vgl. Wocken 1993; Preuss-Lausitz 1998).
- Bei der großen Anzahl positiver Stimmen gibt es auch zwei Ausnahmen, die von Schwierigkeiten behinderter und nicht behinderter Kinder miteinander berichten (Schwierigkeiten von Kindern, die Schwächere missachten).
- *Unterstützung des Einbezugs und des Gruppenzusammenhaltes.* Die Kleingruppe ist die ,conditio sine qua non', um Aktivitäten und Projekte durchzuführen, bei denen sich Kinder unterschiedlicher Fähigkeiten gemäß ihrem Vermögen beteiligen können und Interesse aneinander entwickeln. An diesem Punkt wird aber auch deutlich, dass für diese Art von Arbeit die Gruppen zu groß sind bzw. der Personalschlüssel zu niedrig ist. Diesbezüglich sollte also zumindest gewährleistet sein, dass Kleingruppen *regelmäßig* stattfinden können, was eine *sichere* (zeitweilige) Doppelbesetzung einer Gruppe zur Voraussetzung hat – oder eine entsprechende Organisation offener Arbeit, die jedoch nicht weniger personalintensiv ist.
- *Nachbarschaftskinder.* Kinder in heilpädagogischen Gruppen begegnen dort fast nie Nachbarschaftskindern, behinderte Kinder in Schwerpunktgruppen treffen hier gelegentlich Kinder aus ihrer Nachbarschaft. Bei behinderten Kindern in der Regelgruppe ist dies am häufigsten der Fall, aber dennoch nicht selbstverständlich, da sie relativ oft nicht in der ihrem Wohnort nächsten Einrichtung betreut werden.
- Solche Konstellationen sind aus unserer Sicht zu überdenken. Problematisch scheint uns, dass hier die Vorteile der Wohnortnähe schwinden (Integration in das Wohngebiet, Nachbarskinder), ohne durch die Vorteile einer Schwerpunktgruppe ersetzt zu werden (kontinuierliche Aktivierung behinderungsspezifischer pädagogischer Kompetenzen, kleinere Gruppen, bessere Bedingungen um Kleingruppen zu bilden, evtl. besserer Zugang zur therapeutischen Versorgung).

- Kinder *ohne* Behinderung treffen fast immer Kinder aus der (weiteren) Nachbarschaft in ihrer Tageseinrichtung.
- *Die* Elternschaft mit einem gemeinsamen Bedürfnis nach Begegnung und Freundschaft gibt es nicht. Unter den Eltern der Kinder mit wie ohne Behinderung gibt es deutlich unterschiedliche Wünsche bzgl. der Intensität von Kontakten zu anderen Eltern. Das bedeutet aber auch, dass die Intensität der Elternkontakte nur bedingt durch die Kindertageseinrichtung beeinflussbar ist.
- Strukturelle Bedingungen können den Kontakt zwischen den Eltern erschweren. (Der Fahrdienst für Kinder mit Behinderung verhindert z. B. ein zufälliges Zusammentreffen zwischen Eltern behinderter und nicht behinderter Kinder beim Bringen und Abholen).
- *Die Rolle der Kindertageseinrichtung für die Elternkontakte.* Weit überwiegend sehen sich Erzieherinnen wie Leitungen dafür verantwortlich, Begegnungen zwischen den Eltern zu initiieren oder zumindest Kontakte zu unterstützen. Dazu setzen sie vielfältige Aktivitäten in Gang. Unter den Eltern wie den professionellen Pädagoginnen wird bei einem Teil eine hohe Motivation sichtbar, den Gedanken des gegenseitigen Verständnisses auf die Elternschaft auszuweiten. Aber nicht alle Eltern teilen diese Auffassung so sehr, dass sie es in konkreten Kontakten praktizieren wollen.
- *Kontakte und Freundschaften der Kinder außerhalb der Kindertageseinrichtung.* Eltern von Kindern mit wie Eltern von Kindern ohne Behinderung beschreiben vielfältige Kontakte ihrer Kinder. Nichts von dem ist nur auf Kinder mit oder Kinder ohne Behinderung beschränkt. Es gibt jedoch in verschiedenen Punkten unterschiedliche Häufigkeiten und Tendenzen, z. B. aufgrund unterschiedlicher Einzugsgebiete (mehr Kontakte und Freundschaften der Kinder ohne Behinderung zu Nachbarkindern außerhalb der Tageseinrichtung als der Kinder mit Behinderung) oder aufgrund der Eigenaktivität des jeweiligen Kindes, des Engagements der Eltern und ihrer Sympathien, ihrer Abgrenzungen und Annäherungen. Eltern brauchen hier Entlastung. Dies kann kaum über die Kindertageseinrichtung geschehen. Sie sollte jedoch Eltern darauf hinweisen, dass andere, z. B. der Familienentlastende Dienst (FED) Unterstützung bieten können.
- *Soziale Beziehungen im Rückblick.* Rückblickend befragt, d.h. ein- bis drei Jahre nach Beendigung der Kindergartenzeit etlicher Kinder, gehen die Aussagen von Erzieherinnen und Eltern in etwas unterschiedliche Richtungen. Weit überwiegend sind die Erzieherinnen aller Betreuungsformen rückblickend mit den sozialen Beziehungen der betreffenden Kinder im Kindergarten zufrieden. Mit schwacher Tendenz sind Erzieherinnen aus heilpädagogischen Gruppen damit am zufriedensten bzw. nie wirklich unzufrieden. Unter den Eltern dagegen sind diejenigen mit den Kontakten und/ oder Freundschaften ihrer behinderten Kinder im Kindergarten tendenziell zufriedener, deren Kinder integrativ betreut wurden.

10 Kommunikation und Kooperation der Kindertageseinrichtung mit den Eltern

Kommunikation und Kooperation mit Eltern ist eine wesentliche Voraussetzung und ein wichtiger Bestandteil kind-, familien- und sozialraumorientierter Pädagogik. Auf der kindbezogenen Ebene gewährleistet die partnerschaftliche Kooperation mit Eltern die notwendige Abstimmung über Erziehungs- und Förderziele, Wertmaßstäbe und pädagogische Inhalte. Aber auch auf der Ebene der Kindertageseinrichtung sollten Eltern in die Gestaltung pädagogischer Angebote und Konzepte einbezogen werden, um die pädagogischen Inhalte mit den Lebenswelten und -realitäten von Kindern und Eltern in der Einrichtung besser abzustimmen und um Eltern Gelegenheit zu geben, die Vorschulerziehung ihrer Kinder bewusst mit zu gestalten (vgl. New 2004).

10.1 Form und Häufigkeit der Kommunikation

Interviews
Wenn Eltern ihre Kinder in die Einrichtung bringen und abholen, sind dies Gelegenheiten zu täglichem Austausch. Alle unsere Gesprächspartnerinnen aus Regel- und Schwerpunkteinrichtung berichten von diesen ,*Tür- und Angelgesprächen*'. In heilpädagogischen und in additiven Einrichtungen sind diese Kontakte (für die Eltern von Kindern mit Behinderung) insgesamt seltener, da die Kinder häufig mit einem Fahrdienst geholt und wieder nach Hause gebracht werden. In den additiven und heilpädagogischen Einrichtungen hat sich daher die Verwendung eines Mitteilungsheftes durchgesetzt, das den Kindern mitgegeben wird und in das sowohl Eltern als auch Mitarbeiterinnen Informationen eintragen. Die Erzieherinnen berichten, dass sie den Eltern (besonders in der Anfangszeit) möglichst täglich eine Rückmeldung über den Kindergartentag geben.

In allen Einrichtungen wird von Eltern- und Mitarbeiterseite betont, dass im Bedarfsfall auch kurzfristig *persönliche Gesprächstermine* vereinbart werden. Aus zwei Regeleinrichtungen wird von *Elternsprechtagen* berichtet, bei denen sich alle Eltern mit den Gruppenerzieherinnen über ihr Kind austauschen können. Eine heilpädagogische Einrichtung bietet solche festen Gesprächstermine der Therapeuten und Therapeutinnen an, zu denen die Eltern zwei bis dreimal jährlich eingeladen werden.

Vertiefende Befragung D
In allen Einrichtungen finden *(Gruppen-)Elternabende* statt. Zur Häufigkeit dieser Form des Austausches befragten wir die Leitungen (Tab. 31).

Tab. 31/ D20: Anzahl der Gruppenelternabende pro Jahr

	Heilpädagogische Tagesstätten (n=7)		Additive Einrichtungen (n=10)		Schwerpunkt-einrichtungen (n=12)		Regel-einrichtungen mit Einzelintegration (n=223)	
	Anzahl	%	Anzahl	%	Anzahl	%	Anzahl	%
1-3 mal jährlich	2	28,6	4	40,0	4	33,3	135	60,5
4-6 mal jährlich	3	42,9	5	50,0	5	41,7	64	28,7
7 mal und häufiger jährlich	2	28,6	1	10,0	3	25,0	17	7,6
keine Angabe	-	-	-	-	-	-	7	3,1
Gesamt	7	100	10	100	12	100	223	100

In den heilpädagogischen-, additiven- und Schwerpunkteinrichtungen finden Elternabende tendenziell häufiger statt als in Regeleinrichtungen. Während die meisten Regelein-richtungen von einem bis drei Gruppenelternabenden im Jahr berichten (60,5%), finden sie in den anderen Einrichtungstypen meist 4–6 Mal, bei einzelnen sogar häufiger statt (4–6 Mal und mehr bei 5 heilpädagogischen Einrichtungen = 71,4%; bei 8 Schwerpunktein-richtungen = 66,7%; bei 7 additiven Einrichtungen = 60,0%; bei 81 Regeleinrichtungen = 36,3%).

10.2 Kommunikationsinhalte

Interviews
Für *Eltern von Kindern mit Behinderung wie für diejenigen von Kindern ohne Behinderung* stehen *kindbezogene Inhalte* bei ihrem Austausch mit Mitarbeiterinnen der Einrichtungen im Vordergrund. In den regelmäßigen Kontakten (Tür- und Angelgespräche und Mitteilungsheft) geht es neben Organisatorischem hauptsächlich um tägliche Begebenhei-ten, Verhaltensweisen, Beschäftigungen und Interessen des Kindes oder auch um neu Er-lerntes. Eltern werden (besonders bei Kindern, deren sprachliche Kompetenz eingeschränkt ist) über den Kindergartentag informiert. Für komplexere Themen werden Telefonate oder auch persönliche Gesprächstermine genutzt, in denen auf besondere familiäre Situationen, besondere Situationen in der Kindgruppe und/ oder Entwicklungsziele des Kindes einge-gangen werden kann, bzw. unterschiedliche Sichtweisen von Pädagoginnen und Eltern be-sprochen werden können.

Eltern von Kindern ohne Behinderung kommen häufig mit diesen ‚Tür- und Angel-gesprächen' aus. Besondere Gesprächstermine werden von einigen sogar eher als Zeichen für Schwierigkeiten gewertet. (So bemerkt eine Mutter lobend: *„Auch unsere älteren Kinder sind* *in diese Einrichtung gegangen und es gab noch nie einen Gesprächsanlass"*). In zwei Einrichtungen haben Eltern von Kindern ohne Behinderung gute Erfahrungen mit Elternsprechtagen gemacht, da dies einen Rahmen biete, sich „ganz regulär" über das Kind und seine Entwicklung auszutauschen.

Mitarbeiterinnen und Leiterinnen erläutern, dass sie über die situationsbezogenen Gespräche hinaus die pädagogische Arbeit transparent machen und *pädagogische Inhalte* und Grundhaltungen an Eltern weitergeben möchten. Besonders (aber nicht ausschließlich) in den heilpädagogischen und additiven Einrichtungen wird betont, dass den Eltern auch ein grundlegendes Wissen über die kindliche Entwicklung und Zusammenhänge bestimmter ‚Störungsbilder' (z. B. Sprache und Wahrnehmung) vermittelt werden soll. In der heilpädagogischen Einrichtung wird es zudem als eine wichtige Aufgabe gesehen, den Eltern Möglichkeiten und Grenzen von Therapien aufzuzeigen und sie ggf. (mit professioneller Hilfe) auch bei einer persönlichen Krisenbewältigung angesichts der Behinderung ihres Kindes zu begleiten. In einigen Einrichtungen werden zusätzlich Elterntreffen/ Elternabende zu bestimmten Themen angeboten (Wahrnehmung, Sprachförderung, Schulvorbereitung, Informationen zum pädagogischen Ansatz der Einrichtung). In unserer quantitativen Untersuchung fragten wir auch danach, ob für bestimmte Elterngruppen spezielle Angebote gemacht werden (Tab. 32).

Vertiefende Befragung D
In allen Einrichtungstypen ist der bevorstehende Übergang der Kinder in die Schule der häufigste Grund eines besonderen Elternabends (60,0%–85,7%).

Tab. 32/ D18: (Gelegentliche) Angebote spezieller Veranstaltungen nur für bestimmte Elterngruppen (Mehrfachantworten)

	Heil-pädagogische Tagesstätten (n=7)		Additive Einrichtungen (n=10)		Schwerpunkt-einrichtungen (n=12)		Regel-einrichtungen mit Einzel-integration (n=223)	
	Anzahl	%	Anzahl	%	Anzahl	%	Anzahl	%
nein, keine Angebote für bestimmte Elterngruppen	2	28,6	2	20,0	4	33,3	67	30,0
spezielle Angebote für die Eltern schulpflichtiger Kinder	6	85,7	6	60,0	8	66,7	162	72,6
spezielle Angebote für Eltern mit kulturellem Hintergrund anderer Länder	-	-	2	20,0	4	33,3	19	8,5
spezielle Angebote für die Eltern von Kindern mit Behinderung	5	71,4	8	80,0	6	50,0	30	13,5
spezielle Angebote für die Eltern von Kindern ohne Behinderung	-	-	4	40,0	-	-	26	11,7
Sonstiges	2	28,6	1	10,0	2	16,7	44	19,7

Spezielle Angebote für die Eltern von Kindern mit Behinderung gibt es in additiven Einrichtungen (acht = 80,0%) und auch in der Hälfte der von uns befragten Schwerpunkteinrichtungen (sechs = 50,0%), jedoch nur in 13,5% der Regeleinrichtungen.

Einige additive Einrichtungen (vier = 40,0%) und wenige Regeleinrichtungen (11,7%) richten auch ein spezielles Angebot an Eltern von Kindern ohne Behinderung. Heilpädagogische Einrichtungen richten sich ohnehin an Eltern von Kindern mit Behinderung, eine Mehrheit von ihnen (fünf = 71,4%) betrachtet dies auch als spezifisches Angebot für diese Eltergruppe.

Sehr wenige Einrichtungen nehmen in besonderen Angeboten weitere Aspekte auf, am ehesten noch solche, die sich auf den kulturellen Hintergrund der Familien beziehen (0,0%–33,3%). Der Anteil derer, die keine speziellen Angebote für bestimmte Elterngruppen anbieten, ist überall in etwa gleich niedrig (20,0%–33%).

10.3 Mitbestimmung und Mitgestaltung (Partizipation) der Eltern

Das nordrhein-westfälische Gesetz über Tageseinrichtungen für Kinder (GTK) schreibt einige Formen der Elternmitwirkung fest. So ist die *Elternversammlung* auf Gruppen- oder Einrichtungsebene berechtigt, „Auskunft über alle die Einrichtung betreffenden Angelegenheiten zu verlangen" und „hat das Recht, sich dazu zu äußern" (ebd. §2). Des weiteren gibt es den *Elternrat*, der sich mindestens dreimal jährlich trifft und dem ein Elternteil aus jeder Gruppe angehört. Er soll bei den Eltern das Interesse für die Arbeit der Einrichtung „beleben" und die Zusammenarbeit zwischen Eltern, Pädagogen/ Pädagoginnen und dem Träger fördern. Der Elternrat „ist vom Träger über alle wesentlichen Fragen, die die Einrichtung betreffen, zu informieren" und ist „vor der Einstellung und arbeitgeberseitigen ordentlichen Kündigung von pädagogischen Kräften ... anzuhören" (ebd. §6). Der Elternrat, die Leitung und pädagogischen Mitarbeiterinnen sowie Trägervertretungen bilden den *Rat der Tageseinrichtung*. „Dieser berät die Grundsätze für die Erziehungs- und Bildungsarbeit, bemüht sich um die erforderliche räumliche, sächliche und personelle Ausstattung und hat die Aufgabe, Kriterien für die Aufnahme von Kindern in die Einrichtung zu vereinbaren" (ebd. §7).

Interviews
Leitungen und Mitarbeiterinnen berichten in unseren Interviews von diesen Mitwirkungsstrukturen. Einige Eltern können nicht sagen, welche Mitwirkungsmöglichkeiten konkret bestehen, andere Eltern, mit denen wir sprachen sind selbst im Elternrat. Im Hinblick auf die Themen im Elternrat zeigen sie uns ein erstaunliches Spektrum auf: Für viele Mitglieder ist es wichtig, dass im Elternrat einrichtungsinterne Informationen zeitnah weitergegeben werden (z. B. über personelle Veränderungen). Darüber hinaus geht es weit überwiegend um Fragen der Organisation und der strukturellen Bedarfsgerechtigkeit, z. B um Öffnungszeiten, Raumgestaltungen, Spielplatzveränderungen, Organisation von Festen und Aktivitäten und um das recht häufig genannte Thema, was in nächster Zeit mit den Kindern gebastelt werden soll. Nur in einer Einrichtung berichten die Eltern, dass sie bei der Einstellung neuer Mitarbeiterinnen und bei Aufnahmekriterien von Kindern Einfluss haben. Dort entscheidet der Elternrat auch über die Vergabe zusätzlicher Plätze (‚Notplätze') mit. In einer anderen Einrichtung hat er Mitspracherecht über die Verwendung von Spendengeldern. Nur in wenigen Einrichtungen findet ein Austausch über pädagogische und/ oder konzeptionelle Fra-

gen mit dem Elternrat statt bzw. berichten Eltern von einem solchen Austausch im Rat der Einrichtung. Allerdings hören wir auch ein Beispiel, wo sich der Elternrat einer Einrichtung mit gemeinsamer Erziehung über die Einrichtung hinaus engagiert, indem er sich für integrative Klassen in der Sekundarstufe 1 einer örtlichen Schule einsetzt.

Einige Eltern führen in unseren Gesprächen den häufig geringen Stellenwert des Elternrats auf das gute direkte Verhältnis aller Eltern zu den Mitarbeiterinnen und zur Leitung zurück. Probleme würden direkt angesprochen und geklärt, was den Elternrat vielfach überflüssig mache. Leiterinnen und Mitarbeiterinnen berichten von unterschiedlichem Interesse der Eltern am Elternrat. Einige beklagen geringes Interesse, so dass es ein Problem darstelle, genügend Eltern für eine Mitarbeit zu gewinnen.

Wir fragten Eltern danach, welche Möglichkeiten zur Gestaltung, Mitarbeit und Einflussnahme sie haben – evtl. auch über die Themen im Elternrat hinaus. Eltern von Kindern mit Behinderung wie von Kindern ohne Behinderung berichten gleichermaßen am häufigsten über organisatorische und praktische Mithilfe bei Festen und besonderen Anlässen aber auch im regulären Alltag (Elterncafé) sowie von handwerklicher Hilfe in der Einrichtung oder im Außenbereich. Was die pädagogische Arbeit und Planung angeht, wünschen sich nur wenige Eltern (mehr) Einfluss. Die meisten halten sich auf diesem Gebiet bewusst zurück: Etliche trauen sich den Sachverstand nicht zu und möchten den Mitarbeiterinnen nicht ‚reinreden‘, andere möchten zwar gut informiert sein, jedoch nicht in einer verbindlichen Verantwortung stehen – schließlich zahle man für ein professionelles Angebot.

Mitarbeiterinnen und Leitungen betonen eher die Möglichkeiten, die Eltern in der pädagogischen Mitarbeit und Konzepterstellung haben. Als Beispiele werden konkrete Hilfen der Eltern bei besonderen Angeboten (Waldtage) genannt, aber auch Diskussionsergebnisse aus Gruppenelternabenden/ Elternversammlungen, die sich in der konkreten pädagogischen Arbeit/ im Konzept widergespiegelt haben (Abschaffung von Waldtagen in einer Gruppe, Ablehnung eines Fremdsprachenangebots). Eine konkrete Mitarbeit von Elternvertretern und -vertreterinnen am pädagogischen Konzept der Einrichtung wird nur aus der Schwerpunkt- und zwei Regeleinrichtungen berichtet. Leiterinnen weisen jedoch auch darauf hin, dass verschiedene Eltern sehr unterschiedliche Vorstellungen und Interessen haben und nicht alle Elternwünsche mit der pädagogisch-konzeptionellen Arbeit vereinbar sind (beispielsweise Wünsche bzgl. einer bestimmten Schulvorbereitung oder einer intensiven Eins-zu-Eins-Betreuung eines Kindes).

Vertiefende Befragung D
Unsere quantitative Befragung bestätigt diese Interviewergebnisse. In Kap. 8.3 (pädagogisches Konzept) haben wir bereits darauf hingewiesen, dass elterliches Engagement überall, aber hauptsächlich bei Festen, Ausflügen oder anderen Sonderaktionen gewünscht wird (71,4%–90,0%). Nur einige Schwerpunkteinrichtungen erwarten tendenziell mehr: Neben dem Engagement bei besonderen Anlässen (in 7 der 12 Einrichtungen = 58,3%) sieht das Konzept bei 5 von 12 dieser Einrichtungen (41,7%) auch vor, dass Eltern sich stark bei der alltäglichen Arbeit engagieren (vgl. Tab. D16, Materialien).

Was die Kontakte der Eltern untereinander angeht, so bemühen sich die meisten Leiterinnen und Mitarbeiterinnen in den Einrichtungen um eine aktive Anregung und Unterstützung, stoßen hier jedoch auch an Grenzen ihres Einflussbereiches (vgl. Kap. 9.2).

10.4 Bewertung der Kommunikation und Partizipation

Interviews

Insgesamt sind die Eltern mit der Form der Partizipation an der organisatorischen Arbeit und auch mit der vergleichsweise geringen Einflussnahme auf die pädagogisch-inhaltliche Arbeit sehr zufrieden.

Zudem bewerten Eltern von Kindern mit Behinderung wie Eltern von Kindern ohne Behinderung in allen Einrichtungen die Kooperation mit den Mitarbeiterinnen als sehr positiv. Der kindbezogene Austausch sei sehr partnerschaftlich, Eltern fühlen sich in ihren Beobachtungen, ihren Urteilen und ihren Fragen ernst genommen. Unterschiedlichen Wahrnehmungen kindlichen Verhaltens zu Hause und in der Einrichtung werde nachgegangen, einige Befürchtungen (vor allem der Eltern von Kindern ohne Behinderung) würden durch die Pädagoginnen fachlich fundiert relativiert, aber nicht einfach ‚hinweggefegt'. Eltern von Kindern mit Behinderung berichten, dass die Unterstützung der Kinder in weiteren Entwicklungsschritten ‚auf Augenhöhe' besprochen und geplant werde.

Einige Einrichtungen nehmen keine *Unterschiede in der Kooperation mit Eltern von Kindern mit Behinderung und Eltern von Kindern ohne Behinderung* wahr. Eine gute Zusammenarbeit mit Eltern sei immer vom individuellen Fall abhängig und nicht so sehr von der Tatsache, ob das Kind eine Behinderung habe. In einigen Interviews wurden jedoch auch Unterschiede thematisiert: Die Mitarbeiterinnen aus den additiven Einrichtungen schätzen den Kontakt zu den Eltern behinderter Kinder durch die fehlende Regelmäßigkeit beim Bringen und Abholen der Kinder als etwas schwieriger ein.

Aus den Regeleinrichtungen wird berichtet, dass der Kontakt zu den Eltern von Kindern mit Behinderung durch die intensiveren Aufnahmegespräche, die besondere Aufmerksamkeit der integrativen Zusatzkraft und die Gespräche über Entwicklungsberichte, Therapien usw. häufig intensiver ist als zu den anderen Eltern.

10.5 Zusammenfassung und Folgerungen aus den Ergebnissen: Eltern und Kindertageseinrichtung – gute Kommunikation, mäßige Partizipation

- Alle Einrichtungstypen bieten Eltern grundsätzlich unterschiedliche Kommunikations- und Kooperationsformen und damit verschiedene Ebenen des Austauschs (kindbezogener Austausch mit Mitarbeiterinnen, Erfahrungsaustausch in Elterngruppen, themenbezogener Austausch, Gremienarbeit und Mitbestimmung) sowie des gegenseitigen Kennenlernens an. Die regelmäßigen kurzen Kontakte zwischen Eltern und Pädagogen/ Pädagoginnen beim Bringen und Abholen der Kinder spielen dabei eine wichtige Rolle. Eltern, deren Kinder mit dem Fahrdienst in die Einrichtung kommen, sind für den Austausch hauptsächlich auf Mitteilungshefte verwiesen.
- In allen Einrichtungstypen stehen für Eltern von Kindern mit Behinderung genauso wie für Eltern von Kindern ohne Behinderung beim Austausch mit den Pädagoginnen kindbezogene Inhalte im Vordergrund. Dabei fühlen sie sich mit ihren Beobachtungen, Befürchtungen und persönlichen Einschätzungen im Hinblick auf die Entwicklung ihrer

Kinder in den Einrichtungen ernst genommen. Weit überwiegend erleben die Eltern den Kontakt mit den Erzieherinnen als partnerschaftlich („auf Augenhöhe").

- Vereinzelt bieten Einrichtungen Elternsprechtage an, die von den Eltern sehr positiv bewertet werden. Sie sehen darin eine Möglichkeit, die Entwicklung ihres Kindes zu besprechen, auch ohne dass eine besondere Situation oder ein Problem den Anlass dazu gibt.

- Pädagoginnen und Pädagogen möchten ihre Arbeit den Eltern nachvollziehbar und transparent machen und auch fachliche Inhalte weitergeben. Allerdings zeigen Eltern in unseren Gesprächen bis auf wenige Ausnahmen zum Teil Hemmungen, zum Teil wenig Interesse, sich über die Einzelfallebene des eigenen Kindes hinaus an inhaltlich-pädagogischen Überlegungen in der Einrichtung zu beteiligen.

- Dies spiegelt sich auch in der Mitwirkung der Eltern in den gesetzlich vorgeschriebenen Gremien wider. Das Gesetz über Tageseinrichtungen für Kinder (GTK) schreibt einige Formen der Elternmitwirkung vor. Dementsprechend werden die Elternversammlung (Gruppenelternabende), der Elternrat und der Rat der Tageseinrichtung als Mitwirkungsgremien von Eltern in unseren Interviews genannt. Gruppenelternabende finden tendenziell häufiger in heilpädagogischen, additiven und Schwerpunkteinrichtungen als in Regeleinrichtungen mit Einzelintegration statt. Darüber hinaus scheint jedoch zur Zeit das Interesse der Eltern an der Mitwirkung nicht sehr ausgeprägt zu sein. Mitarbeiterinnen und Leitungen beklagen das geringe Interesse der Eltern. Komplementär dazu kennen relativ wenige Eltern die Mitwirkungsmöglichkeiten des Elternrates. Ausnahmen bestätigen die Regel.

- Eltern, die selbst im Elternrat sind oder waren, sehen schwerpunktmäßig zwei Aufgaben der Elternvertretung: Die Weitergabe von Informationen der Einrichtungsleitung an die anderen Eltern und die Beschäftigung mit organisatorischen Fragen, häufig die Planung und Organisation von Festen. Nur in einzelnen Einrichtungen nehmen Eltern Mitwirkungsrechte bei konzeptionellen Grundsatzfragen wahr.

- Eltern engagieren sich recht stark für konkrete Gemeinschaftsaktionen zu besonderen Anlässen (Feste, Ausflüge, handwerkliche Aktionen). Sie halten sich aber meist auf pädagogischem Gebiet (bewusst) zurück: Einige trauen sich den Sachverstand nicht zu, andere sehen dies aber auch nicht als ihre Aufgabe an.

- Eltern scheinen mit dieser Rolle überwiegend zufrieden zu sein. In unserer Untersuchung ist auffällig, dass das weit verbreitete Bild pädagogisch höchst engagierter Eltern zum Teil eher den Wunsch pädagogischer Experten/ Expertinnen widerspiegelt als die Realität in den Einrichtungen. Die Partizipationsmöglichkeiten werden von Eltern oft nicht ausgeschöpft.

- Handlungsbedarf gibt es also nicht (nur) in punkto Mitwirkungs*möglichkeiten*, sondern besonders im Hinblick auf die *Motivation*, diese Möglichkeiten überhaupt wahrzunehmen. Den Eltern könnte hier deutlicher gemacht werden, wie wichtig es ist, sich auch in die inhaltliche Arbeit einzubringen, um das Angebot der Kindertageseinrichtungen noch stärker mit der Lebenswelt der Kinder und Familien zu verknüpfen.

11 Kenntnisse und Kompetenzen der Fachkräfte

11.1 Fachkenntnisse, Fortbildung und Supervision

11.1.1 Ausbildung der Mitarbeiterinnen und Mitarbeiter

In unserer flächendeckenden Befragung erfragten wir für jede Gruppe der Einrichtung, in der (auch) Kinder mit Behinderung betreut werden, die Qualifikation der Mitarbeiterinnen (Tab. 33).

Grundbefragung

Tab. 33/ A15: Qualifikation der Mitarbeiterinnen in Gruppen, in denen (auch) Kinder mit Behinderung betreut werden

	Mitarbeiterinnen in heilpädagogischen Tagesstätten (n=148)*		Mitarbeiterinnen in additiven Einrichtungen (n=319)*		Mitarbeiterinnen in Schwerpunkteinrichtungen (n=202)*		Mitarbeiterinnen in Regeleinr. mit Einzelintegration (n=3404)*	
	Anzahl	%	Anzahl	%	Anzahl	%	Anzahl	%
Erzieherinnen	112	75,7	191	59,9	127	62,9	2640	77,6
Kinderpfleger/innen	11	7,4	63	19,7	24	11,9	504	14,8
Sozialpädagogen/innen	10	6,8	23	7,2	21	10,4	101	3,0
Jahrespraktikanten/innen	15	10,1	42	13,2	30	14,9	159	4,7
Gesamt	148	100	319	100	202	100	3404	100
davon Mitarbeiterinnen mit Zusatzausbildung in Heil- und Sonderpädagogik	37	25,0	46	14,4	33	16,3	194	5,7
davon Mitarbeiterinnen mit *Fortbildung* in Heil- und Sonderpädagogik	60	40,5	102	32,0	44	21,8	1067	31,3

* Mitarbeiterinnen aus 54 Gruppen in heilpädagogischen, 117 Gruppen in additiven-, 64 Gruppen in Schwerpunkt- und 1131 Gruppen in Regeleinrichtungen mit Einzelintegration.

In allen Einrichtungstypen bilden Erzieherinnen die größte Berufsgruppe, etwas ausgepräg-
ter noch in Regel- (77,6%) und heilpädagogischen Einrichtungen (75,0%) als in Schwer-
punkt- (62,9%) und additiven Einrichtungen (59,9%). In den Schwerpunkteinrichtungen
(10,4%) sind tendenziell etwas häufiger Sozialpädagoginnen beschäftigt (andere Einrichtungstypen: 3,0%–7,2%). Kinderpfleger/innen sind in der Tendenz etwas öfter in additiven Einrichtungen vertreten (19,7%, andere im Vergleich 7,4%–14,8%). Jahresprakti-
kantinnen arbeiten in heilpädagogischen (10,1%), additiven- (13,2%) und Schwerpunkteinrichtungen (14,9%) häufiger in Gruppen, in denen (auch) Kinder mit Behinderung betreut werden, als in Regeleinrichtungen mit Einzelintegration (4,7%). Eine *abgeschlossene
Zusatzausbildung (Heilpädagoge/ Heilpädagogin)* haben ein Viertel (25,0%) der Mitarbeiterinnen (Erzieherinnen oder Sozialpädagoginnen) heilpädagogischer Einrichtungen, gefolgt
von denen der Schwerpunkt- (16,3%) und additiven Einrichtungen (14,4%). In Regeleinrichtungen ist dies recht selten (5,7%). Der Anteil der Mitarbeiterinnen, die bereits *Fortbildungen im heil- und sonderpädagogischen Themengebiet* besucht haben, ist in allen Einrichtungstypen relativ hoch (40,5% in heilpädagogischen, 32,0% in additiven-, 31,3% in
Regeleinrichtungen und 21,8% in Schwerpunkteinrichtungen).

11.1.2 Fort- und Weiterbildung

Heilpädagogische und integrative Themen sind bisher kaum oder gar nicht in die allgemeine
Ausbildung der Erzieherinnen eingegangen. Wir fragten deshalb nach den Möglichkeiten
der Mitarbeiterinnen und Leitungen (vgl. auch Kap. 11.2), sich während ihres Berufslebens
speziell für die Arbeit mit Kindern mit Behinderung oder für die integrative/ inklusive Arbeit zu qualifizieren.

Unterstützung durch den Träger
Vertiefende Befragung C
Nach Angaben der Leitungen finden in allen Einrichtungstypen vom Träger ganz oder anteilig finanzierte Fortbildungen einzelner Mitarbeiterinnen statt (87,5%–100% in den verschiedenen Einrichtungstypen). Die Möglichkeit zu fachlichem Austausch in Arbeitskreisen
sowie die Unterstützung durch die Fachberatung (beides 62,5%–100%) spielen ebenfalls
eine große Rolle. Supervision wird tendenziell am ehesten noch in heilpädagogischen Einrichtungen (drei von fünf = 60,0%) finanziert, stellt in den anderen Einrichtungstypen aber
eher die Ausnahme dar (13,4%–30,0%). Von Trägern, die bei Fort- und Weiterbildung gar
nicht unterstützen, berichten nur zwei Regeleinrichtungen (0,8%) (vgl. Tab. C9, Materiali-
en).

Interviews
Unsere Interviews bestätigen die Ergebnisse der quantitativen Befragung. Leiterinnen wie
Mitarbeiterinnen qualifizier(t)en sich für die heilpädagogische und integrative Arbeit neben
ihrer Berufsausbildung durch spezifische Fortbildungen, in hohem Ausmaß durch Teilnahme an Arbeitskreisen (vor allem zum Thema Integration) sowie durch Unterstützung der
Fachberatung. In einigen Einrichtungen bieten Fachberatungen Teamfortbildungen an. Aus
heilpädagogischen und additiven Einrichtungen wird berichtet, dass zu behinderungsspezifischen Themen gelegentlich interne Fortbildungen durch die Therapeutinnen stattfinden. Mitarbeiterinnen aller Einrichtungstypen hospitieren bei externen Therapeutinnen,
indem sie bestimmte Kinder nach Absprache zu Therapien begleiten.

Träger unterstützen die verschiedenen Fortbildungsaktivitäten in unterschiedlichem Umfang. Die meisten finanzieren Fortbildungen (ganz oder anteilig) und stellen Arbeitszeit für Hospitationen und Arbeitskreise zur Verfügung. Eine Leiterin berichtet darüber hinaus, dass der Träger ihre heilpädagogische Zusatzausbildung finanziert habe, eine Mitarbeiterin wurde während einer Zusatzausbildung zwei Tage in der Woche freigestellt. In einer Einrichtung wird jedoch auch betont, dass viel privates Engagement nötig sei. Öfter wird erwähnt, dass in erster Linie die Fortbildungsangebote des eigenen Trägerverbandes zu nutzen seien.

Supervisionen finden insgesamt eher selten statt. Nur eine Regeleinrichtung berichtet von einer regelmäßigen Teamsupervision, in einigen Einrichtungen richten sich Supervisionsangebote nur an die Leitungen, in einer Einrichtung erhalten nur die Therapeuten Supervision, in einer anderen Einrichtung findet einmal jährlich Teamsupervision statt. Einige Einrichtungen geben auch an, dass Mitarbeiterinnen der eigenen Einrichtung oder die Leitung selbst Supervisionen anbieten. (Die Frage ist, inwieweit dies als klassische Supervision betrachtet werden kann, ob es sich um gegenseitige, d. h. kollegiale Beratung handelt oder um eine weitere Variante reflexiver Verständigung.)

Bedarfsgerechtigkeit der Fortbildungen

Vertiefende Befragung C

Insgesamt nahmen für den zu Grunde gelegten Zeitraum (2002) etliche Mitarbeiterinnen an Fortbildungen teil. Bei über der Hälfte (56,3%–60,0%) der befragten heilpädagogischen-, Schwerpunkt- und Regeleinrichtungen besuchten innerhalb eines Jahres mehr als 50,0% der Mitarbeiter Fortbildungen. In den von uns befragten additiven Einrichtungen lag die Quote etwas niedriger (drei von acht = 37,5%). Einrichtungen, in denen in einem Jahr keine Mitarbeiterin bzw. kein Mitarbeiter eine Fortbildung belegte sind die absolute Ausnahme (eine Regeleinrichtung = 0,4%).

Tab. 34/ C10: Anzahl pädagogischer Mitarbeiter und Mitarbeiterinnen, die in 2002 an Fortbildungen teilgenommen haben

	Heil-pädagogische Tagesstätten (n=5)		Additive Einrichtungen (n=8)		Schwerpunkt-einrichtungen (n=10)		Regel-einrichtungen mit Einzel-integration (n=277)	
	Anzahl	%	Anzahl	%	Anzahl	%	Anzahl	%
weniger als ein Viertel des Teams	1	20,0	2	25,0	1	10,0	27	11,1
zwischen 25 und 50%	1	20,0	3	37,5	3	30,0	71	29,1
mehr als 50% bis 75%	1	20,0	1	12,5	1	10,0	67	27,5
mehr als drei Viertel des Teams	2	40,0	2	25,0	5	50,0	78	32,0
keine(r)	-	-	-	-	-	-	1	0,4
keine Angabe	-	-	-	-	-	-	33	11,9
Gesamt	5	100	8	100	10	100	277	100

In allen Einrichtungstypen findet sich eine Kombination verschiedener Fortbildungs-formen. *Insgesamt* handelt es sich weit überwiegend um Einzelfortbildungen von Mitarbei-terinnen (87,5%–100%). In den von uns befragten *heilpädagogischen* und *additiven* Einrich-tungen finden jedoch in ebenso vielen Einrichtungen Teamfortbildungen statt (100% bzw. 87,5%), innerhalb der Schwerpunkt- und Regeleinrichtungen haben Teamfortbildungen einen etwas geringeren Stellenwert (60,0% bzw. 51,2%). Spezielle Leitungsfortbildungen werden in allen Einrichtungstypen sehr häufig in Anspruch genommen (70,0%–87,5%) (vgl. Tab. C11, Materialien).

Zwischen 40% und 60% der Leitungen aus den unterschiedlichen Einrichtungsformen geben an, dass im Untersuchungszeitraum alle Fortbildungswünsche der Mitarbeiterinnen erfüllt werden konnten.

Dementsprechend müssen Fortbildungswünsche in ähnlichem Umfang abgelehnt wor-den sein. Wenn Mitarbeiterinnen mit ihren Fortbildungswünschen nicht zum Zuge kamen, dann scheiterten sie in den meisten Fällen an *finanziellen oder zeitlichen* Möglichkeiten der Einrichtungen (37,5% bei additiven Einrichtungen – 59,9% bei Regeleinrichtungen). Be-sonders Regeleinrichtungen weisen darauf hin, dass mehr Mitarbeiterinnen Fortbildungen beantragt hatten, als finanziert wurden (40,2%) (vgl. Tab. C12, Materialien).

Als zusätzlicher Unterstützungsbedarf im Bereich Fortbildung/ Qualifikation wird ne-ben eher einrichtungsspezifischen Wünschen von einigen mehr Supervision (37,4%–60,0%) und mehr Zeit mit der Fachberatung (12,5%–44,5%) gewünscht (vgl. Tab. C15, Materialien).

Fortbildungsbedarf – thematisch
Gefragt nach der eigenen Einschätzung bezüglich der relevanten Fortbildungsbedarfe in den Einrichtungen, zeigt sich ein recht großes Spektrum. Das Thema der Zusammenarbeit mit Eltern wird von heilpädagogischen-, additiven- und Schwerpunkteinrichtungen tendenziell eher gewünscht als von Regeleinrichtungen.

Additive-, Schwerpunkt- und Regeleinrichtungen (50,0%–70,0%) sehen zudem ihren Fortbildungsbedarf in allgemeinpädagogischen Bereichen (heilpädagogische Tagesstätten 0,0%). Vergleicht man den Wunsch nach ‚heilpädagogischen' und ‚integrativen' Themen innerhalb der Einrichtungstypen, so melden jeweils gut die Hälfte der Schwerpunktein-richtungen, Regeleinrichtungen und heilpädagogischen Tagesstätten für beide Bereiche etwa *gleichermaßen* Fortbildungsbedarfe an. Die befragten additiven Einrichtungen sehen ten-denziell größeren Bedarf bei heilpädagogischen Themen (sieben von acht Einrichtungen) als bei Themen der Integration (nur eine Einrichtung).

Bezüglich Qualitätssicherung/ -entwicklung liegt der angezeigte Bedarf im mittleren Bereich (je nach Einrichtungstyp bei 20,0%–62,5% der Einrichtungen), bei dem Thema der Konzeptentwicklung teilweise darunter (0,0%–50,0%). Die von uns befragten heilpäd-agogischen Tagesstätten bekunden besonders Fortbildungsbedarf zu den Themen Organisa-tionsentwicklung und Öffentlichkeitsarbeit (jeweils vier von fünf Einrichtungen = 80%; bei den anderen Einrichtungstypen 12,5%–40,0%).

Tab. 35/ C14: Bereiche des größten Fortbildungsbedarfs in der Einrichtung

	Heil-pädagogische Tagesstätten (n=5)		Additive Einrichtungen (n=8)		Schwerpunkt-einrichtungen (n=10)		Regel-einrichtungen mit Einzel-integration (n=254)	
	Anzahl	%	Anzahl	%	Anzahl	%	Anzahl	%
allgemeinpädagogische Themen	-	-	4	50,0	7	70,0	177	69,7
Zusammenarbeit mit Eltern	3	60,0	6	75,0	6	60,0	73	28,7
heilpädagogische/ behinderungsspezifische Themen	3	60,0	7	87,5	6	60,0	142	55,9
Themen der Integration	2	40,0	1	12,5	6	60,0	119	46,9
Teamarbeit	3	60,0	4	50,0	4	40,0	82	32,3
Konzeptentwicklung	-	-	4	50,0	5	50,0	64	25,2
Qualitätssicherung	1	20,0	5	62,5	6	60,0	122	48,0
Verwaltung, Abrechnung, EDV	-	-	1	12,5	1	10,0	52	20,5
Personalführung, Personalentwicklung	1	20,0	2	25,0	1	10,0	55	21,7
Organisationsentwicklung	4	80,0	1	12,5	4	40,0	82	32,3
Öffentlichkeitsarbeit	4	80,0	1	12,5	4	40,0	82	32,3
Sonstiges	-	-	1	12,5	1	10,0	10	3,9

Interviews

Alle *Leiterinnen* berichten, in der letzten Zeit an Fortbildungen teilgenommen zu haben. Thematisch lagen die Schwerpunkte im Bereich der Leitungskompetenzen (Personalmanagement, Umgang mit Konflikten/ Gesprächsführung, Zeitmanagement, QM). Dies entsprach in vielen Fällen auch den Fortbildungswünschen der Leiterinnen. Einzelne Leiterinnen nennen darüber hinaus Wünsche nach Fortbildungen im Sprach- und Bewegungsbereich, zu heilpädagogischen Themen, zu der neuen Bildungsvereinbarung sowie zu Formen der Beobachtung und Dokumentation.

Die befragten *Mitarbeiterinnen* hatten zuletzt vor allem Fortbildungen zur Sprachförderung und im Bereich Psychomotorik/ Bewegung besucht. Eine Mitarbeiterin befand sich zum Zeitpunkt des Interviews in einer Fortbildung zum Thema Elterngespräche. Über diese Themen hinaus nennen die Mitarbeiterinnen häufiger auch unerfüllte Fortbildungswünsche. Hier wird eine Vielzahl von Themenbereichen angesprochen: Gemeinsame Erziehung und Übergang in die Schule, Bildungsauftrag der Kindertagesstätte, jüngere Kinder in der Gruppe, Verhältnis von individueller Förderung und Gesamtgruppe aber auch konkretes behinderungsspezifisches Wissen (Diagnostik, Förderung, therapeutische Angebote, pflegerische Versorgung).

11.1.3 Konsequenzen von Fort- und Weiterbildung
Vertiefende Befragung C
Die Leitungen sind in großer Mehrheit der Meinung, dass Fort- und Weiterbildungen bezüglich des professionellen Handelns der Mitarbeiterinnen Konsequenzen zeigen (93,7%–100%). Auch auf die Aufgabenverteilung oder Zuständigkeiten innerhalb der Einrichtung können sich Fortbildungen auswirken - über zwei Drittel der Regel- und heilpädagogischen Einrichtungen berichten davon (zwischen 70% und 80%). Additive- und Schwerpunkteinrichtungen berichten häufiger, dass Fortbildungen bei ihnen *keine* Konsequenz auf Aufgabenverteilungen haben (62,5% bzw. 40,0%).

Bei der Frage nach Auswirkungen auf die tarifliche Eingruppierung entsteht – bezogen auf alle Einrichtungstypen – ein völlig einheitliches Bild: Fort- und Weiterbildungen haben (bis auf sehr wenige Ausnahmen) für die Mitarbeiterinnen keine positiven finanziellen Auswirkungen (90,0%–100%) (vgl. Tab. C13.1–C13.3, Materialien).

Interviews
Die Interviews bestätigen die Ergebnisse aus der quantitativen Befragung. Die Leiterinnen berichten, dass Fortbildungen einzelner Mitarbeiterinnen meist die Wahrnehmung der eigenen Arbeit in der Gruppe verändern und für bestimmte Fragestellungen sensibilisieren. In diesem Sinne gäbe es große Auswirkungen auf die Bewusstheit und das Verantwortungsgefühl. Einige Leiterinnen betonen, dass die Vermittlung der Fortbildungsinhalte an das ganze Team wichtig sei, wichtiger als isoliertes Expertentum.

Anders als in der schriftlichen Befragung ergeben die Interviews selten, dass sich in der Aufgabenwahrnehmung bzw. in den Zuständigkeiten etwas auf Grund von Fortbildungen ändert. Fortbildungsinhalte schlagen sich nach Aussagen der Erzieherinnen eher in den täglichen Angeboten nieder. Neue Aufgabenverteilungen gibt es nur in Einzelfällen im Bereich von Sprachförderung und der Durchführung von Lese-Rechtschreib-Programmen. In Übereinstimmung mit der schriftlichen Befragung hatte bisher keine der interviewten Mitarbeiterinnen persönlich eine Veränderung der beruflichen Position und damit einhergehend der Bezahlung aufgrund von Fortbildungen erfahren.

Vor allem Fortbildungen in den Bereichen Sprachförderung oder Psychomotorik/ Bewegung wurden nicht nur angestrebt, sondern konnten auch verwirklicht werden. Themenwünsche zur Gemeinsamen Erziehung, zum Verhältnis von individueller Förderung und Gruppenpädagogik usw. blieben dagegen eher offen.

11.1.4 Zusammenfassung und Folgerungen aus den Ergebnissen: hohes Fortbildungsinteresse, aber nicht immer realisierbar
- Die meisten Mitarbeiterinnen in den Gruppen, die (auch) Kinder mit Behinderung betreuen, sind von ihrer Ausbildung her Erzieherinnen, wenige Sozialpädagoginnen, einige Kinderpflegerinnen. Über eine heilpädagogische (Zusatz-) Ausbildung verfügen insgesamt nur wenige (häufiger in heilpädagogischen Einrichtungen, selten in Regeleinrichtungen).
- Um (auch) nach der Berufsausbildung die Qualifizierung für heilpädagogische und integrative Arbeit zu befördern, unterstützen der LWL und zum Teil auch die Träger verschiedene Fortbildungsaktivitäten der Leitungen und Mitarbeiterinnen in den Einrichtungen durch ganze oder anteilige Finanzierung und/ oder durch Freistellungen für Fortbildung.

- Der angemeldete Bedarf geht immer noch über die Realisierungsmöglichkeiten hinaus. Insbesondere bei den Regeleinrichtungen konnten nicht alle Fortbildungswünsche umgesetzt werden. Vermutlich lässt es in vielen Fällen die personelle Situation in den Einrichtungen nicht zu, dass alle Fortbildungsabsichten umgesetzt werden können.
- Sehr sachgerecht nehmen pädagogische Themen einen hohen Stellenwert unter den Fortbildungswünschen der Mitarbeiterinnen ein. Unterschiedliche Gewichtungen zwischen den Einrichtungstypen in Bezug auf allgemein-, heil- bzw. integrationspädagogische Fortbildungswünsche decken sich mit den unterschiedlichen Spezialisierungen der Einrichtungstypen. Hier wäre zu überdenken, ob nicht gerade in heilpädagogischen Einrichtungen auch Fortbildungsbedarf in allgemein pädagogischen Themen und in Regeleinrichtungen Bedarf an heilpädagogischen Themen besteht. Daneben richten sich Fortbildungsinteressen auch stark auf Themen der Organisations-/ Qualitätsentwicklung und Öffentlichkeitsarbeit.
- Was die Konsequenzen von Fort- und Weiterbildung angeht, so zeigt sich ein klares Bild: Leiterinnen und Mitarbeiterinnen stellen einen deutlichen Kompetenzzuwachs durch Fortbildungen in der täglichen Arbeit fest. Auswirkungen auf die inhaltliche Aufgabenverteilung innerhalb der Einrichtungen haben Fortbildungen jedoch selten. Viele Einrichtungen setzen eher darauf, dass Teammitglieder nach Fortbildungen zu Multiplikatoren der Inhalte innerhalb des Teams werden.
- Überwiegend werden Einzelfortbildungen realisiert. Teamfortbildungen finden statt, doch fällt hier auf, dass sie längst nicht den Stellenwert einnehmen, den sie auf Grund ihrer organisationssoziologischen Effektivität haben könnten.
- An vielen Punkten wird der Stellenwert des qualifizierenden fachlichen Austauschs in einrichtungsübergreifenden Arbeitskreisen, meist angeleitet von den Fachberaterinnen, deutlich, vor allem bei dem Thema Integration. Fachberatungen spielen (auch) vor allem im Bereich der Teamfortbildungen eine Rolle. Neben speziellen Fortbildungsveranstaltungen sollte dieser Bereich als Feld der Qualifizierung gestärkt werden.
- Auswirkungen auf die berufliche Position (Verantwortungsbereiche und finanzielle Eingruppierung) haben Fort- und Weiterbildungen fast nie. Es zeigt, in welch hohem Maß die Bereitschaft zu Fort- und Weiterbildung in der Sache begründet sein muss.
- Supervisionsangebote finden insgesamt eher selten, am ehesten in heilpädagogischen Einrichtungen statt. Für einige Einrichtungen verschwimmen die Grenzen zwischen Supervision und kollegialer Beratung. Einige Einrichtungen bekunden Supervisionsbedarf, der jedoch nicht realisiert werden kann.

11.2 Leitungskompetenz

11.2.1 Ausbildung der Leitung und der stellvertretenden Leitung
Grundbefragung
In Bezug auf die zugrunde liegende Berufsausbildung der Leiterinnen zeigen sich erwartungsgemäß einrichtungsspezifische Unterschiede (Tab. 36).

Leitungspositionen in Regel- und Schwerpunkteinrichtungen werden üblicherweise mit Erzieherinnen besetzt. In den Regeleinrichtungen sind es 92% (84,5% + 7,5% mit heilpädagogischer Zusatzausbildung), in den Schwerpunkteinrichtung 82,6% (50,0% + 32,6% mit heilpädagogischer Zusatzausbildung).

Tab. 36/ A17.1: Ausbildung der Einrichtungsleitung (Mehrfachantworten)

	Heil-pädagogische Tagesstätten (n=23)		Additive Einrichtungen (n=38)		Schwerpunkt-einrichtungen (n=46)		Regel-einrichtungen mit Einzel-integration (n=961)	
	Anzahl	%	Anzahl	%	Anzahl	%	Anzahl	%
Erzieher/ in	1	4,3	3	7,9	23	50,0	812	84,5
Erzieher/ in mit heilpädagogischer Zusatzausbildung (Heilpädagoge/ in)	7	30,4	12	31,6	15	32,6	72	7,5
Dipl. Sozialpädagoge/ -pädagogin	7	30,4	13	34,2	7	15,2	72	7,5
Dipl. Sozialpädagoge/ -pädagogin mit heilpädagogischer Zusatz-ausbildung (Heilpädagoge/in)	1	4,3	3	7,9	-	-	7	0,7
Dipl. (Heil-) Pädagoge/ -pädagogin*	5	21,7	5	13,2	2	4,3	10	1,0
Erzieher/in / Sozialpädagoge/in mit Zusatzausbildung im Leitungsbereich*	-	-	2	5,3	3	6,5	38	4,0
Anderes	1	4,3	4	10,5	4	8,7	61	6,3
keine Angabe	3	13,0	3	7,9	1	2,2	13	1,4

* Die Kategorien wurden nachträglich aus ‚Anderes, nämlich' gebildet.

In den Regeleinrichtungen haben nur wenige leitende Erzieherinnen (7,5%) eine heilpäd-agogische Zusatzausbildung, in den Schwerpunkt-, additiven- und heilpädagogischen Ein-richtungen ist es ein knappes Drittel (zwischen 30% und 33%).

Leiterinnen von heilpädagogischen und additiven Tagesstätten sind zu gut einem Drittel Erzieherinnen, fast immer mit heilpädagogischer Zusatzausbildung. Ungefähr ein Drittel ist Diplom Sozialpädagoge/ -pädagogin (30,4% bzw. 34,2%), was in Schwerpunkt- und Regel-einrichtungen seltener ist (15,2% bzw. 7,5%). Nur wenige Einrichtungen werden von Di-plom-Pädagoginnen oder Diplom-Heilpädagoginnen geleitet: je fünf der heilpädagogischen und der additiven- (21,7% bzw. 13,2%), zwei Schwerpunkteinrichtungen und zehn Regel-einrichtungen (4,3% bzw. 1,0%). Über Zusatzausbildungen, die speziell für Leitungs-aufgaben qualifizieren (z. B. Sozialmanagerin), verfügt nur eine Minderheit der Leitungen (0%–6,5%).

Über die Ausbildung der stellvertretenden Leitung haben wir in etlichen Einrichtungen keine Auskunft erhalten (23,7%–43,5%). Aus den erhaltenen Antworten wird dennoch deutlich, dass der Anteil der Erzieherinnen ohne Zusatzausbildung in der Position der stell-vertretenden Leitung insgesamt höher ist als bei den Leitern und Leiterinnen. In heilpädago-gischen und additiven Einrichtungen haben immerhin auch stellvertretende Leiterinnen zu 38,5% bzw. 34,5% eine heilpädagogische Zusatzausbildung (Heilpädagogen). In Schwer-punkt- und Regeleinrichtungen ist dies seltener der Fall (14,8% bzw. 4,1%). Diplom-Sozi-alpädagoginnen finden sich unter den stellvertretenden Leitungen selten (in allen Ein-richtungstypen nur bis zu 10%), Diplom-Pädagoginnen oder Diplom-Heilpädagoginnen kommen in den von uns befragten Einrichtungen als stellvertretende Leitung nie vor (vgl. Tab. A17.2, Materialien).

11.2.2 Erwünschte Kompetenzen der Leiterinnen und Leiter von Kindertageseinrichtungen

Interviews

Trägervertretungen: In unseren Interviews knüpfen Trägervertretungen die Vergabe der Leitungsposition nicht grundsätzlich an eine bestimmte der in Tab. 36 genannten einschlägigen pädagogischen Berufsausbildungen[30], sondern schildern uns ein differenziertes und vielschichtiges Anforderungsprofil. Bei einigen kirchlichen Trägern ist darüber hinaus die entsprechende konfessionelle Zugehörigkeit eine Voraussetzung für die Besetzung der Leitungsstelle.

Alle Trägervertretungen erwarten, dass die Leitung über sehr gutes pädagogisches Fachwissen verfügt. Sie sollte neue fachliche Entwicklungen wahrnehmen, angemessen beurteilen und umsetzen können, die pädagogische Richtung der Einrichtung maßgeblich gestalten, Ziele vorgeben und die Mitarbeiterinnen beraten können.

Dementsprechend erwarten Trägervertreter auch Kompetenzen in der Personalplanung und -führung. Was mit ‚Führungsqualitäten‘ aus Trägerperspektive gemeint ist, konkretisieren viele unserer Interviewpartner: Es geht um Kommunikationskompetenzen, Teamentwicklung, Konfliktmanagement, um die Umsetzung des einrichtungsspezifischen Konzepts sowie der Trägervorgaben, aber auch um die Planung und Koordination der Fortbildungen, Urlaube, Dienstpläne usw.

Trägervertretungen weisen einstimmig auf ein gewisses Maß betriebswirtschaftlicher Kompetenz hin, die sie von den Leiterinnen erwarten. In Einrichtungen, die ein eigenes Budget verwalten, wird dieser Punkt in nachvollziehbarer Logik stärker betont als dort, wo die Verwaltung der Kindertageseinrichtung zu großen Teilen zentral beim Träger organisiert ist.

Gute Kommunikationsfähigkeit wird allgemein erwartet. Einige Trägervertretungen konkretisieren dies in Bezug auf die Zusammenarbeit mit den Eltern oder wünschen sich von der Leitung besonderes Engagement in der Öffentlichkeitsarbeit bis hin zu einem frühzeitigen Gespür für Entwicklungen in der Kindergartenlandschaft, um die Einrichtung gut ‚am Markt zu positionieren‘.

Vor dem Hintergrund dieses komplexen Anforderungsprofils kritisieren einige, dass die Ausbildung zum Erzieher/ zur Erzieherin nicht ausreichend auf Leitungsaufgaben vorbereite.

Leitungen selbst nennen – nach den wichtigsten Kompetenzen für ihre Leitungsaufgabe gefragt – an erster Stelle kommunikative und soziale Fähigkeiten: ein Team zusammenführen, motivieren, bei Konflikten vermitteln, Reflexionen anstoßen. Etliche Leiterinnen betonen dabei ihren kollegialen Ansatz. Sie möchten eher anregen als bevormunden, eher gemeinsam etwas entwickeln als in einer deutlichen Hierarchie arbeiten. Dazu passt, dass Leiterinnen selten einen eigenen pädagogisch-fachlichen Vorsprung betonen und eher einen fachlichen Austausch anstreben. Kompetenzen in Gesprächsführung und Beratung sind ihnen dementsprechend wichtig. In unseren Interviews verweisen die Leiterinnen mit heilpäd-

---

30 Bis auf eine Ausnahme: Ein Trägervertreter macht deutlich, dass er nur Erzieherinnen als Leiterinnen einstelle, da seiner Meinung nach die Fachhochschul- oder Hochschulausbildungen mit ihrer theoretischen Ausrichtung den ‚kreativ-praktischen‘ Teil zu wenig abdecken.

agogischer Zusatzausbildung noch am deutlichsten auf ihre Aufgabe der praktischen Hilfestellung und fachlichen Anleitung in den Gruppen.

Betriebswirtschaftliche Kompetenzen, Organisations- und Managementfähigkeiten werden von den Leiterinnen ebenfalls genannt. Dabei heißt betriebswirtschaftliche Kompetenz
für sie sehr sachgerecht, die Relation der Kosten und die Auswirkungen von Einsparungen
für die inhaltliche Arbeit genau abzuwägen.

Neben Kompetenzen und Interessen für Zusammenarbeit mit Eltern und Öffentlichkeitsarbeit nennen einige Leiterinnen wichtige persönliche Schlüsselkompetenzen wie Ge-
duld, Einfühlungsvermögen, Gesprächsbereitschaft, Beobachtungsfähigkeit, den Überblick
bewahren und Verantwortung übertragen zu können.

Mitarbeiterinnen betonen eine gute Kommunikationsfähigkeit als zentrale Leitungs-
kompetenz, sei es im Umgang mit dem eigenen Team (Konflikte bearbeiten, Informationen
weitergeben, fachlichen Austausch unterstützen usw.), mit den Eltern, mit Trägervertretern
oder in der Zusammenarbeit mit anderen Diensten und Einrichtungen (z. B. Praxen, Bera-
tungsstellen, Schulen).

Konkret erwarten sie von einer guten Leitung, dass sie für eine Einheitlichkeit und ein
Zusammengehörigkeitsgefühl in der Einrichtung sorgt. Sie sollte Strukturen und
Besprechungskulturen etablieren, konzeptionelle Arbeit und fachlichen Austausch ermöglichen. Etlichen Mitarbeiterinnen ist – wie den Leiterinnen selbst – ein partnerschaftlicher
und transparenter Führungsstil wichtig, aber auch die Fähigkeit, Aufgaben zu delegieren.
Eine gute Leitung sollte Anregungen geben und Mitarbeiterinnen fördern, aber auch ihrer-
seits für neue Ideen und Veränderungen offen sein.

Für viele Mitarbeiterinnen ist die Leitung die markante Vermittlungsposition der Einrichtung nach außen, daher sollte sie den Überblick über Entwicklungen innerhalb und
außerhalb der Einrichtung haben. Mitarbeiterinnen sehen es hauptsächlich als Leitungsaufgabe, die Kindertagesstätte nach außen zu vertreten und andererseits Informationen über
neue fachliche oder politische Entwicklungen in die Einrichtung weiterzuleiten. Etliche
wünschen sich, dass die Leitung den Mitarbeiterinnen ,den Rücken stärkt', wenn es um
Anforderungen von Eltern- oder Trägerseite geht.

11.2.3 Mitarbeit der Leitung in der pädagogischen Arbeit

Je nach Einrichtungsgröße sind die Leitungen für diese vielfältigen Aufgaben ganz oder anteilig vom Gruppendienst freigestellt.

Trägervertretungen berichten uns von Vor- und Nachteilen der Freistellungen: Bei Leitungen, die auch im Gruppendienst arbeiten, entstehe oftmals eine ,ungute Zerrissenheit'
zwischen beiden Aufgaben; dem gegenüber berge eine Freistellung die Gefahr, den Bezug
zum pädagogischen Alltag abzuschwächen. Ob nun ganz oder anteilig freigestellt – allen
befragten Trägervertretungen ist es wichtig, dass die Leitungen die konkrete Arbeit der Einrichtung gegenüber den Eltern und dem Träger verantwortlich vertreten können. Von freigestellten Leiterinnen wird erwartet, dass sie in engem Kontakt mit den Mitarbeiterinnen stehen und darüber pädagogische Inhalte, Abläufe und aktuelle Schwierigkeiten in den einzelnen Gruppen genau kennen. Viele Trägervertretungen konkretisieren diese Erwartung mit
einem Beispiel: Eine Leitung sollte auch spontan eine Vertretung in der Gruppe übernehmen können. Einige meinen, dass sie dazu zumindest alle Kinder mit Namen kennen müsse.

Auch *Leiterinnen* betonen, dass bei Freistellung der Kontakt zu Kindern und Eltern bestehen bleiben muss. Die von uns interviewten freigestellten Leiterinnen übernehmen z. B. feste gruppenübergreifende Betreuungszeiten (z. B. Betreuung einiger Kinder vor oder nach der offiziellen Gruppenzeit) oder bieten von Zeit zu Zeit besondere Angebote oder Projekte an. Die Zeit für pädagogische Arbeit sei allerdings immer knapp. Um über die Arbeit informiert zu sein, ihr fachliches Wissen einzubringen und die Mitarbeiterinnen in den Gruppen konkret beraten zu können, nutzen Leiterinnen Teamleitungsrunden, hospitieren in Gruppen oder nehmen (sporadisch) an Gruppenbesprechungen teil.

Mitarbeiterinnen heben hervor, dass eine Leitung viel pädagogische Erfahrung haben sollte, um im Team akzeptiert zu sein und hilfreiche Anregungen und Rückmeldungen geben zu können. Sie sollte im pädagogischen Alltag präsent sein, auch wenn sie nicht direkt in der Gruppenarbeit steht. Unter diesen Voraussetzungen begrüßen die meisten Mitarbeiterinnen eine Freistellung, damit die vielfältigen Leitungsaufgaben wahrgenommen werden können. Eine freigestellte Leitung stehe weniger in der Gefahr, ihre Gruppe zu bevorzugen und es falle ihr leichter, eine Reflexion des pädagogischen Handelns zu begleiten.

11.2.4 Mitarbeit der Leitung im Gemeinwesen

Etliche Trägervertretungen der freien Wohlfahrtspflege (konfessionelle und nicht konfessionelle Träger) wünschen sich ein Engagement der Einrichtungsleitungen auf örtlicher Trägerebene. Über diese Ebene hinaus wird eine Mitarbeit an Orts- oder Stadtteilfesten oder bei Stadtteilaktivitäten immer begrüßt. Die interviewten Trägervertretungen befürworten auch eine Mitarbeit der Leitungen an Fach- und Arbeitskreisen in der Region. Einige unterstützen ihre Leitungen bei der Teilnahme an der örtlichen Jugendhilfeplanung.

Die Leiterinnen berichten dementsprechend in unseren Gesprächen von sehr verschiedenen Gremienarbeiten und Aktivitäten im Gemeinwesen. Einige arbeiten auf Trägerebene in Fachgremien oder Expertengruppen mit (z. B. zur Konzepterstellung) oder engagieren sich trägerübergreifend in örtlichen Gremien (z. B. im Jugendhilfeausschuss oder in der Schulkonferenz).

11.2.5 Zusammenfassung und Folgerungen aus den Ergebnissen: Diskrepanzen zwischen Ausbildung und Anforderungen

* *Leitungskompetenzen.* Die von Trägervertretungen, Leiterinnen und Mitarbeiterinnen beschriebenen nötigen Kompetenzen einer Leitung stimmen in vielen Punkten überein. Insgesamt ergibt sich dabei ein vielschichtiges und sehr anspruchsvolles Anforderungsprofil: pädagogisches Fachwissen, Kompetenzen in Teamentwicklung, Personalplanung und -führung, Zusammenarbeit mit Eltern, betriebswirtschaftliche Grundkompetenz, Öffentlichkeitsarbeit und andere Arbeit in Gremien und Arbeitskreisen auf kommunaler Ebene, Umsetzung von Trägervorgaben und politischen Rahmenbedingungen in der Einrichtung, um nur die wichtigsten zu nennen. Viele der Leiterinnen selbst sehen ihre Rolle vor allem in der Moderation von Entwicklungsprozessen, d. h. in der Initiierung von fachlichem Austausch, in der Entwicklung gemeinsamer Ziele, in der Anregung zur Reflexion und Zielüberprüfung.
* Die zugrundeliegenden Berufsausbildungen der Leiterinnen in den verschiedenen Einrichtungstypen unterscheiden sich erwartungsgemäß. Während in heilpädagogischen

und additiven Einrichtungen Erzieherinnen mit heilpädagogischer Zusatzausbildung (Heilpädagoginnen), Diplom-Sozialpädagoginnen und Diplom-(Heil-) Pädagoginnen vertreten sind, überwiegen in Schwerpunkt- und Regeleinrichtungen Erzieherinnen in Leitungspositionen; doch auch in Schwerpunkteinrichtungen haben diese noch relativ häufig eine heilpädagogische Zusatzausbildung (Heilpädagogin).

- Ausbildungsvermittelte Leitungsqualifikation sind selten. Einige Trägervertretungen kritisieren die fehlende Vorbereitung der pädagogischen Ausbildungen (v. a. zur Erzieherin) auf Leitungsaufgaben. Vor dem Hintergrund des komplexen Anforderungsprofils wird zu überlegen sein, wie in Zukunft besser auf die anspruchsvollen Leitungsaufgaben vorbereitet werden kann.

- Viele Leitungen sind das Problem auf ihre Weise angegangen und bilden sich kontinuierlich weiter, vor allem in den Bereichen Personalmanagement und Gesprächsführung. Um den Anforderungen gerecht zu werden, müssten die derzeit Leitenden in dieser Richtung noch stärker unterstützt werden, evtl. durch umfangreichere Freistellung für grundlegendere Ausbildungen.

Aus dem Anforderungsprofil bzw. aus der Aufgabenzuweisung ergeben sich aus unserer Sicht zwei wesentliche Aspekte, die unseres Erachtens zu reflektieren sind: Die Qualifikation (Ausbildung) von Leitungen und ihre Freistellung.

- *Die Qualifikation (Ausbildung) von Leitungen.* Wie oben beschrieben gibt es einen deutlichen Qualifikations- (und Vergütungs-)Unterschied bei Leitungen von Regel- und additiven Einrichtungen einerseits und Schwerpunkt- und Regeleinrichtungen andererseits. Aus unserer Sicht ist dieser Qualifikationsunterschied aufgrund der heutigen Anforderungen nicht mehr vertretbar. Die große Heterogenität in den Schwerpunkt- und Regeleinrichtungen, die komplexen Probleme, die viele der Kinder mit in die Einrichtung bringen, setzen im Grunde genommen solide sozial- und entwicklungspsychologische und vor allem sozialpädagogische Kenntnisse voraus, um optimal darauf eingehen zu können. Anders als in anderen europäischen Ländern wird in Deutschland darauf wesentlich weniger Wert gelegt als auf (die ebenfalls wichtigen) kreativ-praktischen Aspekte der Erzieherinnentätigkeit. Unseres Erachtens sollte auch z. B. darüber nachgedacht werden, für interessierte Erzieherinnen speziell konzipierte Weiterbildungen zu entwickeln, die in pädagogisch-fachlicher wie organisationssoziologischer Hinsicht eine breite Basis für leitende Funktionen schaffen.

- Bei der Neubesetzung von Leitungsstellen sollten auch Träger von Regel- und Schwerpunkteinrichtungen stärker reflektieren, dass hierüber entscheidende Weichenstellungen für Entwicklungen sehr vieler Kinder erfolgen. Denn die Qualität eines Betreuungskonzepts, für das im wesentlichen die Leitungen inhaltlich verantwortlich zeichnen, ist ein Element mit enormen nachhaltigen Effekten für die weitere Entwicklung der Kinder.

- *Freistellung der Leiterinnen.* Unter den genannten Aspekten sollte auch die Freistellung der Leiterinnen reflektiert werden. Der Umfang der Freistellung ist nicht nur an den zu bewältigenden organisatorischen Aufgaben zu bemessen. Auch die kontinuierliche Aktualisierung und Vertiefung pädagogischer Fachlichkeit gehört dazu – dieser Aspekt vermindert sich in einem kleinen Kindergarten nicht proportional im Vergleich zu einer großen Einrichtung.

12   Der Übergang in die Schule; die ersten Schuljahre

12.1   Der Übergang von der Kindertageseinrichtung zur Schule: Schulvorbereitung, Kooperation

Im Zuge der aktuellen Bildungsdebatte erhält der Übergang des Kindes vom Kindergarten in die Schule verstärkte Aufmerksamkeit (vgl. z. B. Ministerium für Frauen, Jugend, Familie und Gesundheit NRW/ Sozialpädagogisches Institut 2003). Neu ist dieses Thema jedoch nicht. Seit Jahrzehnten gibt es gut ausgearbeitete Vorschläge für diese Phase, die in den Kindertageseinrichtungen zum Teil auch umgesetzt werden. Unsere Ergebnisse zeigen in differenzierter Weise den aktuellen Stand.

12.1.1 Schulvorbereitung – Erwartungen der Eltern, Angebote der Kindertageseinrichtungen und der Schulen

Interviews

Eltern. Wenn es um die Schulvorbereitung ihrer Kinder geht, zeichnen Eltern in unseren Interviews ein sehr vielschichtiges Bild. Viele sehen die Hauptaufgabe der Schulvorbereitung in den Bereichen der Persönlichkeitsentwicklung ihres Kindes (z. B. sich durchsetzen können, Verantwortung übernehmen, Interesse entwickeln), im sozialen Bereich (z. B. in Kleingruppen zu arbeiten) und darin, den Horizont langsam über den Kindergarten hinaus zu erweitern (z. B. durch Ausflüge oder in Projektarbeiten).

Auffällig ist aber auch die Klage einiger Eltern über die Verunsicherung, die für sie entsteht, wenn sie sich mit anderen Eltern über die schulvorbereitenden Angebote in verschiedenen Einrichtungen austauschen. Gehören Lese-Rechtschreib-Tests bereits zum Standard und sollte ein Kindergarten eine Fremdsprache anbieten? Ein Teil der Eltern jedenfalls wünscht sich eine gezielte Vorbereitung, in der die Kinder z. B. schon Zahlen und Buchstaben kennen lernen.

So oder so – besonders *Eltern von Kindern ohne Behinderung* thematisieren Fragen der Schulvorbereitung ausgiebig. Dabei sehen sie den Sonderstatus der „Schulkinder" innerhalb der Kindertageseinrichtung als sehr positiv (eigene Kleingruppen und Projekte, Ausflüge, bestimmte Aufgaben). Einige Eltern von Kindern ohne Behinderung erhoffen sich von einem Programm zur Schulvorbereitung zusätzlich, dass eventuelle Defizite des Kindes spätestens hier auffallen würden. Wohl auch deshalb begrüßen sie die in Tageseinrichtungen durchgeführten Tests zur Früherkennung einer Lese-Rechtschreib-Schwäche.[31]

---

31   Weite Verbreitung gefunden hat das Bielefelder Screening zur Früherkennung von Lese-Rechtschreib-Schwierigkeiten (BISC) bei Vorschulkindern sowie das Würzburger Trainingsprogramm zur phonologischen Bewusstheit (WüT) mit dem dazugehörenden Arbeitsbuch „Hören, Lauschen, Lernen". In unserer Grundbefragung geben in offener Antwortalternative 5,1% der Einrichtungen (hauptsächlich Regel- und additive Einrichtungen) an, Programme zur Sprachförderung anzubieten (vgl. Tab. A36, Materialien).

Den Eltern der *Kinder mit Behinderung* ist in allen Einrichtungstypen hauptsächlich die Unterstützung bei der Schulwahl wichtig. Erwartungen an Schulvorbereitung heißt hier im Wesentlichen, dass die Mitarbeiterinnen des Kindergartens die Eltern bezüglich des Entwicklungsstands und des passenden Schultyps beraten und Kontakte herstellen. Insgesamt zeigt sich, dass Eltern von Kindern mit Behinderung etwas schlechter als andere über die schulvorbereitenden Angebote der (gleichen) Einrichtung informiert sind. Wünsche nach schulvorbereitenden Inhalten nennen sie nicht.

Einige Mütter von Kindern mit schweren Behinderungen wünschen sich eine Verlängerung der Kindergartenzeit und stehen der Schule sehr skeptisch gegenüber.

Leitungen und Mitarbeiterinnen. In unseren Interviews konkretisiert sich, *was* in den Kindertagesstätten inhaltlich unter Schulvorbereitung verstanden wird. Die meisten betonen die Rolle des Kindergartens als eigene Bildungsinstitution. Einige grenzen Bildung explizit von ‚Angebotspädagogik‘ ab und betonen, dass sie von aktiven Selbstbildungsprozessen der Kinder ausgehen. In diesem Verständnis sehen sie durch viele Elemente der Alltagsgestaltung auch Einstellungen und Kompetenzen gefördert, die für die Schule wichtig sind (z. B. Selbstständigkeit, Selbstbewusstsein, Sicherheit, eine ‚gewisse Disziplin‘ und Selbstorganisation). Einige Leiterinnen berichten uns aber auch, dass sie unter dem Erwartungsdruck der Bildungsdebatten nach der PISA-Studie nun bei einigen ohnehin sinnvollen, aber keineswegs neuen Angeboten den schulvorbereitenden Aspekt stärker betonen als früher.

Viele Einrichtungen machen auch gezielte (speziell ausgewiesene) Angebote zur Schulvorbereitung. In Vorschulgruppen steht meist die spielerische Aneignung von Wissensinhalten, Kompetenzen und Fähigkeiten im Vordergrund (Uhrzeit, Datum, Zahlen, Farben, Formen erkennen und benennen können, Stifthaltung usw.). Projekte ermöglichen eher eine Auseinandersetzung mit komplexeren Themen wie der Einrichtung eines Terrariums, der Vertonung von Geschichten, dem Kennenlernen von Berufen, der Aneignung von Grundkenntnissen über Gesundheit und Ernährung. In Übereinstimmung mit den Eltern betonen etliche Erzieherinnen, wie wichtig es ist, dass die Kinder in die Rolle des „Schulkindes" hineinfinden.

Einige Mitarbeiterinnen aus Regel- und Schwerpunkteinrichtungen beschreiben, dass alle schulpflichtigen Kinder ein Screening zur Früherkennung einer Lese-Rechtschreib-Schwäche durchlaufen und ggf. entsprechende Fördergruppen besuchen. In einer Einrichtung wird uns berichtet, dass man zwar zunächst sehr skeptisch gewesen sei, sich jetzt aber dem ‚Konkurrenzdruck‘ gebeugt habe.

Wie erleben die professionellen Pädagoginnen die Erwartungen der Eltern in dieser Zeit? Offensichtlich nehmen sie vorrangig jene Eltern wahr, die auf spezifische Schulvorbereitung pochen. Etliche Leiterinnen berichten, dass das schulvorbereitende Angebot immer wieder Anlass sei, Eltern das Konzept ganzheitlicher Förderung zu erklären. Viele Eltern wünschten sich stattdessen „sichtbare Ergebnisse" und das Einüben gezielter Fähigkeiten.

In anderen Aspekten trifft sich die Wahrnehmung der Erzieherinnen genauer mit dem, was uns auch die Eltern berichten. Wie Eltern erhoffen (s. o.), leisten v. a. Mitarbeiterinnen aus heilpädagogischen und additiven Einrichtungen Beratung und Unterstützung bei der Schulwahl. Sie sehen darin einen wesentlichen Aspekt ihres schulvorbereitenden Angebots.

Dazu gehören auch Information über schulische Anforderungen und Gespräche über den Entwicklungsstand des Kindes.

Ob durch pädagogische Angebote oder durch Elternberatung, die Vorbereitung der Kinder (und Eltern) auf die Schule unterstellt Wissen (oder zumindest Annahmen) darüber, was in dieser Hinsicht bedeutsam ist. Die meisten Leiterinnen von Kindertagesstätten vermuten jedoch nur, was von den Schulen erwartet wird. Einige Leiterinnen wünschen sich deswegen eine intensivere Zusammenarbeit, andere interpretieren das Schweigen von Schulseite als Zufriedenheit mit der bisherigen Förderung im Kindergarten.

Vertiefende Befragung C
Der in den Interviews recht häufig geäußerte Wunsch der Leiterinnen nach einem intensiveren Austausch mit der Schule (s. o), und damit zusammenhängend die Einschätzung des eigenen Informationsstandes scheint in den Einrichtungstypen unterschiedlich ausgeprägt (vgl. Tab. 37).

Tab. 37/ C6: Informationsstand der Mitarbeiterinnen über Fragen des Schulbesuchs

	Heil-pädagogische Tagesstätten (n=5)		Additive Einrichtungen (n=8)		Schwerpunkt-einrichtungen (n=10)		Regel-einrichtungen mit Einzel-integration (n=254)	
	Anzahl	%	Anzahl	%	Anzahl	%	Anzahl	%
wir haben ausreichende Information zu Fragen des Schulbesuchs	4	80,0	7	87,5	4	40,0	131	51,6
wir wünschen uns mehr Informationen und Unterstützung zu Fragen des Schulbesuchs	1	20,0	1	12,5	6	60,0	108	42,5
keine Angabe	-	-	-	-	-	-	15	5,9
Gesamt	5	100	8	100	10	100	254	100

Die Leitungen aus heilpädagogischen und additiven Kindertageseinrichtungen geben tendenziell häufiger an, dass sie und die Mitarbeiterinnen ausreichend Informationen zu Fragen des anstehenden Schulbesuchs der Kinder haben (80,0% bzw. 87,5%) als diejenigen der Regel- (51,6%) und Schwerpunkteinrichtungen (40,0%). Letztere wünschen sich folglich auch etwas häufiger noch mehr Information und Unterstützung (42,5% bzw. 60,0%).

Grundbefragung
Ungeachtet der unterschiedlich ausgeprägten Veränderungs- und Intensivierungswünsche der Zusammenarbeit, berichten nahezu alle Leitungen von bestehenden Kooperationsbeziehungen zu den Schulen (vgl. Tab. 38).

Tab. 38/ A37: Zusammenarbeit mit Schulen, die die Kinder voraussichtlich anschließend besuchen werden

	Heil-pädagogische Tagesstätten (n=23)		Additive Einrichtungen (n=38)		Schwerpunkt-einrichtungen (n=46)		Regel-einrichtungen mit Einzel-integration (n=961)	
	Anzahl	%	Anzahl	%	Anzahl	%	Anzahl	%
wir kooperieren *regelmäßig* mit fast allen der in Frage kommenden Schulen	14	60,9	28	73,3	25	54,3	492	51,2
wir kooperieren *gelegentlich* mit fast allen der in Frage kommenden Schulen	5	21,7	2	5,3	12	26,1	270	28,1
wir kooperieren mit manchen Schulen	4	17,4	7	18,4	9	19,6	175	18,2
Kooperationen mit den Schulen kamen bisher nicht zustande	-	-	1	2,6	-	-	20	2,1
keine Angabe	-	-	-	-	-	-	4	0,4
Gesamt	23	100	38	100	46	100	961	100

Über die Einrichtungstypen hinweg gibt die Mehrzahl aller Leitungen an, *regelmäßige* (51,2%–73,3%) oder zumindest *gelegentliche* (5,3%–28,1%) Kooperationen mit fast allen Schulen zu haben, die die Kinder voraussichtlich im Anschluss besuchen werden. In allen Einrichtungstypen sind es unter 20%, die *nur mit manchen Schulen* kooperieren. Dass bisher überhaupt keine Kooperation zustande kam, stellt die Ausnahme dar (20 Regel- und eine additive Einrichtung: 2,1% bzw. 2,6%).

Vertiefende Befragung C
Mit Ausnahme der heilpädagogischen Einrichtungen (drei von fünf = 60,0%) besteht in allen anderen Einrichtungstypen die häufigste Form der Kooperation in Besuchen von Kindergartenkindern in den Schulklassen (87,5%–100%). Nur in heilpädagogischen und additiven Einrichtungen ist der Besuch von Lehrerinnen in den Kindergartengruppen häufiger bzw. genauso häufig (vier von fünf = 80,0% bzw. sieben von acht = 87,5%). Dies kommt auch in etlichen Schwerpunkteinrichtungen (sechs von zehn = 60,0%) und einigen Regeleinrichtungen (47,2%) vor und hat vermutlich in vielen Fällen mit der Feststellung des sonderpädagogischen Förderbedarfs des Kindes zu tun.

Besprechungen zwischen Erzieherinnen und Lehrerinnen gibt es ebenfalls (zwischen 54,7% und 80,0% der Einrichtungen berichten davon; dies unterscheidet sich im übrigen deutlich von den Ergebnissen der schulbezogenen Befragung (vgl. Kap. 12.2.2), bei der Erzieherinnen und Lehrerinnen in den *konkreten* Fällen von weniger Austausch berichten.) Ebenso finden zwischen den Leitungen der Kindertageseinrichtungen und den Schulen Gespräche statt (bei 40% und 62,5% der Einrichtungen).

Gemeinsame Feste (0,0%–12,5%) oder gar gemeinsame Fortbildungen (0,0%–20,0%) gibt es nur in seltenen Einzelfällen (vgl. Tab. C7, Materialien).

Interviews

Vorbereitende Angebote der Schule(n). In unseren Interviewregionen gibt es verschiedene Angebote der Schulen. Leitungen, Mitarbeiterinnen und Eltern aus allen Einrichtungstypen berichten über einige Schulen (Grund- wie Sonderschulen), die Eltern und Kinder zu Unterrichtshospitationen oder Schulfesten einladen. In einer Region veranstalten mehrere Kindertageseinrichtungen zusammen einen Elternabend gemeinsam mit den Lehrern und Lehrerinnen der Grundschulen.

Schulbezogene Befragung

In unserer schulbezogenen Untersuchung befragten wir Eltern und Erzieherinnen *in Bezug auf bestimmte bereits eingeschulte Kinder*, ob es für diese im Kindergarten Angebote zur Schulvorbereitung gegeben hat (Tab. 39).

Tab. 39/ Erz26a: Spezielle Angebote zur Schulvorbereitung für das Kind (Mehrfachantworten)

	Gruppentyp im Kindergarten							
	Heilpädagogische Gruppe (n=16)		Schwerpunktgruppe (n=20)		Einzelintegration (n=10)		Gesamt (N=46)	
	Anzahl	%	Anzahl	%	Anzahl	%	Anzahl	%
für alle Kinder im letzten Kindergartenjahr im Rahmen von ‚Vorschulgruppen‘	5	31,3	11	55,0	6	60,0	22	47,8
im Rahmen von speziellen Projekten, die für unsere ‚schulpflichtigen‘ Kinder angeboten werden	8	50,0	11	55,0	8	80,0	27	58,7
individuelle Förderung in einem Bereich, der uns für ihre/ seine Schulfähigkeit noch als besonders wichtig erschien	6	37,5	7	35,0	2	20,0	15	32,6
Sonstiges	-	-	1	5,0	-	-	1	2,3
es gab keine speziellen schulvorbereitenden Angebote	8	50,0	3	15,0	1	10,0	12	26,1

Erzieherinnen in Regel- und integrativen Gruppen boten fast immer auch für die Kinder mit Behinderung Besonderes zur Schulvorbereitung an (nur Einzelne verneinen dies). In heilpädagogischen Gruppen machte die Hälfte (50,0%) kein spezielles schulbezogenes Angebot; hier besteht ein signifikanter Unterschied zu den Regeleinrichtungen (p = 0,087). In leicht abnehmender Häufigkeit von Regeleinrichtungen über integrative Gruppen bis zu heilpädagogischen Gruppen sind spezielle Projekte für die Kinder im letzten Kindergartenjahr die meistgenannte Form der Schulvorbereitung (80,0% bzw. 55,0% bzw. 50,0%). In Regeleinrichtungen mit Einzelintegration und in integrativen Schwerpunktgruppen gleichermaßen wurden die Kinder oftmals im Rahmen von regelmäßigen Vorschulgruppen auf die Schule vorbereitet (60,0% bzw. 55,0%).[32] In heilpädagogischen Gruppen geschieht dies tendenziell etwas seltener (31,3%).

Auch die individuelle schulvorbereitende Förderung spielt eine gewisse Rolle, tritt aber – besonders in integrativen Gruppen und Regeleinrichtungen – hinter die Schulvorbereitung in ,Vorschul*gruppen*' zurück.

Im Unterschied zu diesen Angaben von Erzieherinnen erinnern sich vor allem relativ wenige Eltern, deren Kind mit Behinderung in einer heilpädagogischen Gruppe betreut wurde, an speziell schulvorbereitende Angebote für ihr Kind. 71,4% der Eltern von Kindern in heilpädagogischen und 36,8% bzw. 37,5% der Eltern von Kindern in Gruppen mit gemeinsamer Erziehung sind der Meinung, es habe keine besondere Vorbereitung auf die Schule gegeben (vgl. Tab. Elt42a, Materialien). Von den Eltern, die von einer speziellen Schulvorbereitung ihres Kindes im Kindergarten berichteten, erinnern sich die meisten an schulvorbereitendes Training bestimmter (funktionaler) Fähigkeiten und Fertigkeiten (zwei von drei Eltern von Kindern aus heilpädagogischen Gruppen und zehn von sechzehn von Kindern aus Gruppen mit gemeinsamer Erziehung) (vgl. Elt43, Materialien).

12.1.2 Bewertung vorschulischer Aspekte im Hinblick auf die erste Schulzeit
Interviews
Leitungen und Mitarbeiterinnen aus Kindertageseinrichtungen berichten einstimmig, dass sie sich um Rückmeldungen der Schulen aktiv bemühen müssen. Wenn überhaupt, so erhalten sie kindbezogene Rückmeldungen über die erste Schulzeit meist über Gespräche mit den Eltern (z. B. wenn noch jüngere Geschwister in der Einrichtung sind). Ob die speziellen schulvorbereitenden Angebote von den Schulen bzw. den Lehrerinnen zur Kenntnis genommen werden und wie sie diese bewerten, erfahren die meisten Pädagoginnen der Kindertageseinrichtungen nicht.

Schulbezogene Befragung
Was von dem im Kindergarten Gelernten hat dem Kind am ehesten in der Schule geholfen? Wir erkundigten uns bei Erzieherinnen (Tab. 40), Eltern und Lehrern in offener Frageform.

Erzieherinnen aller Einrichtungstypen bewerten die Relevanz der erworbenen Kompetenzen in den Bereichen Sprache, Wahrnehmung und Kognition hoch, besonders diejenigen aus Regeleinrichtungen (90,0%; ihre Kolleginnen aus heilpädagogischen und integrativen Gruppen jeweils 75,0%). Erzieherinnen aus integrativen Gruppen und Regeleinrichtungen erachten auch die im Kindergarten erworbenen sozialen Kompetenzen als sehr hilfreich (60,0% bzw. 80,0%), tendenziell häufiger, als diejenigen aus heilpädagogischen Gruppen (25,0%).

Eher im Mittel der Wertungen finden sich das Selbstbewusstsein des jeweiligen Kindes, seine Offenheit für Neues sowie Selbstständigkeit und Handlungskompetenz.

---

32 Unsere Grundbefragung zeigt, dass solche Vorschulgruppen fast immer gemeinsam für Kinder mit Behinderung und Kinder ohne Behinderung angeboten werden (vgl. TabA36, Materialien).

Tab. 40/ Erz15a: Für die Schule hilfreiche Kompetenzen, die das Kind (wahrscheinlich) im Kindergarten entwickelt hat – Einschätzung der Erzieherinnen (Offene Frage, nachträglich kategorisiert und als Mehrfachantwort ausgewertet).

	Gruppentyp im Kindergarten							
	Heilpädagogische Gruppe (n=16)		Schwerpunktgruppe (n=20)		Einzelintegration (n=10)		Gesamt (N=46)	
	Anzahl	%	Anzahl	%	Anzahl	%	Anzahl	%
soziale Kompetenzen	4	25,0	12	60,0	8	80,0	24	52,2
Sprache/ Wahrnehmung/ Kognition*	12	75,0	15	75,0	9	90,0	36	78,3
Selbstbewusstsein/ Offenheit/ Motivation	8	50,0	9	45,0	3	30,0	20	43,5
Selbstständigkeit/ Handlungskompetenz	6	37,5	8	40,0	4	40,0	18	39,1
Arbeitshaltung/ ‚funktionale Fähigkeiten'	2	12,5	5	25,0	-	-	7	15,2
Sonstiges	2	15,4	-	-	1	10,0	3	6,5
keine Angabe	3	18,8	2	10,0	-	-	5	10,9

* Der Schwerpunkt liegt in heilpädagogischen Einrichtungen auf der Wahrnehmung (hp: 50,0%; integr. Gruppe: 25,0%; Einzelintegration: 40,0%).

Arbeitshaltungen und funktionale Fähigkeiten, die das Kind in der Kindertageseinrichtung erwerben konnte, erscheinen den Erzieherinnen von nachgeordneter Bedeutung für das Kind in der Schule (0,0% bis 25,0%).

Eltern. In den offenen Antworten zeigt sich, dass Eltern ähnliche Bereiche ansprechen wie die Erzieherinnen und sich ähnliche gruppenspezifische Unterschiede in ihren Einschätzungen abzeichnen (vgl. Tab. Elt44a, Materialien). Eltern, deren Kind eine Gruppe mit gemeinsamer Erziehung besuchte, sind mehrheitlich der Meinung, dass vor allem die im Kindergarten erworbenen sozialen Kompetenzen ihrem Kind in der Schule zu Gute kommen (52,6% bzw. 62,5%, gegenüber 35,7% in heilpädagogischen Gruppen). Selten nennen die Eltern in diesem Zusammenhang die Selbstständigkeit (keine Eltern, deren Kind eine heilpädagogische Gruppe besuchte, vier Eltern = 21,1% von Kindern aus Schwerpunktgruppen bzw. ein Elternteil = 12,5% eines Kindes aus einer Gruppe mit Einzelintegration). Und wie die Erzieherinnen betonen die Eltern kaum, dass eine im Kindergarten erworbene Arbeitshaltung dem Kind in der Schule hilfreich ist (gleichermaßen selten mit 14,3%–25,0%).

Lehrerinnen. Sie antworten auf unsere Frage nach den hilfreichen Kompetenzen aus der Kindergartenzeit häufig nicht oder geben an, es nicht beurteilen zu können (35,7%–50,0%). Diejenigen, die sich zu dem Punkt äußern, schätzen am ehesten die sozialen Kompetenzen der Kinder, aber auch die Arbeitshaltung und funktionale Fähigkeiten stufen einige noch als Verdienste des Kindergartens ein (vgl. Tab. Le39a, Materialien).

Insgesamt

- beurteilt knapp die Hälfte der Lehrerinnen die bisherige Förderung und Unterstützung im Kindergarten als gut (48,5%), ein gutes Drittel (36,4%) hätte sich jedoch mehr oder andere Unterstützung für das Kind gewünscht. Mit Blick auf Einrichtungstypen zeichnen sich kaum Unterschiede ab. In ähnlichem Umfang bewerten die Lehrerinnen die Lern- und Entwicklungsangebote des Kindergartens als gut und ausreichend (zwischen 54,5% und 37,5%). Bezogen auf den Schultyp deutet sich an, dass Lehrerinnen in ,Integrationsklassen' (Klassen mit mehren Kindern mit Behinderung und umfangreicher pädagogischer Doppelbesetzung) tendenziell am zufriedensten mit der Förderung des Kindes im Kindergarten sind (83,3%; andere Schultypen: 20,0%–50,0%). Was die Behinderung angeht, so beurteilen die Lehrerinnen die Förderung für Kinder mit geistiger Behinderung (57,1% = zwölf von einundzwanzig) tendenziell besser als für Kinder mit körperlicher Behinderung (33,3% = vier von zwölf) (vgl. Tab. Le40a,b und c, Materialien).

- sind die von uns befragten Eltern mit den Lern- und Entwicklungsangeboten im Kindergarten zufrieden, ohne dass sich deutliche einrichtungsbezogene Unterschiede zeigen (zwischen 37% und 52%). In ähnlichem Ausmaß immerhin wissen Eltern im Rückblick nicht recht zu beurteilen ob das Angebot mit Blick auf die Schule sinnvoll war. Bedeutsame Unterschiede in Bezug auf die Behinderung des Kindes zeigen sich hier nicht (vgl. Tab. Elt45a und b, Materialien).

12.1.3 Zusammenfassung und Folgerungen aus den Ergebnissen: schulvorbereitende Angebote, unklare Erwartungen

Für *alle* Eltern ist die Frage des Übergangs vom Kindergarten in die Schule ein wichtiges Thema. Die Schwerpunkte ihrer Überlegungen unterscheiden sich.

- Eltern von Kindern *ohne* Behinderung beschäftigen sich stark mit den Inhalten schulvorbereitender pädagogischer Angebote für das Kind. Hier gibt es deutliche Verunsicherung unter den Eltern. Es gibt entschiedene Befürworter einer ganzheitlich persönlichkeitsfördernden Vorbereitung, die das Einüben bestimmter Fertigkeiten ablehnen, als auch – im Gegensatz dazu – Befürworter der Übung bestimmter funktioneller Tätigkeiten wie Umgang mit Zahlen oder Buchstaben (vgl. Kap. 8.2).

- Für Eltern von Kindern *mit* Behinderung steht die Frage der Schulwahl eindeutig im Vordergrund. Zu pädagogischen Inhalten des schulvorbereitenden Angebots äußern sie sich kaum.

- Seitens der Einrichtungen wird dem Interesse der Eltern im Wesentlichen Rechnung getragen, auch wenn hier und da von Eltern mehr oder anderes gewünscht wird. Dennoch – so lässt sich dem Beschriebenen entnehmen – wäre es für Eltern von Kindern mit und Eltern von Kindern ohne Behinderung sehr wichtig, mehr Klarheit über schulische Erwartungen und die Möglichkeiten des Kindergartens zu haben. Die in Gang gekommene Diskussion über den Bildungsauftrag vorschulischer Einrichtungen richtet sich derzeit im Wesentlichen an die professionellen Pädagoginnen (vgl. z. B. die Bildungsvereinbarung NRW, die zwischen dem Ministerium für Schule, Jugend und Kinder und den Spitzenverbänden der öffentlichen und freien Wohlfahrtspflege geschlossen wurde und die darin empfohlene Kooperation zwischen Kindergarten und Schule). Werden die

Eltern vergessen? Mit dem eben Dargestellten wird deutlich, wie notwendig es ist, Eltern in diese Entwicklungen mit einzubeziehen.

- Spezielle (ausgewiesene) schulvorbereitende Angebote gibt es in fast allen integrativ und einzelintegrativ arbeitenden sowie in der Hälfte der heilpädagogischen Einrichtungen. Die Pädagoginnen berichten aus der gemeinsamen Erziehung, dass in der Regel Kinder ohne Behinderung und Kinder mit Behinderung die schulvorbereitenden Angeboten gemeinsam wahrnehmen. Die häufigste Form bilden spezielle Projekte und regelmäßige Vorschulgruppen. Dabei werden auch funktionale motorische wie kognitive Fähigkeiten (Stift und Schere halten, Uhrzeit und Farben kennen usw.) mitgeübt, den pädagogischen Schwerpunkt legen die Erzieherinnen jedoch überwiegend auf Aspekte der Persönlichkeitsentwicklung, der sozialen Kompetenz und auf situations- bzw. kontextorientiertes Lernen (Projekte).

- Argumentativ betonen Leiterinnen und Mitarbeiterinnen von Kindertageseinrichtungen überwiegend den eigenständigen Bildungsauftrag des Kindergartens mit kindorientierten und lebensweltbezogenen Bildungsangeboten. Für einige schließt dies spezielle, funktionale Vorbereitung auf die Schule ein, für andere nicht (s. o.). Letztere sehen sich (subjektiv so erlebt) unter zunehmendem Druck von Eltern, die eine funktional gerichtete schulische Vorbereitung erwarten. Wie schon beschrieben, entspricht dies nur bedingt den Realitäten, denn in der Elternschaft sind die Meinungen ebenfalls geteilt (vgl. Kap. 8.1.1). Um hier keine falschen Fronten entstehen zu lassen, wäre eine je einrichtungsspezifische Klärung der Bildungsvorstellungen von Eltern und professionellen Pädagoginnen erforderlich.

Eltern, Erzieherinnen und Lehrerinnen haben relativ unklare, stellenweise auch unzutreffende Annahmen über die Bildungsvorstellungen, -erwartungen und -angebote der jeweils anderen. Bezogen auf Kinder mit Behinderung besteht offensichtlich zudem eine größere Unklarheit darüber, welche Kompetenzbereiche (auch) als schulisch relevante Felder zu betrachten sind. Phänomene, die für diese Situation typisch sind:

- Trotz der hohen Rate der angegebenen Kooperationen mit Schulen können Leitungen und Mitarbeiterinnen aus Kindertageseinrichtungen sowohl die Erwartungen von schulischer Seite als auch deren Zufriedenheit mit der bisherigen Förderung oftmals nur vermuten, eine Abstimmung über pädagogische Angebote und Inhalte scheint praktisch nicht zu bestehen.

- Entsprechend unkundig zeigen sich die Lehrer und Lehrerinnen bei der Frage nach den im Kindergarten erworbenen Kompetenzen bestimmter Kinder. Während Erzieherinnen und (zwar mit geringerer Ausprägung) auch Eltern etliche Bereich nennen können, in denen ihr Kind Hilfreiches für die Schule erwerben konnte, kann die Hälfte der Lehrerinnen und Lehrer dies nicht beurteilen; die andere Hälfte vermutet vor allem bzgl. der sozialen Kompetenz der Kinder einen Einfluss des Kindergartens.

- Das Gesamturteil der Lehrer über die schulische Auswirkung der Erziehung und Betreuung im Kindergarten ist verhalten. Knapp die Hälfte von ihnen schätzt die Lern- und Entwicklungsangebote des Kindergartens für die Kinder mit Behinderung als gut und ausreichend ein, gut ein Drittel hätte sich eine stärkere oder eine andere Förderung des Kindes gewünscht. Dabei zeichnet sich ab, dass Lehrer von Kindern mit geistiger Behinderung sich etwas zufriedener zeigen als diejenigen von Kindern mit Körperbehinderung und dass bezogen auf den Schultyp die Lehrer aus ‚integrativen Klassen‘ mit mehreren Kindern mit Behinderung und umfangreicher pädagogischer Doppelbesetzung tendenziell zufriedener mit der Förderung des Kindes im Kindergarten sind. Sorgen bei letztgenannten integrative/ inklusive pädagogische Konzepte in Kindergarten *und* Schule für stärkere Gemeinsamkeiten in der pädagogischen Arbeit, den Erwartungen und den Beurteilungsmaßstäben?

- Insgesamt gehen die Einschätzungen von Erzieherinnen und Lehrerinnen über die schulbezogene Nützlichkeit der Förderung im Kindergarten also erkennbar auseinander, was auch unterschiedliche Bildungsvorstellungen und Bildungsziele vermuten lässt. Ein gegenseitiger Austausch hierüber findet jedoch nicht statt; Pädagoginnen der Kindertageseinrichtungen erhalten von Lehrerinnen in der Regel keine Rückmeldungen über die erste Schulzeit des Kindes.
- Die hohe Zufriedenheit der Eltern während der Kindergartenzeit ihrer Tochter/ ihres Sohnes relativiert sich etwas, wenn Eltern in den ersten Jahren der Schulzeit ihres Kindes auf Lern- und Entwicklungsangebote des Kindergartens zurück blicken. Das Gesamturteil der Eltern ist nun bei einem Teil von Unsicherheiten und Zweifeln geprägt. Auch dies spricht für größere Unterschiede zwischen der Kindergarten- und der Schulpädagogik, die den Beteiligten nicht klar waren (oder nicht klar sind.)
- Fazit: Kindergarten- und Schulpädagogik haben in der Vergangenheit eher die Unterschiede (wenn nicht Gegensätze) betont. An der Verunsicherung und Unkenntnis aller Beteiligten wird die Dringlichkeit offensichtlich, sich über die Anknüpfungspunkte, Bildungsvorstellungen, Bildungsangebote und relevanten Kompetenzbereiche im Sinne der Elementarpädagogik bzw. der Schulpädagogik *inhaltlich* zu verständigen. In dem Dreieck Eltern – Erzieherinnen – Lehrerinnen kursieren darüber eher Vermutungen als sicheres Wissen. Hospitationen, die wesentlich das Ziel haben, die Kinder mit ihrer zukünftigen Schule bekannt zu machen, reichen dafür keinesfalls aus. Zudem wird deutlich, dass es nicht nur um Bildungsvereinbarungen zwischen Kindergarten und Schule gehen kann, sondern dass auch die Eltern zumindest in den Informationsfluss einbezogen werden müssen.

12.2 Schulbezogene Beratung, Schulentscheidung

An der Schnittstelle zwischen Kindergarten und (Grund-)Schule spielt die Kooperation zwischen Eltern, Erzieherinnen und Lehrerinnen eine große Rolle. Eltern von Kindern mit Behinderung stehen bei der Schulwahl zudem vor der entscheidenden Frage, welche Schulform ihr Kind besuchen soll. Diese Wahl beinhaltet wichtige Vorentscheidungen bezüglich der Rahmenbedingungen und didaktischen Besonderheiten, nicht zuletzt auch bezüglich der Möglichkeiten, soziale Kontakte aus der Kindergartenzeit weiterzuführen.

12.2.1 Schulwunsch und tatsächliche Alternativen der Eltern
Schulbezogene Befragung
Schulwunsch. Gefragt, welche Schulform sich Eltern unabhängig vom später besuchten Schultyp ihres Kindes zu Beginn ihrer Überlegungen gewünscht haben, zeigen sich folgende Ergebnisse (Abb. 15 und Abb. 16):

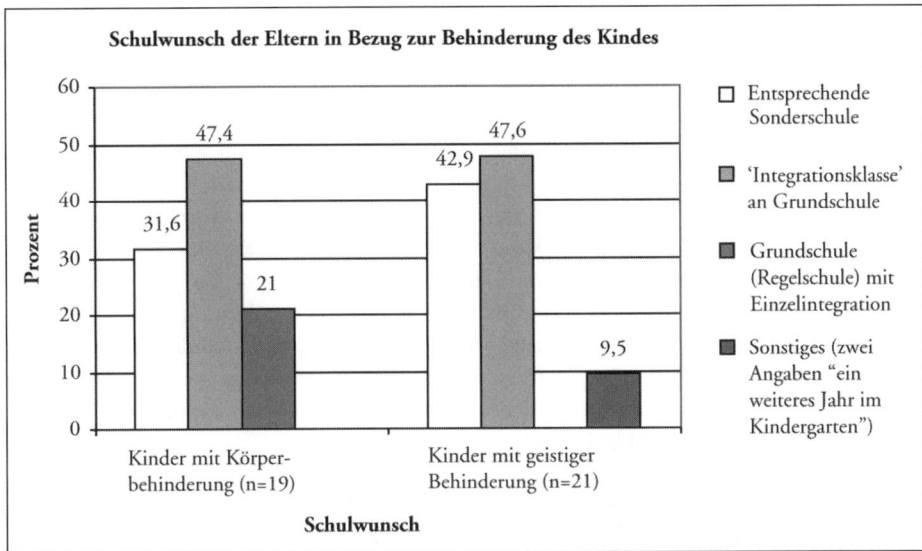

Abb. 15/ Elt5b: Schulwunsch der Eltern in Bezug zur Behinderung des Kindes

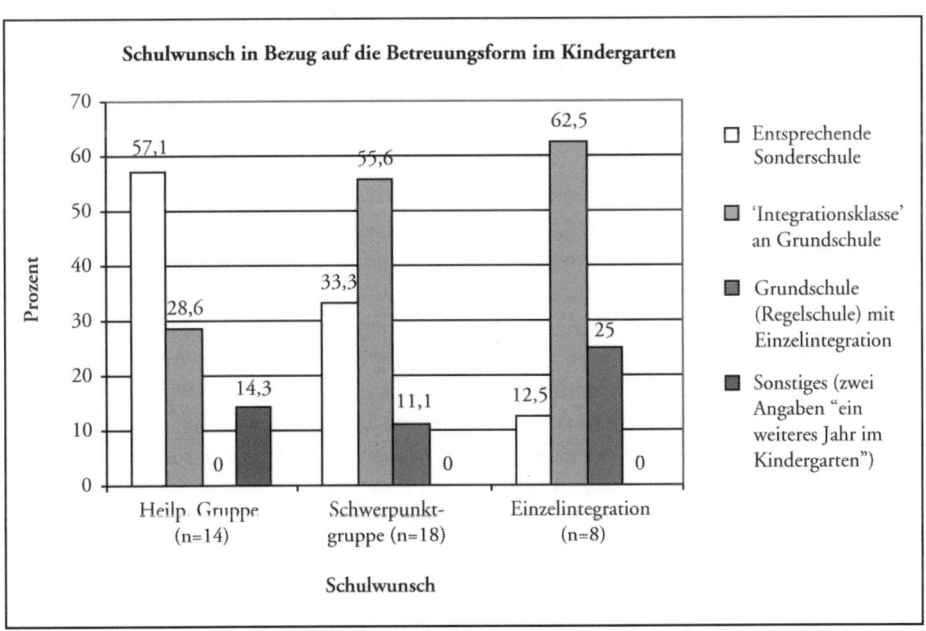

Abb. 16/ Elt5a: Schulwunsch in Bezug zur Betreuungsform im Kindergarten

Eltern wünschen sich für ihr Kind an erster Stelle den Besuch der ‚Integrationsklasse‘[33] einer Grundschule (insgesamt 47,5%) – und zwar gleichermaßen für Kinder mit Körperbehinderung wie für Kinder mit geistiger Behinderung.

Nimmt man die Einzelintegration an allgemeinen Grundschulen[34] hinzu, so äußern Eltern von Kindern mit Körperbehinderung weit überwiegend, dass ihr Kind den gemeinsamen Unterricht (GU) besuchen soll (Integrative Klasse und integrative Einzelmaßnahme zus. 68,4%). Die Eltern geistig behinderter Kinder wünschen keine Einzelintegration.

Ein guter Teil der Eltern sieht ihr Kind am besten in der Sonderschule aufgehoben. Bei Kindern mit geistiger Behinderung streb(t)en Eltern etwa gleich häufig gemeinsamen Unterricht und Sonderschule an (47,5 bzw. 42,9%). Eltern von Kindern mit Körperbehinderung dagegen bevorzugten nur zu einem Drittel (31,6%) die Sonderschule.

Die bisher erlebte Betreuungsform in der Kindertageseinrichtung setzt sich in dem Wunsch nach einem ähnlichen Weg in der Schule fort, ist aber keineswegs in vollem Umfang damit deckungsgleich, wie Abb. 16 zeigt.

Die Ergebnisse können auf Grund der kleinen Zahlen nur für Trends sensibilisieren. Gut die Hälfte der Eltern, deren Kind eine heilpädagogische Gruppe besuchte, wünscht sich die Fortsetzung in einer Sonderschule (57,1%), vier Eltern (d.h. etwa ein Viertel) wünschen, dass ihr Kind im Anschluss an seine Kindergartenzeit gemeinsam mit nicht behinderten Kindern unterrichtet wird. Drei Viertel der Eltern, deren behindertes Kind während seiner Kindergartenzeit in einer Schwerpunkt- oder Regelgruppe war, strebt den gemeinsamen Unterricht (Einzelintegration: 15,4% und integrative Klasse: 57,7%) an, etwa ein Viertel dieser Elternschaft den Sonderschulbesuch ihres Kindes (26,9%).

Begründung des Schulwunsches. In einer offenen Frage baten wir die Eltern, uns die ausschlaggebenden Gründe ihres Schulwunsches mitzuteilen (vgl. Tab. Elt6, Materialien):

Die Eltern, deren Kinder wunschgemäß eine Sonderschule besuchen sollten, begründen dies in erster Linie mit den guten Rahmenbedingungen der Schule, v. a. mit den Therapiemöglichkeiten und kleineren Klassen, eng damit zusammenhängend auch mit den spezifischen Bedürfnissen ihres Kindes („die Behinderung war der Grund"). Nur wenige Eltern (3 von 15) gaben als ausschlaggebend an, dass sie in der Sonderschule gute pädagogische Förderung erwarteten.

Eltern, die sich für ihre Kinder die ‚Integrationsklasse‘ an einer Grundschule wünschten, haben vor allem die sozialen Kontakte der Kinder im Blick. Dabei führen einige ausdrücklich positive Erfahrungen aus der gemeinsamen Erziehung im Kindergarten an. Im Unterschied zu den anderen Schulformen begründen Eltern ihren Wunsch nach einer ‚Integra-

---

33 Als ‚Integrationsklasse‘ oder integrative Klasse gelten im Verständnis der Eltern Klassen an ‚Regelschulen‘, die von mehreren (3-5) Kindern mit Behinderung besucht werden und die aufgrund des sonderpädagogischen Förderbedarfs dieser Kinder die Ressourcen so bündeln, dass für die meiste (oder die komplette) Zeit der Schulwoche eine pädagogische Doppelbesetzung (durch eine Sonderpädagogin/ einen Sonderpädagogen) in der Klasse besteht.

34 Im Vergleich mit sog. ‚Integrationsklassen‘ sind die Klassen größer und die Stundenzahl mit einer pädagogischen Doppelbesetzung (aufgrund des sonderpädagogischen Förderbedarfs nur eines Kindes) geringer. Allerdings handelt es sich hier meist um die wohnortnächste Grundschule.

tionsklasse' stärker mit der dort erwarteten pädagogischen allgemeinen oder kognitiven Förderung ihres Kindes. Für Eltern von Kindern mit geistiger Behinderung ist zudem die Möglichkeit des Lernens von anderen Kindern ein besonderes Motiv (vgl. Elt6b, Materialien).

Realisierung des gewünschten Schulbesuchs. In welchem Umfang konnten Eltern ihr Kind
in die von ihnen gewünschte Schulform geben (Tab. 41)?

Tab. 41: Realisierung des Schulwunsches in Bezug zur gewünschten Schulform

	Gewünschte Schulform									
	Sonderschule für Kinder mit Körper-behinderung (n=8)		Sonderschule für Kinder mit geistiger Behinderung (n=7)		,Integrations-klasse' an einer Grundschule (n=19)		Grundschul-klasse als einzelnes Kind mit Behinderung (n=4)		Gesamt* (N=38)	
	Anzahl	%	Anzahl	%	Anzahl	%	Anzahl	%	Anzahl	%
Schulwunsch wurde realisiert	8	100	7	100	10	52,6	4	100	29	76,3
Schulwunsch konnte nicht realisiert werden	-	-	-	-	9	47,4	-	-	9	23,7
Gesamt	8	100	7	100	19	100	4	100	38	100

* Zwei Eltern äußerten keinen Schulwunsch, sondern ihr Kind sollte noch länger im Kindergarten bleiben. Sie
  wurden daher in der Tabelle nicht berücksichtigt.

Insgesamt 76,3% der von uns befragten Eltern konnten ihren Schulwunsch in den verschiedenen Schulformen realisieren,[35] darunter *alle* Eltern, deren Kinder eine Sonderschule besuchen oder eine Einzelintegrationsmaßnahme an einer Grundschule erhalten sollten. Der
Besuch des gemeinsamen Unterrichts in ,integrativen Klassen' an Grundschulen stellt dagegen ein deutliches Problem dar: Etwa die Hälfte der Eltern, die diese Unterrichtsform für ihr
Kind anstreb(t)en (47,4%) gelang es nicht, diesen Wunsch zu verwirklichen.[36] Auch dort,
wo es gelang, mussten sich einige Eltern erst gegen Hindernisse durchsetzen. Aus ihrer Sicht
mangelt es an der Aufmerksamkeit der Schulverwaltungen für Elternwünsche nach diesen
,integrativen Klassen' (vgl. Tab. Elt7, Materialien).

---

35 und dies nahezu gleichermaßen für Kinder mit geistiger Behinderung (73,7%) und für Kinder mit körper-
    licher Behinderung (78,9%).
36 Von den neun Kindern, die nicht in die gewünschte Integrationsklasse kamen, besuchten zum Zeitpunkt
    unserer Befragung sieben Kinder Sonderschulen (drei Kinder mit einer Körperbehinderung und vier Kinder
    mit einer geistigen Behinderung); ein Kind mit einer Körperbehinderung und ein Kind mit einer geistigen
    Behinderung besuchten als einzelne Kinder mit Behinderung allgemeine Grundschulklassen.

Grundbefragung

Die Leitungen berichten in der Grundbefragung über die im Anschluss an den Kindergarten besuchten Schul- bzw. Unterrichtsformen der Kinder in den Jahren 2000 bis 2002. Wie eben durch Beispiele aus der schulbezogenen Befragung exemplarisch ausgeführt, spiegeln sich hier die Schulwünsche der Eltern und deren Realisierungsmöglichkeiten im Großen und Ganzen wider: Die überwiegende Mehrheit der Leitungen aus heilpädagogischen Tagesstätten (91,3%) und additiven Einrichtungen (86,3%) berichtet, dass *sehr viele* bis *fast alle Kinder* die Sonderschule besuchten; aus ca. der Hälfte der heilpädagogischen (52,2%) und aus vielen additiven Einrichtungen (71,1%) wurden aber auch *einzelne Kinder* in den gemeinsamen Unterricht eingeschult. Der Anteil der Schwerpunkteinrichtungen, aus denen *sehr viele* bis *fast alle Kinder* in die Sonderschule gingen ist demgegenüber geringer (37,0%). Leitungen aus Schwerpunkteinrichtungen geben ebenso oft an, dass nur *einzelne Kinder* im erfragten Zeitraum in die Sonderschule gingen (37,0%) und gut die Hälfte von ihnen berichtet, dass ebenfalls *einzelne Kinder* in den gemeinsamen Unterricht (54,3%) eingeschult wurden. Vergleichsweise wenige Regeleinrichtungen (10,0%) haben bisher die Erfahrung gemacht, dass die Kinder *alle bzw. überwiegend* in die Sonderschulen eingeschult wurden. Die meisten Regeleinrichtungen berichten, *einzelne Kinder* im erfragten Zeitraum in die Sonderschulen (39,2%) und *einzelne* in den gemeinsamen Unterricht (26,2%) entlassen zu haben. Dass in diesem Zeitraum *alle* (9,5%) oder zumindest *fast alle* Kinder (16,0%) in den gemeinsamen Unterricht gewechselt haben, berichten auch nur wenige Regeleinrichtungen (vgl. Tab. A39, Materialien).

12.2.2 Schulbezogene Beratung der Eltern und Kooperationen bei dem Übergang in die Schule

Schulbezogene Befragung

Beratung der Eltern. Angemessene Unterstützung im Prozess der Schulwahl sollte Eltern befähigen, sich auf der Grundlage ausreichender und sachgerechter Information zu entscheiden. Sie sind deshalb auf Beratung angewiesen, die sie von verschiedenen Stellen und Personen erhalten. Nach Angaben der Eltern erhalten Sie die Informationen auf verschiedenen Wegen (Tab. 42).

Bis auf eine Ausnahme wurden alle Eltern von mindestens einer, oft von mehreren Personen hinsichtlich des Schulbesuchs ihres Kindes beraten. Die häufigsten Gesprächspartnerinnen waren die Mitarbeiterinnen (Leiterinnen) der Kindertageseinrichtung (insgesamt 77,5%), gefolgt von Schulleitern oder Lehrern der Schulen (insgesamt 65,0%). Etliche Eltern von Kindern mit geistiger Behinderung (42,9%) zogen auch andere Eltern zu Rate.

Die für den Übergang in den Kindergarten so relevanten Mitarbeiterinnen der Frühförderstellen fungieren beim Übergang in die Schule seltener als Beraterinnen (insgesamt bei 17,5%).

Unterstützungsangebote der Kindertageseinrichtung bei der Schulwahl. Die häufigsten Beraterinnen, nämlich die Mitarbeiterinnen bzw. Leitungen von Kindertageseinrichtungen, befragten wir in den konkreten Fällen rückblickend nach der Art der Unterstützung für die Eltern im Prozess der Schulwahl (Tab. 43).

Tab. 42/ Elt8b: Berater und Beraterinnen der Eltern zum Thema des anstehenden Schulbesuchs in Bezug zur Behinderung des Kindes

	Behinderung des Kindes					
	Kinder mit Körperbehinderung (n=19)		Kinder mit geistiger Behinderung (n=21)		Gesamt (N=40)	
	Anzahl	%	Anzahl	%	Anzahl	%
keine Beratung	1	5,3	-	-	1	2,5
die Mitarbeiterinnen des Kindergartens	16	84,2	15	71,4	31	77,5
das zuständige Schulamt	4	21,1	2	9,5	6	15,0
die Mitarbeiterinnen der Frühförderstelle	2	10,5	5	23,8	7	17,5
die Schulleiter/in oder Lehrer/in	13	68,4	13	61,9	26	65,0
andere Eltern	4	21,1	9	42,9	13	32,5
andere Informationsquellen, nämlich...	5	26,3	9	42,9	14	35,0

Tab. 43/ Erz27a: Unterstützung der Eltern im Prozess der Schulwahl in Bezug zum Gruppentyp

	Gruppentyp							
	Heil-pädagogische Gruppe (n=16)		Schwerpunkt-gruppe (n=20)		Einzel-integration (n=10)		Gesamt (N=46)	
	Anzahl	%	Anzahl	%	Anzahl	%	Anzahl	%
Wir haben einen Elternabend zu dem Thema angeboten.	8	50,0	3	15,0	2	20,0	13	28,3
Wir haben Einzelgespräche zu dem Thema angeboten.	16	100	18	90,0	5	50,0	39	84,8
Wir haben Gespräche/ Kontakte mit anderen Personen organisiert.	12	75,0	16	80,0	6	60,0	34	73,9
Wir haben mit den Eltern die Schule (versch. Schulen) besucht.	11	68,8	7	35,0	4	40,0	22	47,8
Wir haben andere Unterstützung angeboten.	1	6,3	2	10,0	1	10,0	4	8,7
Die Eltern wünschten keine Hilfe.	-	-	3	15,0	3	30,0	6	13,0
Wir sind selbst nur unzureichend über die Fragen der Schulwahl informiert.	-	-	-	-	-	-	-	-
Aus anderen Gründen keine Unterstützung.	-	-	-	-	-	-	-	-

Den Eltern wurde immer Unterstützung angeboten (vgl. Tab. 43). In heilpädagogischen und integrativen Gruppen waren Einzelgespräche (50,0%–100%) und die Vermittlung relevanter Kontakte (60,0%–80,0%) die häufigsten Formen. In Regeleinrichtungen mit Einzelintegrationen boten Mitarbeiterinnen vergleichsweise seltener (50,0%) Einzelgespräche an; der Unterschied zu den heilpädagogischen Gruppen, in denen *immer* Einzelgespräche zu dem Thema Schule angeboten wurden, ist hier signifikant (p=0,04).

Eltern von Kindern in heilpädagogischen Gruppen wurden oft (68,8%) von Pädagoginnen aus der Kindertageseinrichtung zu einem informativen Besuch der Schule begleitet und/ oder es gab einen Elternabend speziell zu dem Thema (50%). Diese Angebote gab es bei Kindern der anderen Gruppenformen seltener. Insgesamt berichten die Mitarbeiterinnen heilpädagogischer Gruppen über das intensivste Unterstützungsangebot für Eltern im Prozess der Schulwahl.

Bewertung der Unterstützung durch die Eltern. Die meisten Eltern (85,0%) – über alle Schulformen hinweg und unabhängig von der Behinderung ihres Kindes – kommen zu dem Schluss, dass sie letztlich genug Informationen hatten, um auf dieser Grundlage eine Entscheidung treffen zu können (vgl. Tab. Elt14a und b, Materialien). Insgesamt sechs Eltern (15,0%) wünschten sich noch andere Informationen wie z. B. Probeunterricht oder sie vermissten konkrete schulbezogene Informationen (vgl. Tab. Elt15, Materialien).

Verständigung über den Entwicklungsstand des Kindes. Gespräche der Bezugspersonen des Kindes miteinander tragen dazu bei, das Kind aus unterschiedlichen Perspektiven zu sehen und seine Situation besser einzuschätzen. Nachfolgend ein Eindruck aus diesem Kommunikationsbereich (Tab. 44).

Tab. 44/ Erz28a: Gespräche vor der Einschulung über Entwicklungsstand und besondere Bedürfnisse des Kindes in Bezug zum Gruppentyp (Mehrfachantworten)

	Gruppentyp							
	Heil- pädagogische Gruppe (n=16)		Schwerpunkt- gruppe (n=20)		Einzel- integration (n=10)		Gesamt (N=46)	
	Anzahl	%	Anzahl	%	Anzahl	%	Anzahl	%
keine Gespräche darüber	-	-	-	-	-	-	-	-
mit den Eltern	16	100	20	100	10	100	46	100
innerhalb unseres Teams	13	81,3	20	100	9	90,0	42	91,3
mit den Therapeut/ innen d. Kindes	14	87,5	18	90,0	4	40,0	36	78,3
mit der Schulleitung	5	31,3	7	35,0	4	40,0	16	34,8
mit der/ dem zukünftigen Klassenlehrer/in	11	68,8	5	25,0	5	50,0	21	45,7
mit anderen Personen	6	37,5	5	25,0	1	10,0	12	26,1

Im Rückblick berichten alle (100%) *Leitungen/ Mitarbeiterinnen*, dass mit den *Eltern* Gespräche über den Entwicklungsstand ihres Kindes geführt wurden, denen offensichtlich Gespräche innerhalb des Teams vorausgingen. Mitarbeiterinnen der heilpädagogischen Gruppen berichten am häufigsten (68,8%) von Gesprächen mit der *zukünftigen Klassenlehrerin* über den Entwicklungsstand des Kindes, Mitarbeiterinnen der Schwerpunktgruppen am seltensten (25,0%).

Die von uns befragten *Klassenlehrerinnen* geben immerhin zu 24,2% an, im Vorfeld der Einschulung überhaupt *keine Gespräche* über den Entwicklungsstand oder besondere Bedürfnisse des Kindes geführt zu haben. Insgesamt 45,5% der Lehrerinnen und Lehrer kamen vor der Einschulung mit den *Eltern* ins Gespräch. Mit *Mitarbeiterinnen des Kindergartens* war der Austausch nach Angaben der Lehrer noch seltener (36,4%) (vgl. Tab. Le8, Materialien).

Im Ergebnis berichten 80,4% der befragten *Mitarbeiterinnen von Kindertageseinrichtungen*, dass sie mit der Kooperation zufrieden waren und der Austausch gut und ausreichend gewesen sei. Allerdings bestehen in Bezug zu den Gruppentypen hier deutliche Unterschiede. Während sich die Mitarbeiterinnen heilpädagogischer und integrativer Gruppen (93,8% bzw. 85,0%) zufrieden zeigen, reduziert sich diese Quote bei den einzelintegrativen Gruppen auf 50,0%. Tendenziell hätten sich eher die Mitarbeiterinnen aus der Einzelintegration noch bessere Kooperation gewünscht, um den Übergang in die Schule für das entsprechende Kind vorzubereiten (vgl. Tab. Erz29a, Materialien).

Insgesamt 69,7% der *Lehrer* fühlten sich letztlich gut auf den Schulbesuch des Kindes vorbereitet. In der Tendenz weisen die Ergebnisse darauf hin, dass sich am ehesten diejenigen in ‚Integrationsklassen' (50,0%) sowie in Grundschulklassen mit einem Kind mit Behinderung (60,0%) einen besseren Austausch gewünscht hätten (vgl. Tab. Le9d, Materialien).

12.2.3 Zusammenfassung und Folgerungen aus den Ergebnissen: zu wenige Integrationsklassen, gute Unterstützung im Prozess der Schulwahl, ausbaufähige Kooperationen zwischen Erzieherinnen und Lehrerinnen

- Die von uns befragten Eltern wünschen sich insgesamt überwiegend gemeinsamen Unterricht für Kinder mit und ohne Behinderung. Bevorzugte Form ist der gemeinsame Unterricht in einer ‚Integrationsklasse', die mehrere Kinder mit Behinderung besuchen und in der eine umfangreiche pädagogische Doppelbesetzung besteht.
- Bei Eltern von Kindern mit einer geistigen Behinderung ist der Wunsch nach einer solchen integrativen Klasse bzw. nach einer Sonderschule in nahezu gleichem Ausmaß vorhanden; Eltern von Kindern mit einer Körperbehinderung bevorzugen Formen des gemeinsamen Unterrichts deutlich.
- Integrationsklassen an Grundschulen werden gleichermaßen von Eltern geistig behinderter Kinder wie von Eltern körperbehinderter Kinder als wünschenswerte Unterrichtsform angesehen und in erheblich stärkerem Ausmaß nachgefragt als tatsächlich realisiert wird. Diese Diskrepanz zwischen Elternwünschen und den Realisierungsmöglichkeiten signalisiert Veränderungsbedarf. Richtet sich der Elternwunsch dagegen auf die Sonderschule oder auf eine Einzelintegrationsmaßnahme, gibt es anscheinend keine (oder kaum) Schwierigkeiten, dies auch umzusetzen.

- Die Einzelintegration in einer Regelklasse wird seltener angestrebt und zwar von einem kleineren Teil der Eltern körperbehinderter Kinder, nicht jedoch von Eltern geistig behinderter Kinder.
- Die bisher erlebte Betreuungsform in der Kindertageseinrichtung setzt sich in hohem Ausmaß in dem Wunsch nach einem ähnlichen Weg in der Schule fort, ist aber nicht ganz deckungsgleich. Besonders die gemeinsame Erziehung im Kindergarten stärkt offensichtlich bei der Mehrheit der Eltern den Wunsch, dies auch in der Schule weiter zu führen. Dennoch: Es gibt auch Kinder, die eine heilpädagogische Einrichtung besuchten und anschließend nach dem elterlichen Wunsch integrativ betreut werden sollten und entsprechend solche, die nach integrativer Betreuung während der Kindergartenzeit eine Sonderschule besuchen sollten.
- An den gemeinsamen Unterricht (integrative Klassen) richten sich vor allem die Erwartungen des Voneinander-Lernens, der Beibehaltung/ Ermöglichung sozialer (Nachbarschafts-)Kontakte und der guten pädagogischen Förderung.
- Der elterliche Wunsch eines Sonderschulbesuchs für ihr Kind begründet sich hauptsächlich durch die Rahmenbedingungen der Schule. Darüber hinaus werden kaum Kriterien für die Wahl einer Sonderschule angeben. Diese Eltern sehen durch die besseren Rahmenbedingungen die spezifischen Bedürfnisse ihrer Kinder besser erfüllt. Wie wir an anderer Stelle gesehen haben (vgl. Kap.9), haben auch die Eltern von Kindern in heilpädagogischen Kindertageseinrichtungen den Wunsch nach Integration ihrer Kinder; sie zweifeln jedoch daran, dass andere Einrichtungen die notwendige Betreuung ihres Kindes garantieren können. Vermutlich findet sich in der Schulfrage ein ähnlicher Begründungszusammenhang.
- In nachvollziehbarer Logik stellen die Mitarbeiterinnen bzw. Leiterinnen des Kindergartens und die Lehrerinnen bzw. Schulleiterinnen, d. h. die Vertretungen der ‚abgebenden' und der ‚aufnehmenden' Institution, die häufigsten Gesprächspartnerinnen für die Eltern im Prozess der Schulwahl dar. Eltern zeigen sich mit der Unterstützung im Prozess der Schulwahl mehrheitlich zufrieden.
- Trotz aller zu Tage tretenden Unsicherheit (vgl. Kap. 12.1) fühlen sich die befragten Leitungen der Kindertageseinrichtungen zum Thema Schule größtenteils ausreichend informiert. Sie bieten den Eltern in erster Linie individuelle Unterstützung durch Information, Beratung und Vermittlung weiterer Kontakte an. In heilpädagogischen und integrativen Gruppen gehören Einzelgespräche und die Unterstützung bei weiteren Kontakten zum Regelfall.
- Ein kindbezogener interdisziplinärer Austausch über den Entwicklungsstand und die besonderen Bedürfnisse des behinderten Kindes im Hinblick auf den Übergang in die Schule findet in allen Kindertageseinrichtungen statt. Dies geschieht allerdings in erster Linie mit den Eltern und Kolleginnen innerhalb der eigenen Einrichtung. Die interdisziplinäre Kooperation endet oft an der Grenze der eigenen Einrichtung (heilpädagogische Gruppen bilden hier eine Ausnahme). Dies belegt der vergleichsweise seltene Austausch mit Therapeutinnen des Kindes zum Thema Schulübergang (bes. in den Regeleinrichtungen mit Einzelintegration), aber auch das Absinken der Prozentwerte, wenn es um Gespräche mit Lehrerinnen oder Schulleiterinnen geht. Es entsteht der Eindruck,

dass in vielen Fällen reflektiertes Know-how die Grenzen der Einrichtung nicht überwindet. Der (Nicht-) Transfer relevanten Wissens in die Schule kann von professionellem Standpunkt aus nicht befriedigen.

- Vor allem Mitarbeiterinnen in Kindergartengruppen mit Einzelintegration ist diese Problematik durchaus bewusst, denn sie sind diejenigen, die sich am ehesten bessere Kooperationen bei dem Übergang gewünscht hätten. Hier muss also nicht ein Desinteresse an der Zusammenarbeit vermutet werden, sondern vielmehr die Existenz von Hindernissen wie z. B. fehlende Ressourcen.

- Nicht einmal die Hälfte der von uns befragten Klassenlehrerinnen hatte im Vorfeld mit den Eltern gesprochen, und noch seltener kam ein Austausch mit den Mitarbeiterinnen der Kindertagesstätten zustande. Angesicht dessen ist es erstaunlich, dass sich viele Lehrerinnen dennoch gut auf den Unterricht des Kindes vorbereitet fühlen.

- Gespräche zwischen Mitarbeiterinnen von Kindertageseinrichtungen und Vertreterinnen der Schulen sind zum Zeitpunkt unserer Befragung längst nicht der Regelfall. Die im August 2003 in Kraft getretene Bildungsvereinbarung NRW empfiehlt gemeinsame Einschulungskonferenzen von Erzieherinnen und Lehrerinnen. Es wäre daher wichtig nachzuvollziehen, ob und wie sich die Kooperation durch die Bildungsvereinbarung verändert hat.

12.3 Übergang Schule/ erste Schulzeit des Kindes

12.3.1 Bewältigung des Übergangs vom Kindergarten in die Schule durch das Kind

Der Übergang vom Kindergarten in die Schule ist ein einschneidendes Ereignis für das Kind und seine Familie. Die Vorbereitung des Kindes und seiner Eltern ist daher ein wichtiger Gesichtspunkt für die Kindertageseinrichtung. Der Kindergarten kann die Motivation des Kindes für den Schulbesuch stark anregen, es für die neuen Aufgaben emotional wie kognitiv unterstützen und ihm so einiges mit auf den Schulweg geben.

Schulbezogene Befragung

Wie sahen die Erzieherinnen (Tab. 45), Eltern und Lehrer den Übergang des Kindes in die Schule bzw. die ersten Jahre dort?

Nach den Angaben der ehemaligen Gruppenerzieherinnen freute sich eine knappe Mehrheit der Kinder (insgesamt 58,7%) auf den bevorstehenden Schulbesuch; bei nicht ganz einem Drittel der Kinder in heilpädagogischen Gruppen (31,2%) konnten es die Erzieherinnen nicht beurteilen, da auf Grund der geistigen Beeinträchtigung offen blieb, ob der bevorstehende Übergang den Kindern bewusst war (vgl. Tabelle Erz16b, Materialien). Gruppenspezifische Unterschiede in dieser Frage sind deshalb nicht interpretierbar.

Betrachtet man, was aus den Vorstellungen und Erwartungen der Kinder in der Schule tatsächlich geworden ist, so berichtet die Mehrheit der Eltern von Kindern aus den vorschulischen Schwerpunktgruppen (77,8%) bzw. aus den Gruppen in Regeleinrichtungen mit Einzelintegration (75,0%) und alle Eltern von Kindern aus heilpädagogischen Gruppen (100%), dass diese fast immer gern zur Schule gehen (vgl. Tab. Elt16a, Materialien).

Tab. 45/ Erz16a: Einstellung des Kindes zur Schule in Bezug zum Gruppentyp im Kindergarten

	Gruppentyp im Kindergarten							
	Heil-pädagogische Gruppe (n=16)		Schwerpunkt-gruppe (n=20)		Einzel-integration (n=10)		Gesamt (N=46)	
	Anzahl	%	Anzahl	%	Anzahl	%	Anzahl	%
sie/ er freute sich auf die Schule	7	43,8	12	60,0	8	80,0	27	58,7
sie/ er wollte lieber im Kindergarten bleiben und stand der Schule skeptisch gegenüber	-	-	3	15,0	1	10,0	4	8,7
sie/ er hatte Angst vor der Schule	-	-	-	-	-	-	-	-
ich kann es nicht beurteilen - ohne Angabe von Gründen	5	31,2	1	5,0	-	-	6	13,0
ich kann es nicht beurteilen, da der Übergang dem Kind nicht bewusst zu sein schien*	5	25,0	4	20,0	1	10,0	9	19,6
Gesamt	16	100	20	100	10	100	46	100

*   aus offener Antwortalternative: „Ich kann (es) nicht beurteilen, weil ...“

Der Übergang in die Schule ist für die Kinder mit zahlreichen Veränderungen verbunden. Eltern und Lehrer teilen in einigen Bereichen die Einschätzungen darüber, wie das Kind konkrete Veränderungen bewältigt hat, bewerten aus ihrem Blickwinkeln jedoch auch etliche Punkte unterschiedlich (Tab. 46 und Tab. 47).

Eltern wie Lehrer teilen mehrheitlich die Einschätzung, dass das jeweilige Kind sich auf die Schule freute, neugierig und erwartungsvoll war und den Übergang in die Schule problemlos bewältigte (zwischen 54,5% und 72,5%). Für Kinder aus Schwerpunktgruppen (57,1% bis 66,7%) und Gruppen mit Einzelintegration (62,5% bis 100%) sind diese Einschätzungen tendenziell etwas günstiger als für die Kinder aus heilpädagogischen Gruppen (36,4% bis 64,3%).

Mit Blick auf die geistige oder körperliche Behinderung sehen die Lehrer und Eltern keine oder nur unbedeutende Unterschiede in der Bewältigung der schulischen Anfangszeit (vgl. Tab. Le12b u. Elt17b, Materialien).

Gleich in welcher Form die Kinder in ihrer Kindergartenzeit betreut wurden – hier wie da gibt es einzelne Kinder, die mit den schulischen Anforderungen und/ oder anderen Kindern in der Klasse nicht gut zurecht kamen oder gar Angst vor der Schule hatten.

In einigen Punkten gibt es jedoch merkliche Unterschiede zwischen den Einschätzungen der Eltern und der Lehrer. Unterschiede der Betreuungsform während der Kindergartenzeit oder der Behinderungsart fallen dabei nur wenig ins Gewicht. Während einige Eltern aus heilpädagogischen wie aus Schwerpunkt- und einzelintegrativen Gruppen bemerkten, dass ihr Kind die Erzieherin und/ oder Freunde aus dem Kindergarten vermisste, stellten dies die Lehrer (mit einer Ausnahme) im Schulalltag nicht fest.

Tab. 46/ Elt17a: Schulische Anfangszeit in Bezug zum Gruppentyp im Kindergarten *aus Elternsicht* (Mehrfachantworten)

	Gruppentyp im Kindergarten							
	Heil-pädagogische Gruppe (n=14)		Schwerpunkt-gruppe (n=18)		Einzel-integration (n=8)		Gesamt (N=40)	
	Anzahl	%	Anzahl	%	Anzahl	%	Anzahl	%
sie/ er bewältigte den Übergang problemlos	8	57,1	12	66,7	6	75,0	26	65,0
sie/ er vermisste die Erzieherinnen aus dem Kindergarten	5	35,7	6	33,3	1	12,5	12	30,0
sie/ er vermisste Freunde aus dem Kindergarten	3	21,4	6	33,3	2	25,0	11	27,5
sie/ er freute sich auf die Schule	9	64,3	12	66,7	8	100	29	72,5
sie/ er hatte Angst vor der Schule	-	-	2	11,1	-	-	2	5,0
sie/ er war neugierig und erwartungsvoll	6	42,9	11	61,1	7	87,5	24	60,0
sie/ er kam mit den schulischen Anforderungen nicht gut zurecht	1	7,1	1	5,6	-	-	2	5,0
sie/ er kam mit den Kindern der Klasse nicht gut zurecht	2	14,3	2	11,1	-	-	4	10,0
Sonstiges	2	14,3	6	33,3	1	12,5	9	22,5
keine Angabe	-	-	-	-	-	-	-	-

Eine besonders deutliche Diskrepanz gibt es zwischen den Einschätzungen der Eltern und denen der Lehrer in Sonderschulen. Lehrer aus Sonderschulen für Kinder mit geistiger Behinderung kreuzten in unserer Befragung niemals an, das Kind habe die Erzieherinnen vermisst, während dort die Eltern zu 46,2% dieser Meinung sind. Etliche Eltern von Kindern mit einer Körperbehinderung in Sonderschulen erinnern sich, dass ihr Kind sich in der Anfangszeit auf die Schule freute (81,1%), während anscheinend nur wenige Lehrer (33,3%) dies so wahrgenommen haben (vgl. Tab. Elt17d und Le12d, Materialien).

Tab. 47/ Le12a: Schulische Anfangszeit in Bezug zum Gruppentyp im Kindergarten *aus Lehrersicht* (Mehrfachantworten)

	Gruppentyp im Kindergarten							
	Heil-pädagogische Gruppe (n=11)		Schwerpunkt-gruppe (n=14)		Einzel-integration (n=8)		Gesamt (N=33)	
	Anzahl	%	Anzahl	%	Anzahl	%	Anzahl	%
sie/ er bewältigte den Übergang problemlos	6	54,5	9	64,3	6	75,0	21	63,6
sie/ er vermisste die Erzieherinnen aus dem Kindergarten	-	-	-	-	-	-	-	-
sie/ er vermisste Freunde aus dem Kindergarten	1	9,1	-	-	-	-	1	3,0
sie/ er freute sich auf die Schule	4	36,4	8	57,1	6	75,0	18	54,5
sie/ er hatte Angst vor der Schule	1	9,1	1	7,1	-	-	2	6,1
sie/ er war neugierig und erwartungsvoll	4	36,4	9	64,3	5	62,5	18	54,5
sie/ er kam mit den schulischen Anforderungen nicht gut zurecht	-	-	1	7,1	-	-	1	3,0
sie/ er kam mit den Kindern der Klasse nicht gut zurecht	1	9,1	1	7,1	-	-	2	6,1
Sonstiges	2	18,2	4	28,4	1	12,5	7	21,2
keine Angabe	2	18,2	-	-	-	-	2	6,1

12.3.2 Zufriedenheit mit dem bisherigen Schulverlauf

Die Entwicklung schulischer Leistungen und sozialer Beziehungen in der Schule – damit zusammenhängend die Zufriedenheit der Eltern und Lehrer – hängt von einer Vielzahl von Faktoren und deren Zusammenspiel ab, nicht zuletzt natürlich von den Vorerwartungen der Beteiligten und den potenziellen Möglichkeiten der Kinder. Eine Einflussgröße haben wir im Kontext unserer Untersuchung genauer zu analysieren versucht: den Zusammenhang, der möglicherweise zwischen der Betreuungsform während der Kindergartenzeit und der Einschätzung der Eltern und Lehrer existiert.[37]

Hier möchten wir aber ausdrücklich daran erinnern, dass in heilpädagogischen Gruppen relativ mehr Kinder mit schweren und mehrfachen Behinderungen betreut werden (vgl. Kap. 5.5.1). Wir können nicht ohne weiteres davon ausgehen, dass Eltern und Lehrer dieser Kinder die Schwere der Beeinträchtigung bereits adäquat in Rechnung gestellt haben, wenn sie uns ihre Zufriedenheit (oder Unzufriedenheit) mit dem bisherigen schulischen Verlauf mitteilen.

---

37 Für eine Differenzierung nach der aktuellen Schulform vgl. Tab. Elt18c und Le 13c, Materialien.

Zufriedenheit mit den schulischen Leistungen und sozialen Beziehungen im bisherigen Schulverlauf. Eltern und Lehrer geben dazu folgende Einschätzungen (Abb. 17 und Abb. 18).

Eltern wie Lehrer zeigen sich insgesamt recht zufrieden mit den *schulischen Leistungen* der Kinder (67,5% Eltern bzw. 81,8% Lehrer *insgesamt*). In Bezug auf die ehemalige Betreuungsform während der Kindergartenzeit zeigen sich meist keine bedeutenden Unterschiede; Eltern von Kindern, die früher in Einzelintegration in einer Regeleinrichtung betreut wurden, sind allerdings signifikant zufriedener als jene, deren Kinder eine Schwerpunktgruppe besuchten (p=0,012).

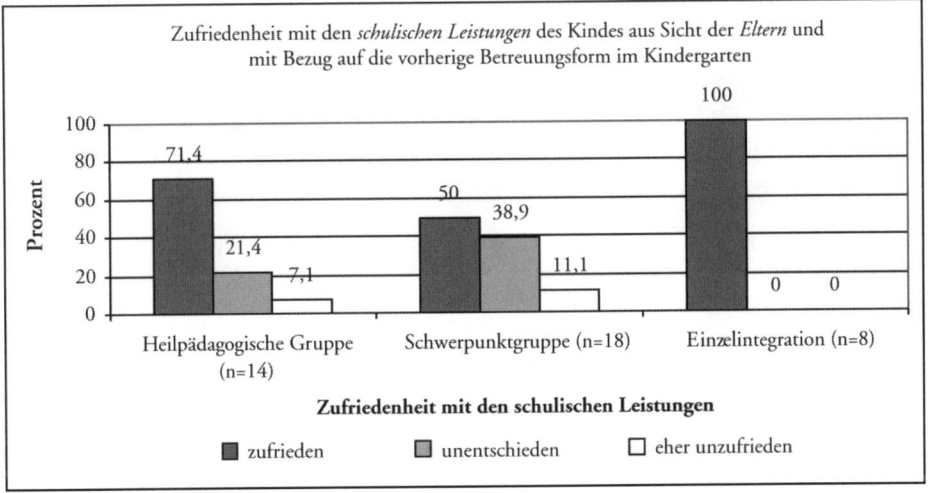

Abb. 17/ Elt18a: Zufriedenheit mit den *schulischen Leistungen* aus Sicht der Eltern

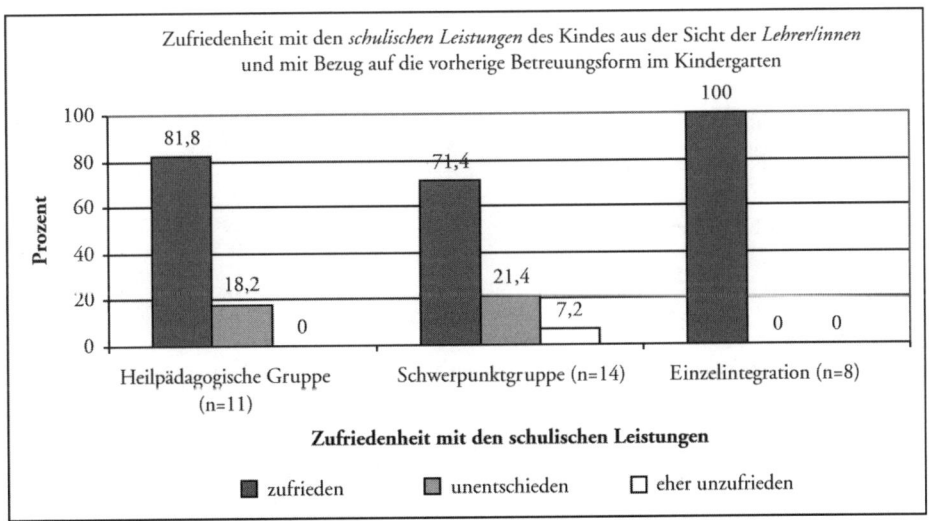

Abb. 18/ Le13a: Zufriedenheit mit den *schulischen Leistungen* aus Sicht der Lehrer

Offen bleibt, worauf diese Differenz zurück geht – auf Unterschiede zwischen den Kindern oder darauf, dass die Eltern von Kindern in Schwerpunktgruppen einen kritischeren Blick auf die Situation werfen?

Die Zufriedenheit der Eltern und Lehrer mit den *sozialen Beziehungen* im bisherigen Schulverlauf zeigen folgende Ergebnisse (Abb. 19 und Abb. 20).

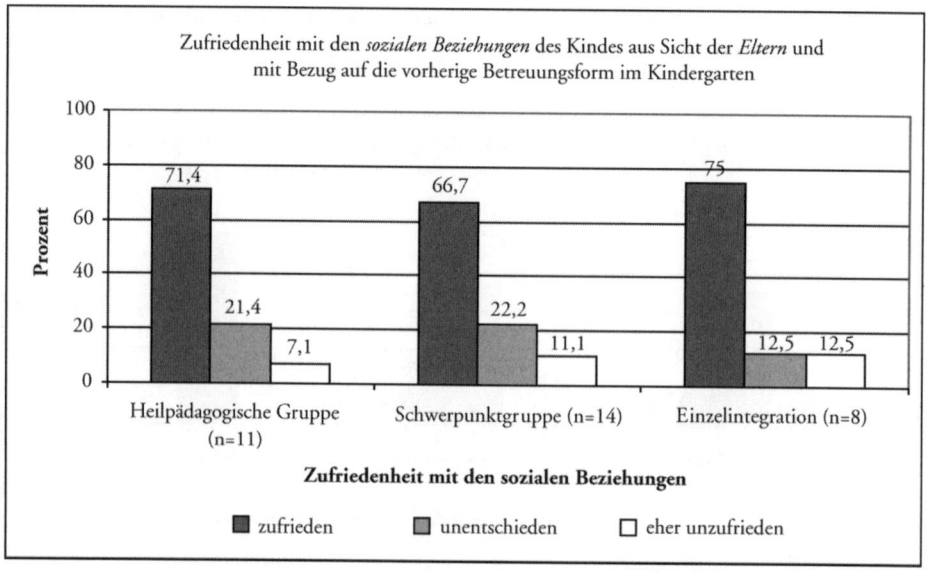

Abb. 19/ Elt19a: Zufriedenheit mit den *sozialen Beziehungen* aus Sicht der Eltern

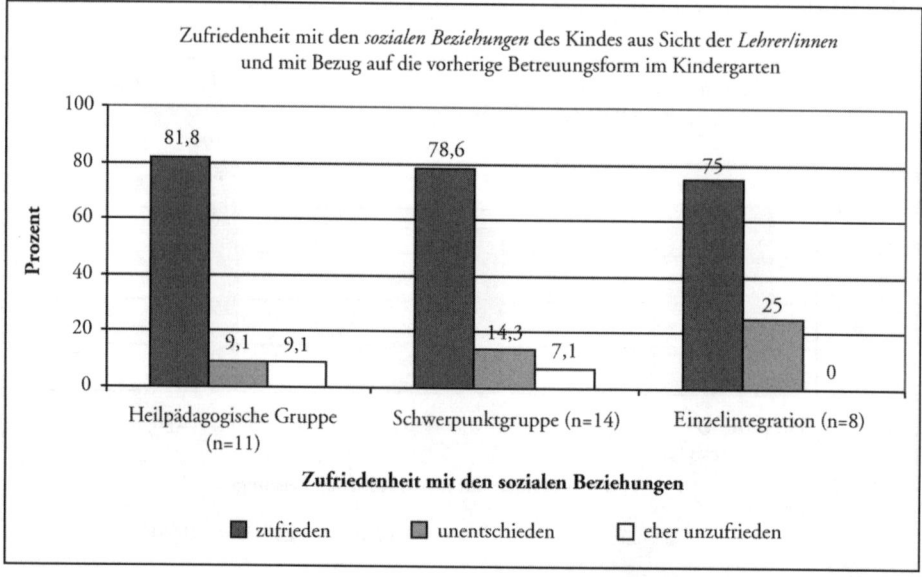

Abb. 20/ Le14a: Zufriedenheit mit den *sozialen Beziehungen* aus Sicht der Lehrer

Die Zufriedenheit in Bezug auf die *sozialen Beziehungen* der Kinder ist bei Eltern wie Lehrern hoch, der Unterschied zwischen beiden ist gering (*Insgesamt*: 70,0% bzw. 78,8%.). In Bezug auf die Betreuungsform im Kindergarten zeigen sich keine bedeutenden Unterschiede.

Betrachten wir die Gründe der Zufriedenheit differenzierter, zeigen die Ergebnisse folgendes (Tab. 48 und Tab. 49):

Eltern deren Kinder während ihrer Kindergartenzeit in Schwerpunktgruppen und Gruppen mit Einzelintegration betreut wurden, nennen als Bereich besonderer Zufriedenheit mit dem Schulbesuch der Kinder an erster Stelle (44,4% bzw. 62,5%) die *sozialen Kontakte in der Klasse* und die *soziale Kompetenz* der Kinder. Für Kinder aus *heilpädagogischen* Gruppen wird dieser Punkt seltener angeführt (21,4%). Eltern von Kindern aus *heilpädagogischen* Gruppen heben die *Arbeitsweise/ das didaktische Angebot* der Schule als besonders positiv hervor (50,0%). Das *Engagement der Lehrerinnen* wird von ca. einem Drittel aller drei Elterngruppen fast gleichermaßen betont (28,6%-37,5%). Die *schulischen Leistungen*

Tab. 48/ Elt20a: Bereiche *besonderer* Zufriedenheit im bisherigen Verlauf des Schulbesuchs aus *Elternsicht* (offene Frage, nachträglich kategorisiert und als Mehrfachantwort ausgewertet)

	Gruppentyp im Kindergarten							
	Heil-pädagogische Gruppe (n=14)		Schwerpunkt-gruppe (n=18)		Einzel-integration (n=8)		Gesamt (N=40)	
	Anzahl	%	Anzahl	%	Anzahl	%	Anzahl	%
soziale Kontakte in der Klasse (Integration/ soz. Kompetenz)	3	21,4	8	44,4	5	62,5	16	40,0
Wohlfühlen des Kindes/ Selbstvertrauen	2	14,3	3	16,7	1	12,5	6	15,0
Entwicklung allgemein/ Selbstständigkeit (Alltag)	3	21,4	1	5,6	-	-	4	10,0
Entwicklung im kognitiven Bereich/ schulische Leistungen	1	7,1	2	11,1	3	37,5	6	15,0
Austausch/ Zusammenarbeit mit Lehrer/innen	3	21,4	4	22,2	2	25,0	9	22,5
Engagement/ Kompetenz der Lehrer/innen	4	28,6	6	33,3	3	37,5	13	32,5
Arbeitsweise/ (didaktisches) Angebot der Schule	7	50,0	2	11,1	2	25,0	11	27,5
Rahmenbedingungen der Schule (inkl. Therapie)	2	14,3	3	16,7	2	25,0	7	17,5
Sonstiges	1	7,1	1	5,6	-	-	2	5,0
keine Angabe	-	-	2		-	-	2	5,0

Tab. 49/ Le15a: Bereiche *besonderer* Zufriedenheit im bisherigen Verlauf des Schulbesuchs aus *Lehrersicht* (offene Frage, nachträglich kategorisiert und als Mehrfachantwort ausgewertet)

	Gruppentyp im Kindergarten							
	Heil-pädagogische Gruppe (n=11)		Schwerpunkt-gruppe (n=14)		Einzel-integration (n=8)		Gesamt (N=33)	
	Anzahl	%	Anzahl	%	Anzahl	%	Anzahl	%
soziale Kontakte in der Klasse (Integration/ soziale Kompetenz)	4	36,4	8	57,1	3	37,5	15	45,5
Wohlfühlen des Kindes/ Selbstvertrauen	4	36,4	3	21,4	2	25,0	9	27,3
Entwicklung allgemein/ Selbstständigkeit (Alltag)	2	18,2	2	14,3	2	25,0	6	18,2
Entwicklung im kognitiven Bereich/ schulische Leistungen	3	27,3	4	28,6	2	25,0	9	27,3
Motivation/ Arbeitshaltung des Kindes	3	27,3	5	35,7	2	25,0	10	30,3
Sonstiges	1	9,1	-	-	-	-	1	3,0
keine Angabe	1	9,1	2	14,3	1	12,5	4	12,1

oder die *kognitive Entwicklung* ihrer Kinder nennen insgesamt nur wenige Eltern als Bereiche besonderer Zufriedenheit (Eltern eines Kindes aus einer heilpädagogischen Gruppe = 7,1%, Eltern von zwei Kindern aus Schwerpunktgruppen = 11,1% und von drei Kindern aus Gruppen mit Einzelintegration = 37,5%).

Lehrer nennen als Bereich *besonderer* Zufriedenheit für Kinder aus Schwerpunktgruppen die *sozialen Kontakte/ soziale Kompetenz* tendenziell häufiger (acht von vierzehn = 57,1%) als für Kinder aus heilpädagogischen Gruppen (vier von elf = 36,4%) und aus Gruppen mit Einzelintegration (drei von acht = 37,5%). Die *kognitive Entwicklung* nennen die Lehrer für Kinder aus allen Einrichtungstypen gleich selten als Bereich ihrer besonderen Zufriedenheit (25,0%–28,6%) (vgl. Tab. Le15a, Materialien).

Differenziert nach Behinderung. Eltern und Lehrer von Kindern mit körperlicher Behinderung sind tendenziell etwas häufiger mit den sozialen Kontakten ihrer Kinder *besonders* zufrieden (47,4% Eltern bzw. 58,3% Lehrer) als diejenigen von Kindern mit geistiger Behinderung (33,3% bzw. 38,1%). Allerdings zeigen Eltern körperbehinderter Kinder sich auch eher ausdrücklich unzufrieden mit diesem Bereich (21,1%; dagegen keine Nennung für Kinder mit geistiger Behinderung). Eltern von Kindern mit geistiger Behinderung thematisieren von sich aus eher das didaktische Angebot der Schule (33,3% sind damit besonders zufrieden und 19,0% besonders unzufrieden) (vgl. Tab. Elt20b, Elt21b und Le15b, Materialien).

Differenziert nach Schultyp. Mit Blick auf die Schultypen fällt auf, dass nur wenige Eltern (18,2%), aber viele Lehrer (83,3%) mit den sozialen Kontakten in Sonderschulen für Kinder mit Körperbehinderung *besonders* zufrieden sind. Eltern mit Kindern in Sonderschulen für Kinder mit geistiger Behinderung beziehen sich am häufigsten auf das didaktische Angebot (38,5% sind damit besonders zufrieden, 30,8% besonders unzufrieden). Eine besondere Zufriedenheit mit der Entwicklung im kognitiven Bereich nennen diese Eltern nie, wohingegen Lehrer immerhin zu 31,3% besonders mit der kognitiven Entwicklung des Kindes zufrieden sind (vgl. Tab. Elt20c, Elt21c und Le15c, Materialien).

Zufriedenheit mit dem Entwicklungsstand des Kindes. Eltern und Lehrer schätzten aus ihrer Sicht für verschiedene Entwicklungsbereiche ein, ob das Kind dort auf einem Stand ist, der seinen Fähigkeiten entspricht.[38]

Eltern. Die weit überwiegende Mehrheit der Eltern (je nach Entwicklungsbereich zwischen 55,6% und 87,5%) ist der Meinung, dass das Kind in den verschiedenen Entwicklungsbereichen gelernt hat, was seinen Fähigkeiten entspricht. Die Unterschiede in Bezug auf die Betreuungsform im Kindergarten sind dabei (statistisch) unbedeutend. Die deutlichste Tendenz zeigt sich hier in Bezug auf *soziale Kompetenz*: Eltern von Kindern aus Gruppen mit Einzelintegration (87,5%) sind mit Blick auf soziale Kompetenzen tendenziell zufriedener mit der individuellen Entwicklung ihres Kindes als Eltern von Kindern aus heilpädagogischen Gruppen (64,3%). Bezogen auf verschiedene Entwicklungsbereiche haben immerhin 7,1%–33,3% der Eltern die Einschätzung, dass ihr Kind in der Schule hätte mehr lernen können (vgl. Tab. Elt23a-27a, Materialien).

Zusammenfassend hält die Mehrzahl der Eltern aber fest, dass ihr Kind in der ersten Schulzeit insgesamt das gelernt hat, was sie erwartet hatten[39]. Unterschiede in Bezug auf die frühere Betreuungsform im Kindergarten sind nicht signifikant.

Tab. 50/ Elt28a: Übereinstimmung der anfänglichen Erwartungen der Eltern mit ihren Einschätzungen der bisherigen schulischen Entwicklung des Kindes – Gesamturteil (in Bezug zum Gruppentyp im Kindergarten)

	Gruppentyp im Kindergarten							
	Heil-pädagogische Gruppe (n=14)		Schwerpunkt-gruppe (n=18)		Einzel-integration (n=8)		Gesamt (N=40)	
	Anzahl	%	Anzahl	%	Anzahl	%	Anzahl	%
ja, sie/ er hat in diesen ersten Schuljahren das gelernt, was ich erwartet habe (und darüber hinaus).	10	71,4	11	61,1	7	87,5	28	71,8
nein, sie/ er tut sich schwerer, als ich erwartet habe.	4	28,6	6	33,3	1	12,5	11	28,2
keine Angabe	-	-	1	5,6	-	-	1	2,5
Gesamt	14	100	18	100	8	100	40	100

---

38 Die Frage lautete: Ist nach Ihrer Einschätzung Ihre Tochter/ Ihr Sohn (das Mädchen/ der Junge) im kognitiven (sozialen, ...) Bereich auf dem Stand, der ihren/ seinen Fähigkeiten entspricht?

39 Gründe, auf die Eltern den Schulerfolg ihres Kindes zurückführen: vgl. Tab. Elt29a und b, Materialien.

Diese Einschätzung unterscheidet sich nicht signifikant nach der Behinderungsart (73,7% für Kinder mit körperlicher Behinderung bzw. 66,6% für Kinder mit geistiger Behinderung). Es gibt jedoch deutliche, schulformspezifische Tendenzen. Eltern mit Kindern in Klassen mit gemeinsamer Erziehung sehen ihre Erwartungen eher erfüllt (100% bzw. 80,0%) als diejenigen mit Kindern in Sonderschulen (bzgl. Sonderschule für Kinder mit Körperbehinderung 63,6%, bzgl. Sonderschule für Kinder mit geistiger Behinderung 53,8%) (vgl. Tab. Elt28b und c, Materialien).

Lehrer. In den Augen der Lehrer hat sich ein relativ hoher Teil der Kinder in den einzelnen Bereichen ihren Fähigkeiten entsprechend gut entwickelt. Während sich im sozialen (71,4%–75,0%) und motorischen Bereich (62,5%–78,6%) keine (bedeutsamen) Unterschiede zwischen den Einrichtungstypen zeigen, werden Kinder aus Schwerpunktgruppen (92,9%) bezüglich ihrer praktischen Fähigkeiten tendenziell etwas besser eingeschätzt als aus Gruppen mit Einzelintegration (62,5%) und aus heilpädagogischen Gruppen (72,7%). Im kognitiven Bereich bewerten die Lehrer die Entwicklung tendenziell skeptischer als die Eltern. In der Tendenz beobachten die Lehrer im kognitiven Bereich eine bessere Entwicklung bei den Kindern aus Schwerpunktgruppen (64,3%) und Gruppen mit Einzelintegration (62,5%) als bei denjenigen aus heilpädagogischen Gruppen (45,5%). (Wir verweisen hier noch einmal auf die unterschiedlichen Ausgangsbedingungen der Kinder; s. o.).

Ein guter Teil der Kinder ist nach Einschätzung der Lehrer aber auch unter seinen eigentlichen Fähigkeiten geblieben. Besonders bei der schulischen Arbeitshaltung und bei der kognitiven Entwicklung wäre nach Ansicht der Lehrer mehr möglich gewesen (vgl. Tab. Le20a-Le24a, Materialien).

Entgegen diesen Einschätzungen im Detail ist die Gesamteinschätzung günstiger (Tab. 51).

Tab. 51/ Le25a: Übereinstimmung der anfänglichen Erwartungen von Lehrerinnen und Lehrern mit ihren Einschätzungen der bisherigen schulischen Entwicklung des Kindes – Gesamturteil (in Bezug zum Gruppentyp im Kindergarten)

	Gruppentyp im Kindergarten							
	Heil-pädagogische Gruppe (n=11)		Schwerpunkt-gruppe (n=14)		Einzel-integration (n=8)		Gesamt (N=33)	
	Anzahl	%	Anzahl	%	Anzahl	%	Anzahl	%
sie/ er hat in diesen ersten Schuljahren das gelernt, was ich erwartet habe (und darüber hinaus).	10	90,9	10	71,4	7	87,5	27	81,8
sie/ er tut sich schwerer, als ich erwartet habe.	-	-	2	14,3	1	12,5	3	9,1
keine Angabe	1	9,1	2	14,3	-	-	3	9,1
Gesamt	11	100	14	100	8	100	33	100

Die meisten Lehrer haben die Gesamteinschätzung, dass die Kinder in der ersten Schulzeit das Erwartete gelernt haben (81,8%), ohne dass sich hier bedeutende Unterschiede bezüglich der Betreuungsform im Kindergarten zeigen.

Die Behinderungsart des Kindes spielt mit Blick auf die Übereinstimmungen der Erwartungen mit der bisherigen schulischen Entwicklung ebenfalls keine Rolle (vgl. Tab. Le25b, Materialien). Unterschiede zwischen den Schulformen gibt es, sie sind jedoch nicht sehr markant: Lehrer in Grundschulklassen mit einem einzelnen Kind mit Behinderung sind am zufriedensten (100%), gefolgt von ihren Kollegen in ‚Integrationsklassen' mit mehreren Kindern mit Behinderung und Sonderschulen für Kinder mit Körperbehinderung (beide 83,3%) bzw. für Kinder mit geistiger Behinderung (75,0%) (vgl. Tab. Le25c, Materialien).

12.3.3 Zusammenfassung und Folgerungen aus den Ergebnissen: generelle Zufriedenheit mit der schulischen Entwicklung, etliche kritisch bewertete Aspekte

- Die meisten Eltern beschreiben, dass ihre Kinder sich auf die Schule freuten. Sie bewältigten den Übergang problemlos, waren neugierig und erwartungsvoll. Der Übergang von Kindern aus Schwerpunktgruppen und Einzelintegrationsmaßnahmen wird seitens der Eltern tendenziell etwas günstiger eingeschätzt. Einzelne Kinder, gleich welche Betreuungsform sie erfuhren, kamen mit den schulischen Anforderungen bzw. mit der Schulsituation insgesamt nicht gut zurecht. Bei gut einem Viertel der Kinder (Kinder mit geistiger Beeinträchtigung) war den Eltern und Erzieherinnen keine genaue Einschätzung möglich.
- Lehrerinnen und Lehrer aller Schulformen, vor allem aus Sonderschulen, sehen seltener Probleme der Kinder im Übergang zur Schule als die Eltern der Kinder (z. B. wenn das Kind Erzieherinnen oder Freunde aus dem Kindergarten vermisst). Sind Lehrerinnen und Lehrer weniger dafür sensibilisiert? Oder zeigen die Kinder ihre Probleme im Schulalltag nicht? Zumindest wird deutlich, dass es zwischen den Beteiligten darüber an Kommunikation mangelt.

Die Mehrzahl der Eltern wie der Lehrerinnen und Lehrer ist sowohl mit den sozialen Beziehungen der Kinder in der Klasse als auch mit der schulischen Leistung zufrieden. Im Detail zeigen sich einige Besonderheiten:
- Über die verschiedenen Behinderungsarten und Gruppentypen hinweg sind die meisten *Eltern* der Meinung, dass das Kind in der ersten Schulzeit in den verschiedenen Entwicklungsbereichen gelernt hat, was seinen individuellen Fähigkeiten entspricht.
- *Lehrerinnen und Lehrer* bewerten die Entwicklung der Kinder – entgegen ihrer Gesamteinschätzung – in den einzelnen Bereichen tendenziell etwas skeptischer als die Eltern, am deutlichsten zeichnet sich dies in der Beurteilung der kognitiven Entwicklung ab. Die kognitive Entwicklung der Kinder aus allen Einrichtungstypen sehen die Lehrer und Lehrerinnen nur bedingt positiv. Werden hier inadäquate Maßstäbe angelegt oder werden/ wurden die Kinder hier ungenügend unterstützt? Ein Punkt, der in der Praxis geklärt werden sollte.
- *Eltern* haben gemäß ihren unterschiedlichen Voreinstellungen und Erwartungen auch unterschiedliche *Kriterien, an denen sie ihre Zufriedenheit mit dem bisherigen Schulverlauf*

fest machen. Eltern, deren Kinder in heilpädagogischen Gruppen betreut wurden, machen ihre Zufriedenheit mit der Schule tendenziell häufiger an der individuellen Förderung, also an Arbeitsweisen und didaktischem Konzept der Schule fest. Eltern, die vordem eine integrative Gruppenform im Kindergarten wählten, nennen tendenziell häufiger die sozialen Kontakte ihres Kindes in der Schule als Bereich besonderer Zufriedenheit mit dem bisherigen Schulbesuch.

- Die kognitive Entwicklung der Kinder nennen *Eltern wie Lehrer und Lehrerinnen* selten als einen Bereich besonderer Zufriedenheit mit dem bisherigen Verlauf des Schulbesuchs eines Kindes.
- Unterschiede zwischen den Einschätzungen weisen auch hier deutlich auf unterschiedliche Maßstäbe oder Schwerpunkte hin, die zwischen Eltern auf der einen und Lehrer und Lehrerinnen auf der anderen Seite existieren:
  Die größten Unterschiede werden zwischen den Einschätzungen von Eltern und Lehrern in Sonderschulen sichtbar. Eltern von Kindern mit Körperbehinderung bewerten dort vor allem die sozialen Kontakte, Eltern von Kindern mit geistiger Behinderung die kognitive Entwicklung schlechter als die Lehrer und Lehrerinnen.
- Im Gesamteindruck zeigt sich, dass Einschätzungen im Detail (z. B. in Bezug auf verschiedene Entwicklungsbereiche) und Gesamteinschätzungen nicht immer überein stimmen. Dies fällt besonders bei Lehrern und Lehrerinnen auf. Offensichtlich gibt es Unklarheiten in der Anwendung der Beurteilungsmaßstäbe. Dies hat Bedeutung für die Kommunikation zwischen ihnen und den Eltern, aber auch zwischen Lehrerinnen/ Lehrern und Erzieherinnen. Auch deshalb müssten die Maßstäbe der Beurteilung bzw. von Zufriedenheit und Unzufriedenheit untereinander kommuniziert werden. Es gibt einen deutlichen Handlungsbedarf bzgl. der Verbesserung der Kommunikation zwischen den unterschiedlichen Rollenträgern.

Exkurs

Die Pädagogik des Kindergartens und der Schule unterscheiden sich deutlich in Inhalt, Didaktik, zeitlicher Strukturierung und vielem mehr. „Die in relativ kurzer Zeit zu erbringenden Anpassungsleistungen und verdichteten Lernprozesse werden als Entwicklungsaufgabe bezeichnet" (Griebel/ Niesen 2004, 92). Die Bewältigung oder Nicht-Bewältigung dieses Schrittes hat weitreichende Folgen (vgl. Beelmann 2000; Griebel/ Niesen 2003; Oerter 1995). Umfassende internationale Studien – seit den neunziger Jahren wurde dies besonders im Rahmen der Transitionsforschung empirisch untersucht – belegen den Stress-Charakter dieser Phase wie die Tatsache, dass neben dem hohen Anteil von Kindern, die diese Aufgabe gut bewältigen, immer ein relativ hoher Anteil bedeutende Schwierigkeiten hat.[40]
Großen Einfluss hat hier die Verständigung zwischen den Pädagoginnen der Kindertageseinrichtungen, den Eltern und den Lehrerinnen. Die Kooperation zwischen Kindergarten und Schule gehört inzwischen fast überall zum Standard, hat aber sehr unterschiedli-

---

40   Einen zusammenfassenden Überblick geben Griebel/ Niesel 2003, 95–111

che Intensität. Zudem bleibt die Frage, was damit intendiert ist. Hat der Kontakt nur organisatorische Gründe? Geht es „nur" um das Vertraut-machen des Kindes mit der Institution, die es für die nächsten Jahre besuchen wird? Oder geht es um die Verständigung zweier noch sehr unterschiedlicher Systeme, dabei um den Austausch zwischen Lehrerinnen und Erzieherinnen. Bisher gibt es dazu kaum Hinweise aus empirischen Untersuchungen. Eine der wenigen ist eine österreichische Studie, die sehr unterschiedliche Erwartungen von Erzieherinnen und Grundschullehrerinnen bezüglich der Kompetenz von Schulanfängern belegt, begleitet von extremen Kommunikationsmängeln beider Berufsgruppen (vgl. Hollerer 2002).

Wir können unsere Ergebnisse also auch vor diesem Hintergrund lesen. So gesehen wiederholen sich die Kommunikationsmängel zwischen den unterschiedlichen Rollenträgern auch in dem Bereich unserer Untersuchung. Es zeichnet sich hier ein wichtiger Punkt ab, an dem Handlungsbedarf besteht.

12.4 Schule und soziale Einbindung (integrative Aspekte)

Ob Kinder (mit Behinderung) Freundschaften beim Schulwechsel beibehalten können und/ oder neue Freundschaften in der Schule knüpfen, lässt sich nicht leicht auf einzelne Faktoren zurück führen. Kommunikationsfähigkeit und -motivation des Kindes selbst spielen hier eine Rolle, ebenso die Rahmenbedingungen, die Kindertagesstätte und Schule vorgeben (Nähe zum Wohnort, gemeinsame Einschulung mit bereits bekannten Kindern). Auch die bisherigen Erfahrungen und Möglichkeiten sozialer Beziehungen in einer Gruppe Gleichaltriger und die in der Kindergartenzeit erworbene soziale Kompetenz sind für das Eingehen neuer Kontakte und Freundschaften am Übergang in die Schule zentral. In unserer schulbezogenen Befragung baten wir Eltern und Lehrerinnen um Informationen und Einschätzungen zu den sozialen Kontakten der Kinder. Im Folgenden werden wir ihre Angaben vor allem mit der Betreuungsform (dem Gruppentyp), die das Kind ehemals im Kindergarten erlebte sowie mit der Schulform zum Zeitpunkt der Befragung in Bezug setzen.[41]

12.4.1 Besuchte Schulform im Anschluss an den Kindergarten
Die Schule bzw. die Schulform, die die Kinder im Anschluss an den Kindergarten besuchen, ist ein erster Faktor für die (weitere) soziale Einbindung der Kinder. Denn hier schon entscheidet sich, welche Kinder überhaupt die Chance haben, Freundschaften aus dem Kindergarten fort zu führen oder Kinder aus der häuslichen Nachbarschaft zu treffen.

---

41 Unterschiede zwischen Kindern mit Körperbehinderung und Kindern mit geistiger Behinderung werden nur bei deutlicher Ausprägung erwähnt (vgl. dazu aber die Tabellen Elt33b-38b und Le26b-33b, Materialien).

Schulbezogene Befragung

Tab. 52/ Elt3a: Momentan besuchte Schulform in Bezug zum Gruppentyp im Kindergarten

	Gruppentyp im Kindergarten							
	Heilpädagogische Gruppe (n=14)		Schwerpunktgruppe (n=18)		Einzelintegration (n=8)		Gesamt (N=40)	
	Anzahl	%	Anzahl	%	Anzahl	%	Anzahl	%
eine Sonderschule für Kinder mit Körperbehinderung	5	35,7	5	27,8	1	12,5	11	27,5
eine Sonderschule für Kinder mit geistiger Behinderung	8	57,1	4	22,2	1	12,5	13	32,5
eine ‚Integrationsklasse‘ an einer Grundschule	1	7,1	6	33,3	3	37,5	10	25,0
eine allgemeine Grundschulklasse als einzelnes Kind mit Behinderung	-	-	3	16,7	3	37,5	6	15,0
Gesamt	14	100	18	100	8	100	40	100

Kinder, die in unsere Untersuchung einbezogen waren und vor der Schule in heilpädagogischen Einrichtungen betreut wurden, besuchen im Anschluss fast alle die Sonderschule (dreizehn von vierzehn Kindern = 92,9%, davon fünf eine Sonderschule für Kinder mit Körperbehinderung = 35,7% und acht eine Sonderschule für Kinder mit geistiger Behinderung = 57,1%). Nur ein Kind aus einer heilpädagogischen Gruppe in der Kindergartenzeit wechselt zu Schulbeginn in eine ‚Integrationsklasse‘.

Die Kinder aus Schwerpunktgruppen besuchen zur Hälfte Sonderschulen (neun von achtzehn = 50,0%, davon fünf eine Sonderschule für Kinder mit Körperbehinderung = 27,8% und vier eine Sonderschule für Kinder mit geistiger Behinderung = 22,2%), sechs Kinder wurden in eine Integrationsklasse (33,3%) und drei in eine allgemeine Grundschule im Rahmen einer Maßnahme der Einzelintegration (16,7%) eingeschult.

Aus Regeleinrichtungen mit Einzelintegration besuchen zwei von acht Kindern (25,0%) Sonderschulen. Jeweils drei Kinder sind in Integrationsklassen (35,5%) bzw. in einer allgemeinen Grundschule als Kinder in einer Einzelintegration (35,5%).

12.4.2 Weiterführung von sozialen Kontakten/ Freundschaften aus der Vorschulzeit
Schulbezogene Befragung
Gemeinsame Kindergartenzeit, gleiche Schule
Etwa ein Drittel der Kinder, die im Kindergartenalter in Schwerpunktgruppen und in Regeleinrichtungen waren, wechseln zusammen mit Kindern ihrer Kindertageseinrichtung in die gleiche Schule (38,9% bzw. 37,5%). Bei Kindern aus heilpädagogischen Kindergartengruppen ist dieser Anteil höher (71,4%). Sie wechseln meist auf die gleiche Sonderschule.

Tab. 53/ Elt33a: Einschulung anderer Kinder aus dem Kindergarten in die gleiche Schule

	Gruppentyp im Kindergarten							
	Heilpädagogische Gruppe (n=14)		Schwerpunktgruppe (n=18)		Einzelintegration (n=8)		Gesamt (N=40)	
	Anzahl	%	Anzahl	%	Anzahl	%	Anzahl	%
ja	10	71,4	7	38,9	3	37,5	20	50,0
nein	4	28,6	11	61,1	5	62,5	20	50,0
Gesamt	14	100	18	100	8	100	40	100

Da Kinder aus heilpädagogischen Tageseinrichtungen anschließend meist eine Sonderschule besuchen (s. o.), wechseln hier öfter zwei und mehr Kinder in die gleiche Schule oder gar Klasse. Wechseln Kinder z. B. aus Regelgruppen der Kindertageseinrichtung in die Sonderschule, haben sie selten Begleitung aus der gleichen Kindergartengruppe. Hier ermöglicht die Einzelintegration an allgemeinen Grundschulen am ehesten das Zusammenbleiben mit anderen Kindern aus dem Kindergarten (fünf von sechs = 83,3%); (vgl. Tab. Elt33d, Materialien). Die Zahlen über den gemeinsamen Wechsel vom Kindergarten in die Schule sagen allein jedoch wenig aus, da die Bewertung dieses Übergangs eng mit der Bevorzugung einer bestimmten Schulform verknüpft ist.

Kinder aus dem Wohnumfeld in der gleichen Schule, Fortsetzung von Freundschaften aus dem Kindergarten

Kinder aus dem früheren Kindergarten, die mit in die gleiche Schule wechseln, können zu wichtigen Faktoren im Übergang werden. Soziale Kontakte werden aber auch stark durch räumliche Nähe erleichtert. Gehen die Kinder aus der Nachbarschaft in die gleiche Schule? Bei Kindern aus heilpädagogischen (ein Kind von vierzehn = 7,1%) und Schwerpunktgruppen (drei von achtzehn = 16,7%) ist dies tendenziell seltener der Fall als bei Kindern aus Regeleinrichtungen mit gemeinsamer Erziehung (fünf von acht = 62,5%) (vgl. Tab. Elt34a, Materialien).

Bezogen auf den Schultyp zeigt unsere Untersuchung erwartungsgemäß, dass Kinder in Sonderschulen dort so gut wie nie andere Kinder aus dem häuslichen Umfeld treffen (0,0% bzw. ein Kind = 7,7%). In Integrationsklassen an Grundschulen, die neben den Kindern ohne Behinderung auch mehrere Kinder mit Behinderung unterrichten, ist dies zwar tendenziell etwas häufiger der Fall (drei von zehn = 30,0%), recht wahrscheinlich jedoch nur, wenn das Kind mit Behinderung die allgemeine Grundschule vor Ort (Einzelintegration) besucht (fünf von sechs = 83,3%) (vgl. Tab. Elt34d, Materialien). Die Angaben der Lehrerinnen bestätigen dies (vgl. Tab. Le27a und Le27d, Materialien).

Fortsetzung von Freundschaften, die bereits vor der Schulzeit bestanden

Auch wenn Kinder gemeinsam aus dem gleichen Kindergarten oder aus der Nachbarschaft in die gleiche Schule eingeschult wurden, bedeutet dies nicht unbedingt Fortsetzung von Freundschaften. Am schlechtesten gelingt dies Kindern aus heilpädagogischen Kindergartengruppen bzw. – mit Blick auf die Schulform – Kindern, die eine Sonderschule besuchen. Diese beiden Gruppierungen sind ohnehin großenteils deckungsgleich. Am besten und sehr gut gelingt es den Kindern, die in einer Einzelintegrationsmaßnahme Regeltageseinrichtungen bzw. -schulen besuchen (vgl. Tab. Elt35d und 36a, Materialien).

12.4.3 (Neue) soziale Kontakte/ Freundschaften in der Schule
Freunde in der Klasse
Aus allen Schulformen berichten die *Lehrerinnen* über die meisten Kinder, dass sie Freunde in der Klasse haben (aus allgemeinen Grundschulen mit Einzelintegration: fünf = 100%; aus Schulen für Kinder mit Körperbehinderung: fünf von sechs = 83,3%; aus Schulen für Kinder mit geistiger Behinderung: elf von sechzehn = 68,8%; aus Integrationsklassen an einer Grundschule: vier von sechs = 66,7%). Nach den Angaben der Lehrerinnen haben Kinder mit geistiger Behinderung tendenziell etwas seltener Freunde in der Klasse (66,7%) als Kinder mit einer Körperbehinderung (91,7%) (vgl. Tab. Le28b u. Le28d, Materialien).

Eltern berichten aus allen Schultypen, dass ihre Kinder in der Schule auch *neue Freundschaften* knüpfen konnten (Integrationsklasse: neun von zehn = 90,0%; Sonderschule für Kinder mit Körperbehinderung: neun von elf = 81,8%; Sonderschule für Kinder mit geistiger Behinderung: zehn von dreizehn = 76,9%; Einzelintegration an einer allgemeinen Grundschule: vier von sechs= 66,7%)[42] (vgl. Tab. Elt37d, Materialien).

Bringen wir die Angaben zu den Freundschaften in der Klasse mit dem besuchten Gruppentyp im Kindergarten in Verbindung, spiegeln sie die zuvor erhobenen Informationen (12.4.1 und 12.4.2) weitgehend wider:

Die Kinder, von denen Lehrerinnen berichten, dass sie Freunde in der Klasse haben, besuchten im Kindergarten tendenziell häufiger Gruppen mit Einzelintegration (sieben von acht = 87,5%) oder Schwerpunktgruppen (zwölf von vierzehn = 85,7%), tendenziell seltener heilpädagogische Gruppen (sechs von elf = 54,5%) (vgl. Tab. Le28a, Materialien).

Position des Kindes in der Klasse
Wir baten die Klassenlehrer und -lehrerinnen, die Position innerhalb der Klasse für das Kind, auf das wir uns beziehen, zum Zeitpunkt unserer Erhebung einzuschätzen (Tab. 54). Mit Blick auf die verschiedenen Schulformen zeichnen sich einige Unterschiede ab: Mit Ausnahme derjenigen an Sonderschulen für Kinder mit geistiger Behinderung (sechs von sechzehn = 37,5%)[43] *spielen und arbeiten* die meisten Kinder in unserer kindbezogenen Befragung *selbst gerne mit anderen* (Sonderschulen für Kinder mit Körperbehinderung: fünf von sechs = 83,3%; Allgemeine Grundschulen mit Einzelintegration: vier von fünf = 80,0 und ,Integrationsklassen' an Grundschulen: vier von sechs = 66,7%).

Umgekehrt arbeiten und spielen auch andere Kinder gerne zusammen mit den Kindern mit Behinderung. Bei den wenigen Kindern, die im Rahmen unserer Untersuchung Regel-

---

42 Dass tendenziell seltener von neuen Freundschaften in Grundschulen mit Einzelintegration berichtet wird, kann damit zusammenhängen, dass dort tendenziell die meisten ,älteren' Kindergartenfreundschaften fortgesetzt werden konnten (s.o.).

43 Im Vergleich der Behinderungen zeigt sich, dass Lehrerinnen für die Kinder mit geistiger Behinderung insgesamt seltener angeben, sie würden gerne mit anderen Kindern spielen oder arbeiten (zehn von einundzwanzig = 47,6% im Vergleich mit neun von zwölf der Kinder mit Körperbehinderung = 75,0%); (vgl. Tab. Le29b, Materialien).

Tab. 54/ Le29d: Derzeitige Position des Kindes in der Klasse (Mehrfachantworten)

	Besuchter Schultyp									
	Sonderschule für Kinder mit Körper-behinderung (n=6)		Sonderschule für Kinder mit geistiger Behinderung (n=16)		‚Integrations-klasse' an einer Grundschule (n=6)		Allg. Grundschul-klasse als einzelnes Kind mit Behinderung (n=5)		Gesamt (N=33)	
	Anzahl	%	Anzahl	%	Anzahl	%	Anzahl	%	Anzahl	%
andere Kinder arbeiten mit ihr/ ihm meistens gern	2	33,3	9	56,3	3	50,0	4	80,0	18	54,5
andere Kinder spielen mit ihr/ ihm meistens gern	4	66,7	10	62,5	3	50,0	4	80,0	21	63,6
andere Kinder arbeiten meistens nicht so gern mit ihr/ ihm	2	33,3	2	12,5	2	33,3	-	-	6	18,2
andere Kinder spielen meistens nicht so gern mit ihr/ ihm	1	16,7	2	12,5	-	-	-	-	3	9,1
das Mädchen/ der Junge arbeitet oder spielt meistens gern mit anderen Kindern	5	83,3	6	37,5	4	66,7	4	80,0	19	57,6
das Mädchen/ der Junge arbeitet oder spielt meistens nicht so gern mit anderen Kindern	2	33,3	6	37,5	-	-	1	20,0	9	27,3
keine Angabe	-	-	1	6,3	-	-	-	-	1	3,0

und ‚Integrationsklassen' besuchen, ist der Aussagewert hier nicht sehr hoch. Doch man kann festhalten, dass der Eindruck hier positiv ist (in Integrationsklassen in drei von sechs Fällen = 50,0%, in den Regellassen mit Einzelintegration in vier von fünf = 80,0%; zum Vergleich: in den Sonderschulen 33,3%–66,7%).

In Bezug auf die verschiedenen Schulformen wird die Situation der fünf Kinder, die als einzelne Kinder mit Behinderung allgemeine Grundschulklassen besuchen insgesamt am positivsten bewertet: Vier von ihnen (80,0%) spielen und arbeiten gerne mit anderen Kindern und andere Kinder gleichermaßen gerne mit ihnen. Nur ein Kind (20,0%) zieht sich von den Klassenkameraden zurück (spielt und/ oder arbeitet nicht gerne mit anderen Kindern).

Unterstützung sozialer Kontakte
Die Kinder mit Behinderung an allgemeinen Grundschulen (Einzelintegration) sind nach Angaben der Lehrerinnen im sozialen Kontakt sehr selbstständig (vier von fünf = 80,0%), nur ein Kind braucht gelegentlich Hilfe (20,0%). Dass *andere* Kinder im Kontakt zu ihnen Unterstützung brauchen, wurde uns dort nie berichtet.

Tab. 55/ Le32d: Besondere Anregung und/ oder Unterstützung der sozialen Kontakte des Kindes von pädagogischer Seite (Mehrfachantworten)

	Besuchter Schultyp								
	Sonderschule für Kinder mit Körperbehinderung (n=6)		Sonderschule für Kinder mit geistiger Behinderung (n=16)		‚Integrationsklasse' an einer Grundschule (n=6)		Allg. Grundschulklasse als einzelnes Kind mit Behinderung (n=5)		Gesamt (N=33)
	Anzahl	%	Anzahl	%	Anzahl	%	Anzahl	%	Anzahl	%
das Kind ist im sozialen Kontakt sehr selbstständig	2	33,3	2	12,5	1	16,7	4	80,0	9	27,3
manchmal braucht das Kind im sozialen Kontakt Hilfen, manchmal nicht	3	50,0	6	37,5	3	50,0	1	20,0	13	39,4
das Kind braucht im sozialen Kontakt fast immer Hilfen	1	16,7	7	43,8	1	16,7	-	-	9	27,3
die *anderen Kinder* brauchen im sozialen Kontakt mit diesem Kind gelegentlich Unterstützung	2	33,3	6	37,5	2	33,3	-	-	10	30,3
die *anderen Kinder* brauchen dabei fast immer Hilfen	-	-	2	12,5	-	-	-	-	2	6,1
keine Angabe	-	-	-	-	1	16,7	-	-	1	3,0

Dagegen zeichnen Lehrerinnen an *Sonderschulen für Kinder mit Körperbehinderung* und in *‚Integrationsklassen'* (s. o.) ein anderes Bild: In beiden Unterrichtsformen braucht die Hälfte der Kinder, auf die wir uns bei unserer Befragung beziehen, manchmal Hilfen in ihren sozialen Kontakten, ein Kind fast immer. Die Kinder an *Sonderschulen für Kinder mit geistiger Behinderung* brauchen noch mehr Unterstützung in ihren sozialen Kontakten (sechs der 16 Kinder = 37,5% manchmal, sieben weitere = 43,8% sogar fast immer).

Mit Blick auf die Gruppentypen im Kindergarten zeigt sich, dass die Kinder, für die die Lehrerinnen den höchsten Unterstützungsbedarf angeben, auch tendenziell am häufigsten in heilpädagogischen Gruppen betreut wurden. Am anderen Ende des Spektrums ist die Hälfte der Kinder mit Behinderung, die in Regeleinrichtungen mit Einzelintegration betreut wurden, im sozialen Kontakt in der Schule sehr selbstständig (vier von acht = 50,0%). Auch die Klassenkameraden brauchen bei Kindern aus heilpädagogischen Gruppen öfter Hilfen, um Beziehungen zu ihnen aufzunehmen (bei fünf von elf = 45,5% manchmal und bei zwei = 18,2% sogar fast immer), als dies bei Kindern aus Schwerpunktgruppen (vier von vierzehn = 28,6%) oder Kindern aus Regeleinrichtungen mit Einzelintegration der Fall ist (bei einem Kind von acht = 12,5%) (vgl. Tab. Le32a, Materialien). Dies ist zunächst rein deskriptiv festzuhalten (Erklärungsmöglichkeiten vgl. Kap. 12.5).

12.4.4 Entwicklung der sozialen Kontakte seit Schulbeginn
Entwicklung sozialer Kontakte in der Klasse; Treffen mit anderen Kindern nach der Schulzeit

Bei drei Viertel und mehr *aller* Kinder stellen die Lehrerinnen eine Verbesserung der sozialen Einbindung während der ersten Schuljahre fest (vgl. Tab Le33a, Materialien).

Alle Eltern (16=100%) von Kindern, die eine allgemeine Grundschulklasse als einzelnes Kind mit Behinderung (Einzelintegration) oder ‚Integrationsklassen‘ an Grundschulen mit mehreren Kindern mit Behinderung (s. o.) besuchen, berichten uns, dass sich die Kinder auch nach der Schule mit andere Kindern aus der Klasse treffen. Bei knapp der Hälfte von ihnen ist dies *oft*, bei der anderen Hälfte *selten* der Fall.

Solche Treffen sind bei Kindern aus Sonderschulen deutlich seltener. Fünf von elf Kindern (45,5%) aus Sonderschulen für Kinder mit Körperbehinderung und vier von dreizehn Kindern (30,8%) aus Sonderschulen für Kinder mit geistiger Behinderung treffen sich nach der Schule mit anderen, nur ein Kind davon hat *oft* solche Verabredungen (7,7%). Als Hinderungsgründe für Verabredungen ihrer Kinder geben die Eltern vor allem an, dass es aufwendig ist, weil die Kinder immer gebracht werden müssen und/ oder weil die anderen Kinder zu weit weg wohnen (vgl. Tab. Elt38d, Materialien).

12.4.5 Zusammenfassung und Folgerungen aus den Ergebnissen: oft gute soziale Einbindung, aber ungleiche Chancen

- Der Typus der Gruppe, die das Kind mit Behinderung während seiner Kindergartenzeit besuchte, kann nahezu als prognostischer Hinweis betrachtet werden für die Art der Schule bzw. des Unterrichts, die/ den das Kind später erleben wird. Kinder aus heilpädagogischen Gruppen wechseln fast vollzählig in Sonderschulen, Kinder aus Regeleinrichtungen besuchen anschließend weit überwiegend den gemeinsamen Unterricht, wenige gehen in die Sonderschule. Für Kinder aus Schwerpunktgruppen kommen beide Schul- bzw. Unterrichtsformen in Frage.
- Zumindest zwei Gründe für diese Situation sind offensichtlich: Zum einen ist die Entscheidung der Eltern zur Erziehung in einer heilpädagogischen Gruppe oder zur gemeinsamen Erziehung mit Kindern ohne Behinderung in weiten Teilen eine Frage der Einstellung; sie steht oft schon vor der Kindergartenwahl relativ fest und bestätigt und verstärkt sich meist noch mit der Erfahrung der jeweiligen Kindertageseinrichtung (vgl. Kap. 14.2, Materialien). Zum zweiten und vor allem ist die Schulwahl durch die vorhandenen und erreichbaren Angebote mitbestimmt. Und letztendlich ist die Schulentscheidung für Kinder mit Behinderung immer noch eine der Schulbehörde in jedem Einzelfall[44]. So folgen also sehr oft der Besuch einer heilpädagogischen Gruppe in der Kindertageseinrichtung und der der Sonderschule aufeinander, ebenso der Besuch der Regeleinrichtungen des Elementar- und der des Primarbereichs, doch die Begründungszusammenhänge sind eher außerhalb als in einer fachlichen Argumentation zu suchen.

---

44 Ob Kinder den gemeinsamen Unterricht besuchen können, wird z. B. von den vorhandenen Ressourcen abhängig gemacht, die die Schulbehörde zur Verfügung stellen kann oder will (vgl. §19 Abs.2 und §20 Abs.7 und 8, Schulgesetz NRW vom 15. März 2005).

Wie entwickeln sich die sozialen Kontakte der Kinder mit Behinderung in ihrer Schulzeit (bzw. in den ersten Schuljahren)?

- Kinder aus *heilpädagogischen Gruppen* werden am häufigsten mit anderen Kindern aus ihrer Kindertagesstätte gemeinsam in die gleiche (Sonder-)Schule eingeschult. Dennoch berichten nur wenige Eltern, dass ihre Kinder in der Schule Kindergartenfreundschaften weiterführen (evtl. haben sie auch in der Kindergartenzeit nicht bestanden). Auf Kinder aus ihrem häuslichen Umfeld treffen sie in der Schule so gut wie nie, und nur von einzelnen Kindern in Sonderschulen wird berichtet, dass sie Freundschaften aus dem häuslichen Umfeld auch während der Schulzeit fortsetzen können. Nicht einmal die Hälfte der Kinder trifft sich gelegentlich mit anderen Kindern nach der Schule.
- Kinder mit Behinderung, die im Kindergarten in *Schwerpunktgruppen* oder in *Regeleinrichtungen mit Einzelintegration* betreut wurden, wechseln laut unserer Untersuchung nur etwa zu einem Drittel mit anderen Kindern ihrer Einrichtung in die gleiche Schule. Diejenigen von ihnen, die in sogenannte Integrationsklassen wechseln, treffen selten auf Kinder aus ihrer häuslichen Nachbarschaft; nur beim Besuch der allgemeinen Grundschule im Rahmen einer Einzelintegrationsmaßnahme ist dies sehr wahrscheinlich. Alle diese Kinder treffen sich zudem auch mehr oder weniger häufig außerhalb der Schule mit Kindern ihrer Klasse.
- Die meisten Kinder finden neue Freundschaften in ihren Klassen. Für Kinder (mit geistiger Behinderung) in Sonderschulen und ‚Integrationsklassen‘ bewerten die Eltern die sozialen Beziehungen etwas positiver als die Klassenlehrerinnen.
- Die Kinder mit Behinderung, von denen Lehrerinnen berichten, dass sie von sich aus weniger gerne mit anderen Kindern spielen oder arbeiten oder dass sie keine (neuen) Freundschaften in ihren Klassen knüpfen konnten, wurden im Kindergarten tendenziell häufiger in heilpädagogischen Gruppen betreut. Vielfach sind dies Kinder mit schweren (geistigen) Beeinträchtigungen, deren Fähigkeit zur Kontaktaufnahme und Beziehungsgestaltung stark eingeschränkt ist bzw. die großen Unterstützungs- und Entwicklungsbedarf im Bereich ihrer sozialen Kontakte haben.
- Insgesamt kann man bilanzieren, dass allein die Tatsache, ob Kinder mit anderen, ihnen bekannten Jungen und Mädchen aus der Kindergartenzeit gemeinsam in die Schule wechseln, anscheinend weniger entscheidend ist, als oft behauptet wird. Für die Entwicklung von Freundschaften spielen Kommunikationsmöglichkeiten und Motivation zu gemeinsamer Aktivität eine große Rolle. Jedoch: Ungeachtet dessen, ob Kinder befreundet sind, wird es einen Unterschied für das jeweilige Selbst- bzw. Fremdbild machen, ob sich Kinder aus der Nachbarschaft in der gleichen Schule finden oder ob eine Besonderung durch den Besuch einer speziellen Einrichtung entsteht.
- Was die Position der Kinder mit Behinderung in ihren Klassen angeht – ihr Einbezug in gemeinsamem Spiel und gemeinsamer Arbeit – so zeigt sich mit Blick auf die Schulform, dass die Situation der Kinder mit Behinderung in Grundschulklassen mit Einzelintegration am positivsten bewertet wird. Ansonsten zeichnen sich neben den positiven Situationen auch bestimmte Probleme ab: Aus Sonderschulen für Kinder mit geistiger Behinderung und aus ‚Integrationsklassen‘ wird tendenziell häufiger berichtet, dass Kinder (mit geistiger Behinderung) nicht von sich aus auf andere Kinder zugehen und andere Kinder seltener Spiel- oder Arbeitskontakte zu ihnen aufnehmen.

- Wie sind solche Ergebnisse zu erklären? Kinder, die in ihrer Kindergartenzeit in heterogenen Gruppen mit behinderten und nicht behinderten Kindern betreut werden, erleben ein größeres Spektrum an Verhaltensweisen, die zur Nachahmung, Kommunikation und Selbstständigkeit anregen. Dies sind gute Voraussetzungen für die weitere soziale Entwicklung. Es wäre jedoch kurzschlüssig, die Betreuungsform während der Kindergartenzeit als einzige Einflussgröße für die weitere Entwicklung zu betrachten. Die Zahlen (vgl. Kap. 5.5.1; Tab. A6.2) so wie einige Aussagen der Lehrerinnen sprechen dafür, dass Kinder, die generell sehr stark beeinträchtigt sind, in heilpädagogischen Gruppen bzw. Klassen wesentlich häufiger vertreten sind als in gemeinsamer Erziehung und gemeinsamem Unterricht. In den heilpädagogischen Formen werden sich von daher auch mehr Kinder finden, die von ihren individuellen Vorraussetzungen her mehr Erschwernisse im sozialen Bereich haben und mehr Unterstützung brauchen.
- Entscheidend ist, welche Konsequenzen daraus zu ziehen sind. Sind die Kinder mit dem größten Unterstützungs- und Entwicklungsbedarf im Bereich ihrer sozialen Kontakte am besten unter denjenigen aufgehoben, die ähnliche Schwierigkeiten haben? Oder ist für eine breitere soziale Einbindung zu sorgen, für die dann aber auch die entsprechenden Ressourcen zur Unterstützung nötig sind? Von einem muss man nach den Ergebnissen jedenfalls ausgehen: In den derzeitigen Formen der Betreuung sind die Chancen *sozialer* Erfahrungen in Kindergarten und Schule ungleich verteilt. Dies zu ändern wäre eine vorrangige Aufgabe der Sozial- wie Schulpolitik.

12.5 Kindergarten- und schulbezogene Bildungsvorstellungen

Unsere Befragung im Hinblick auf den Beginn der Schullaufbahn ausgewählter Kinder fällt in eine Zeit grundlegender Diskussionen um Bildungsvorstellungen in Kindergarten und Schule sowie um die Rolle der beiden Institutionen in Bezug auf lebenslanges Lernen (vgl. z. B. Rauschenbach 2002; Schäfer 2004). Da es hierzulande nach unserer Kenntnis keine (neueren) Untersuchungen gibt, die kindergarten- und schulbezogene Bildungsvorstellungen für Kinder mit Beeinträchtigung im Blick haben, baten wir Erzieherinnen, Eltern und Lehrerinnen im letzten Teil unserer schulbezogenen Befragung, die Perspektive zu verändern und von den bisherigen kindspezifischen Angaben auf eine allgemeine Ebene zu wechseln: Welche Aufgabe schreiben sie dem Kindergarten in der Schulvorbereitung von Kindern mit Behinderung zu? Welches sind ihrer Meinung nach die Kernbereiche der Schulvorbereitung durch den Kindergarten? Welche Kenntnisse und Vorstellungen haben die Beteiligten darüber, wie Lernprozesse der Kinder mit Behinderung angeregt und begünstigt werden können, und was bezeichnen sie am Punkt des Übergangs vom Kindergarten in die Schule als wichtige Bildungsziele für Kinder mit Behinderung?

12.5.1 Schulvorbereitende Aufgabe des Kindergartens
Schulbezogenen Befragung
Wir wollten von Eltern, Erzieherinnen und Lehrerinnen wissen, ob und wie sehr der Kindergarten ihrer Meinung nach die Kinder (mit Behinderung) bereits auf die Schule vorbereiten soll. In der Tab. 56 stellen wir die Antworten aus diesen drei Perspektiven nebeneinander:

Tab. 56: Gemeinsame Darstellung der Tabellen Elt47, Erz30 und Le41: Schulvorbereitende Aufgabe des Kindergartens für Kinder mit Behinderung

	Eltern (N=41)		Erzieher/innen (N=46)		Lehrer/innen (N=33)	
	Anzahl	%	Anzahl	%	Anzahl	%
Der Kindergarten soll für die Kinder noch ein Schonraum sein. Schulvorbereitung ist nicht seine Aufgabe.	-	-	-	-	-	-
Der Kindergarten hat auch schulvorbereitende Funktionen. Besondere Angebote und Übungen sind deshalb aber nicht notwendig.	7	17,1	8	17,4	8	24,2
Der Kindergarten sollte *auch* schulvorbereitende Funktionen übernehmen. Das heißt, dass die Kinder auch schon *spezielle Fertigkeiten und Kenntnisse* üben, die für die Schule wichtig sind.	16	39,0	26	56,5	19	57,6
Die Vorbereitung auf die Schule ist die *Hauptaufgabe* des Kindergartens. Es ist deshalb die *vorrangige* Aufgabe des Kindergartens, mit den Kindern spezielle Fertigkeiten zu üben und sie anzuleiten, sich Kenntnisse anzueignen, die für die Schule wichtig sind.	4	9,8	1	2,2	-	-
keine Angabe/ ungültig*	14	34,1	11	23,9	6	18,2
Gesamt	41	100	46	100	33	100

* Einige Antworten mussten als ungültig gewertet werden, da widersprüchliche Antwortalternativen angekreuzt wurden.

Im Wesentlichen stimmen Eltern, Erzieherinnen und Lehrerinnen in ihren Einschätzungen zu den schulvorbereitenden Aufgaben des Kindergartens überein:

Niemand ist der Ansicht, der Kindergarten solle für die Kinder ausschließlich ein Schonraum sein und habe keine schulvorbereitende Aufgabe. In allen drei Personengruppen wird die Auffassung am häufigsten vertreten, dass der Kindergarten *auch* schulvorbereitende Funktionen übernehmen sollte und dazu mit den Kindern bereits spezielle für die Schule wichtige Fertigkeiten und Kenntnisse geübt werden sollen. Erzieherinnen und Lehrerinnen liegen hier in ihrer Einschätzung sehr eng beieinander (56,5% bzw. 57,6%), die Eltern sind insgesamt etwas zurückhaltender (39,0%).

Auffällig ist jedoch auch die vergleichsweise hohe Zahl der fehlenden oder durch widersprüchliche Angaben ungültigen Antworten. Eltern sind sich in Bezug auf die schulvorbereitenden Aufgaben des Kindergartens anscheinend oft nicht sicher (vierzehn von einundvierzig = 34,1%), aber auch Erzieherinnen (elf von sechsundvierzig = 23,9%) vermeiden recht häufig eine eindeutige Aussage zu diesem Thema.

Mit Blick auf Kinder ohne Behinderung unterscheiden sich die Ansichten über die generelle schulvorbereitende Funktion des Kindergartens bei unseren Befragten nur unwesentlich (vgl. Tab. Elt47b, Erz30b, Le41b, Materialien).

12.5.2 Kernbereiche der Schulvorbereitung durch die Kindertageseinrichtung

Wir baten Eltern, Erzieherinnen und Lehrerinnen, uns unabhängig von einem bestimmten Kind jeweils die wichtigsten Bereiche der Schulvorbereitung durch den Kindergarten zu nennen und so den Bildungsauftrag des Kindergartens in Hinblick auf die Schule aus ihrer Sicht zu konkretisieren. Tab. 57 zeigt die Antworten der Erzieherinnen.

Tab. 57/ Erz31a: Bereiche, in denen der Kindergarten (hauptsächlich) auf die Schule vorbereiten sollte (Mehrfachantworten. Es wurde um Nennung der fünf wichtigsten gebeten)*

	Gruppentyp im Kindergarten						
	Heil-pädagogische Gruppe (n=14)		Schwerpunkt-gruppe (n=11)		Einzel-integration (n=7)		Gesamt (N=32)	
	Anzahl	%	Anzahl	%	Anzahl	%	Anzahl	%
Selbstständigkeit im Alltag	14	100	10	90,9	7	100	31	96,9
Wahrnehmung, Konzentration, Merkfähigkeit	14	100	10	90,9	7	100	31	96,9
sprachliche Förderung	14	100	9	81,8	7	100	30	93,8
soziale Umwelt	13	92,9	8	72,7	7	100	28	87,5
Arbeitshaltung	8	57,1	8	72,7	4	57,1	20	62,5
Vorübungen zum Umgang mit Schrift, Zahlen, Mengen	4	28,6	4	36,4	-	-	8	25,0
verschiedene Formen des Lernens kennen lernen	2	14,3	2	18,2	2	28,6	6	18,8
biologische Umwelt	-	-	2	18,2	-	-	2	6,3
Kreativität	-	-	1	9,1	1	14,3	2	6,3
technische Umwelt	-	-	1	9,1	-	-	1	3,1
Anderes	-	-	-	-	-	-	-	-

* Nur Erzieherinnen, die sich auf fünf Antwortalternativen beschränkten (N=32).

Die Beschränkung auf fünf Antwortalternativen führt dazu, dass sich Erzieherinnen deutlich positionieren. Über alle Betreuungsformen hinweg gelten die Förderung von *Selbstständigkeit, Wahrnehmung, Konzentration und Merkfähigkeit,* die *sprachliche Förderung* (81,8%–100%) und Lernprozesse in Bezug auf die *soziale Umwelt* (72,7%–100%) als Kernbereiche der Schulvorbereitung. Mit etwas Abstand wird auch die Förderung einer schulisch sinnvollen *Arbeitshaltung* (57,1%–72,7%) dazu gezählt. Angesichts der Aufgabe, Prioritäten bilden zu müssen, fallen die anderen Bereiche prozentual deutlich dahinter zurück (was nicht bedeutet, dass sie generell als unwichtig gelten). Einige Erzieherinnen aus heilpädagogischen (vier = 28,6%) und Schwerpunktgruppen (vier = 36,4%) zählen *Vorübungen zum Umgang mit Schrift, Zahlen und Mengen* mit zu den wesentlichen Bereichen der

Schulvorbereitung. Wenige nehmen auch die Aspekte hinzu, bereits im Kindergarten *verschiedene Formen des Lernens kennen zu lernen* (14,3%–28,6%) sowie die Anregungen von Lernprozessen im Bereich der *biologischen* oder *technischen Umwelt* und die Förderung der *Kreativität* (9,1%–18,2%).

Eltern und Lehrerinnen heben dieselben fünf Bereiche als zentrale Felder der Schulvorbereitung des Kindergartens hervor. Allerdings gewichten sie diese etwas anders. Für Eltern wie Lehrerinnen stehen die Lernprozesse in Bezug auf die *soziale Umwelt* an erster Stelle (beide 80,0%–100%). Besonders die Lehrer und Lehrerinnen bewerten die Anregung der *Kreativität* der Kinder im Vorschulbereich deutlich höher (33,3%–43,8%) als die Erzieherinnen (insgesamt zwei Nennungen: 0,0%–14,3%) (vgl. Tab. Elt48 und Le42, Materialien).

12.5.3 Unterstützung von Lernprozessen für Kinder mit körperlicher oder geistiger Behinderung

Bedingungen gelingender Lernprozesse. Erzieherinnen wie Lehrerinnen beschreiben als ausschlaggebend für gelingende Lernprozesse der Kinder[45] vor allem die Kombination aus individuell abgestimmter Förderung (41,3% bzw. 42,4%) und einer besonderen Methode/ Didaktik wie z. B. Gestaltung des Umfeldes, Handlungsorientierung, Wiederholungen (54,3% bzw. 48,5%; Näheres vgl. Tab. Erz33a u. Erz33b; Le45a und Le45b, Materialien).

Dabei ergeben sich einige Unterschiede in Bezug auf die Behinderung: Erzieherinnen betonen den Stellenwert der individuellen Förderung für die Lernprozesse der Kinder mit geistiger Behinderung stärker (56,0%) als für Kinder mit Körperbehinderung (23,8%). Eine spezielle Didaktik finden sowohl Erzieherinnen als auch Lehrerinnen für Kinder mit geistiger Behinderung tendenziell wichtiger (64,0% bzw. 52,4%) als für Kinder mit Körperbehinderung (42,9% bzw. 41,7%).

12.5.4 Wichtige Bildungsziele für Kinder mit einer körperlichen bzw. mit einer geistigen Behinderung

Wir versuchen den Bereich der Bildungsziele auf zwei Ebenen zu erfassen: zum einen auf der der schulbezogenen Bildungsziele im Kindergarten[46], zum anderen auf der Ebene der Persönlichkeitsentwicklung.[47]

Schulbezogene Bildungsziele. Mit Blick auf die Schule ist den Erzieherinnen wie den Lehrerinnen eine angemessene Selbstständigkeit der Kinder im Alltag zentral (41,3% bzw. 42,4%). Lehrerinnen betonen häufiger die soziale Kompetenz (60,6%) als Erzieherinnen (37,0%), dafür sehen letztere tendenziell etwas öfter ein ‚gesundes' Selbstbewusstsein der Kinder (39,1%, Lehrer: 21,2%) als ein Resultat gelungener Vorbereitung auf die Schule.

---

45 Die Frage lautete: Was ist Ihrer Meinung nach für den Lernprozess der Kinder mit einer körperlichen Behinderung/ mit einer geistigen Behinderung wichtig, damit sie sich erfolgreich Wissen aneignen?

46 Die Frage lautete: Was sollten Kinder mit einer körperlichen Behinderung/ mit einer geistigen Behinderung nach Ihrer Einschätzung für die Schule mitbringen, damit sie gut auf die erste Klasse vorbereitet sind?

47 Die Frage lautete: In der Fachdebatte wird in Bezug auf Bildung viel von Persönlichkeitsbildung gesprochen. Können Sie uns dazu etwas konkreter beschreiben (Stichworte), was Ihrer Meinung nach wichtige Bildungsziele für Kinder mit einer körperlichen/ mit einer geistigen Behinderung sind?

Dass Kinder durch den Kindergarten in ihrer Lernmotivation, ihrem Interesse und ihrer Neugier gestärkt werden, erhofft sich gleichermaßen ungefähr ein Drittel der befragten Erzieherinnen wie Lehrerinnen (28,0% bzw. 33,3%).

Funktionale Kompetenzen im Sinne von Fähigkeiten, die die Kinder brauchen, um sich ihre Umwelt zu erschließen, Selbstständigkeit, soziale Kompetenz und Selbstbewusstsein zu entwickeln, werden weit seltener als Bildungsziele genannt. Für Kinder mit Körperbehinderung werden hier fein- und grobmotorische Kompetenzen stärker betont (jeweils 33,3%; im Vergleich für Kinder mit geistiger Behinderung: 0,0% bzw. 12,0%). Für Kinder mit geistiger Behinderung steht häufiger die Verbesserung von Konzentration, Ausdauer und Merkfähigkeit im Vordergrund (28,6% bzw. 40,0%). Kulturtechnische, kognitiv betonte Inhalte („Umgang mit Schrift, Zahlen, Mengen, Farben") kommen insgesamt nur sehr selten vor (bei drei Erzieherinnen und einer Lehrerin) (vgl. Tab. Erz34b, Le44b, Materialien).

Aspekte der Persönlichkeitsentwicklung. Auf den ersten Blick unterscheiden sich die Antworten nicht wesentlich von den zuvor genannten. Erzieherinnen wie Lehrerinnen stellen die Entwicklung des Selbstbewusstseins im Sinne eines Identitätsgefühls (auch den Umgang mit der eigenen Behinderung) in den Vordergrund – für Kinder mit körperlicher Behinderung tendenziell etwas stärker (61,9% Erzieherinnen bzw. 75,0% Lehrer) als für Kinder mit geistiger Behinderung (40,0% Erzieherinnen bzw. 61,9% Lehrer). Gegenläufig wird soziale Kompetenz, beschrieben als die Fähigkeit, soziale Kontakte zu knüpfen und mit anderen Menschen in Beziehung zu treten, sich mitzuteilen[48], sowohl von Erzieherinnen als auch von Lehrerinnen etwas häufiger als Bildungsziel für Kinder mit geistiger Behinderung (52,0% Erzieherinnen bzw. 61,9% Lehrer) genannt als für Kinder mit Körperbehinderung (28,6% Erzieherinnen bzw. 41,7% Lehrer).

Unabhängig von der Behinderung nennen ca. ein Drittel der Erzieherinnen und Lehrerinnen die Selbstständigkeit als Bildungsziel der Persönlichkeitsentwicklung, die ja neben einer eher ‚funktionalen' Seite auch Aspekte von Selbstbestimmung (Autonomie) enthält.

Nur einige Erzieherinnen und einzelne Lehrerinnen führen an dieser Stelle besonders für Kinder mit Körperbehinderung Aspekte, die wir unter ‚kognitive Fähigkeiten' zusammengefasst haben ins Feld: den Sinn und Zusammenhang von Handlungen verstehen, Transferleistungen herstellen können usw. Für Kinder mit geistiger Behinderung wird dieses Bildungsziel allerdings noch seltener genannt (zwei von fünfundzwanzig = 8,0% bzw. zwei von einundzwanzig = 9,5%) (vgl. Tab. Erz35b und Le46b, Materialien).

12.5.5 Zusammenfassung und Folgerungen aus den Ergebnissen: sachgerechte Verbindung von Kompetenzerwerb und Persönlichkeitsentwicklung bei Unterbetonung kognitiver Förderung

* Eltern, Erzieherinnen und Lehrerinnen stimmen mehrheitlich darin überein, dass der Kindergarten auch schulvorbereitende Funktion hat. Gut die Hälfte der Pädagoginnen und etwas weniger der Eltern sind der Auffassung, dass dazu mit den Kindern spezielle Fertigkeiten und Kenntnisse geübt werden sollen, die (auch) für die Schule wichtig sind.

---

48 einige Male aber auch als ‚Sozialverhalten' bezeichnet.

- Bei Eltern, Erzieherinnen und Lehrerinnen zeigt sich ein deutlicher und übereinstimmender Trend: Ihre Vorstellungen konzentrieren sich auf die Bildungsziele der Selbstständigkeit im Alltag und der sozialen Kompetenz, wozu eine Förderung der Wahrnehmung, Konzentration und Merkfähigkeit und der sprachlichen Fähigkeiten besonders betont wird. Mit Blick auf die Institution Schule kommt die Vermittlung einer schulisch angemessenen Arbeitshaltung hinzu.
- Ausschlaggebend für gelingende Lernprozesse der Kinder mit Behinderung ist aus Sicht der Erzieherinnen wie der Lehrerinnen eine individuell abgestimmte Förderung und eine besondere Methodik/ Didaktik.
- Eine Stärke frühpädagogischer Bildungsvorstellungen kommt darin zum Ausdruck, dass Erzieherinnen (noch deutlicher als Lehrerinnen) kaum zwischen schulbezogenen ‚funktionellen' Bildungszielen des Kindergartens und Aspekten der Persönlichkeitsentwicklung unterscheiden. Sie nennen unter beiden Punkten Bildungsziele, die sowohl eine funktionelle als auch eine persönlichkeitsbildende Seite haben und reduzieren sie nicht auf den Erwerb bestimmter abgegrenzter Kompetenzen.
- Beachtet man allerdings, dass kognitive Inhalte (in Form von Wissensinhalten und/ oder als Anregung bestimmter Denkstrukturen) zwar in allen o. g. Bereichen enthalten sind, aber fast nie explizit als Bildungsziele erwähnt werden, so führt dies zu einer kritischeren Betrachtung des letztgenannten Punktes: Dass dieser Gesichtspunkt ausgeblendet wird, lässt vermuten, dass sein Stellenwert für Kinder mit Behinderung vielen Frühpädagoginnen nicht bewusst ist.

Auch Unterschiede zwischen Lehrerinnen und Erzieherinnen werden deutlich:
- Während Erzieherinnen ein komplexes Bild wichtiger Bildungsziele unter besonderer Betonung eines starken Selbstbewusstseins der Kinder beschreiben, reduzieren zumindest einige Lehrerinnen den Kindergarten noch sehr traditionell in erster Linie darauf, soziale Kompetenzen zu fördern und die Kreativität anzuregen.
- Etlichen Erzieherinnen (und Eltern) fällt es offensichtlich schwer, eine eindeutige Aussage zur schulvorbereitenden Funktion des Kindergartens (für Kinder mit Behinderung) zu treffen. Wie bereits an anderer Stelle erwähnt, zeigen sich hier Unsicherheiten, die komplexen Bildungsvorstellungen in Begriffe zu fassen. So wissen wir aus vielen Gesprächen und unseren Workshops, dass der Begriff ‚Schulvorbereitung' von einigen mit negativen Vorstellungen über Lernen oder einer Reduktion des Kindergartens auf die Funktion der Vorbereitung auf die nachfolgende Institution Schule assoziiert wird. Zum wiederholten Male zeigt sich die Notwendigkeit, das Thema Bildungsvorstellungen und Bildungsauftrag des Kindergartens umfassend in der Praxis zu diskutieren.

13 Resümee – Ergebnisse im Hinblick auf das Untersuchungsinteresse

Ausgangspunkt der Untersuchung war das Interesse an der Evaluation der Betreuung von Kindern mit Behinderung im Einzugsbereich des Landschaftsverbands Westfalen-Lippe. Die Ergebnisse wurden in den vorherigen Kapiteln dargestellt. Da die Wirksamkeit der Betreuung in flächendeckenden Untersuchungen kaum zu objektivieren ist (selbst in Einzelfall-Längsschnittstudien wäre es schwierig), bezogen wir uns auf diverse Indikatoren verschiedener Ebenen: auf Aussagen von professionellen Pädagoginnen in den Kindertageseinrichtungen, auf Aussagen der Eltern während der Kindergartenzeit ihres Sohnes oder ihrer Tochter, auf Aussagen von Eltern, deren Kind bereits zur Schule geht und die rückblickend die Betreuung während der Kindergartenzeit einschätzen und auf Aussagen der Lehrerinnen und Lehrer dieser Kinder. Wir können uns aber auch auf Strukturen und angewandte pädagogische Konzepte und Strategien beziehen, die nach dem derzeitigen fachlichen Kenntnisstand die Bedingungen bester Förderung darstellen. Durch das große Spektrum der Fragen wie der Befragten wird sich so – trotz subjektiv gefärbter Einzelaussagen – ein informatives Bild ergeben.

Unsere Aussagen beziehen sich auf den von uns befragten oder interviewten Kreis der Leitungen, Erzieherinnen, Eltern und Lehrerinnen, können aber zu einem guten Teil als repräsentativ angesehen werden (Näheres siehe Kap. 5).

Wir versuchen ein Fazit im Hinblick auf das Untersuchungsinteresse, ohne die gesamten Ergebnisse hier wiederholen zu wollen, verweisen aber noch einmal nachdrücklich zumindest auf die Zusammenfassungen am Ende der jeweiligen Kapitel, die mehr Ergebnisse umfassen und diese auch detaillierter beschreiben.[49]

Für die Entwicklung der Kinder ist einerseits die Berücksichtigung ihrer besonderen Bedürfnisse entscheidend, die bei Kindern mit Behinderung in der Regel eine therapeutische Begleitung einschließt. Zum anderen ist die gemeinsame Sozialisation mit anderen Kindern, laut Eingliederungsauftrag die Integration in die Gesellschaft wesentlich. Damit ist als Zielpunkt formuliert, dass die Betreuung nicht in aussondernder Weise erfolgen soll. Heilpädagogische-, additive-, Schwerpunkteinrichtungen und Regeleinrichtungen mit Einzelintegration gewichten diese Aspekte unterschiedlich bzw. sie basieren auf unterschiedlichen

---

49 Die in dieser Veröffentlichung nicht abgedruckten Ergebnisse fließen in das Resümee mit ein. Unter www.zpe.uni-siegen.de/kimbit können die Kapitel: Der Weg in die Kindertageseinrichtung; Vernetzung und Öffentlichkeitsarbeit; Kindertageseinrichtung und Träger, sowie Konzepte der Qualitätssicherung und -entwicklung abgerufen werden.

strukturellen Voraussetzungen. Dadurch stehen auch Eltern bei der Wahl der Betreuungseinrichtung für ihre Tochter/ ihren Sohn vor der Entscheidung, die verschiedenen Aspekte hierarchisch zu gewichten. Dies versteht sich nicht von selbst. Denn unsere Ergebnisse zeigen:

Legt man die eigentlichen Vorstellungen der Eltern zu Grunde, so zeichnet sich von der Mehrheit der Eltern her das Bild einer bestimmten „Wunscheinrichtung" ab. Es ist die integrativ arbeitende Einrichtung, in der die gemeinsame Erziehung von Kindern mit und Kindern ohne Behinderung einhergeht mit spezifischer pädagogischer und therapeutischer Förderung und der dafür günstigen Ausstattung, eingebettet in ein allgemeinpädagogisches Konzept der Erziehung. Die Wohnortnähe wäre sehr günstig, jedoch hätten inhaltliche Aspekte der Betreuung Vorrang.

Eltern entscheiden sich *nicht gegen* die gemeinsame Erziehung von Kindern mit und ohne Behinderung und gegen eine Integration in das Wohnumfeld, sondern *für* die aus ihrer Sicht beste Betreuung ihrer Tochter/ ihres Sohnes.

Vor diesem Hintergrund können wir die folgenden Punkte festhalten:

Fördereffekte, gemessen an den Zielsetzungen der unterschiedlichen Konzepte
Elternwünsche nach möglichst optimaler Entwicklung ihres Kindes

Die Fördereffekte – so ist der Eindruck für alle Einrichtungstypen – sind weit überwiegend positiv zu werten. Nicht nur die professionellen Pädagoginnen der Einrichtungen, sondern auch die Eltern teilen diese Einschätzung. Das Gleiche gilt für die Elternwünsche nach möglichst optimaler Entwicklung ihres Kindes. Allerdings sind die Förderung bzw. die Fördereffekte in manchen Punkten nicht optimal, manchmal noch nicht einmal gut, da einiges eine wirkungsvolle pädagogische Arbeit von Grund auf einschränkt. Beispiele für dieses Spektrum:

Die pädagogische Ausrichtung, die Schwerpunkte, die in einem einrichtungsspezifischen Konzept gesetzt werden, sind eine wesentliche Einflussgröße in Bezug auf bestimmte Fördereffekte. Mit Blick auf die heilpädagogischen Einrichtungen ist hier vor allem die therapeutische Versorgung und die Förderung funktioneller Fähigkeiten (oft als spezifische Förderprogramme) hervorzuheben. Die Integration der Kinder, auch in die Gruppe der Kindertagesstätte selbst, steht jedoch nach den vorliegenden Ergebnissen deutlich dahinter zurück, zudem ist die Integration in das Wohnumfeld schon aus strukturellen Gründen fast unmöglich. Eltern schätzen aber an der Betreuung in der heilpädagogischen Gruppe das besondere Eingehen auf ihre Kinder mit Behinderung, vor allem auch die therapeutische Versorgung, die sie als große Entlastung erleben.

Bei Eltern wie bei Erzieherinnen der *additiven-, Schwerpunkt- und Regeleinrichtungen* stehen die integrativen Aspekte im Vordergrund, wenn es um die Ausrichtung der pädagogischen Arbeit geht. Gemeinsame Aktivitäten der unterschiedlichen Kinder, Akzeptanz von Verschiedenheit, der Umgang mit Heterogenität (auch in allgemeinerem Sinn) gilt vielen als Entwicklungsziel. Eltern formulieren dies als Wunsch des „normalen" Umgangs der Kinder mit und ohne Behinderung miteinander. Nach der Zufriedenheit der Eltern mit dieser Form der Betreuung zu urteilen, können die additiven- und viele der Schwerpunkteinrichtungen dies offensichtlich auch gut in Projekt- und Kleingruppenarbeit umsetzen, mit einem allgemeinpädagogischen Konzept verbinden (besonders Schwerpunkteinrichtungen) und mit guter interdisziplinärer Kooperation in Bezug auf Therapien verknüpfen (besonders additive Einrichtungen). Eltern werten die Arbeit der Regeleinrichtungen ebenfalls positiv, doch schränken relativ viele die Zufriedenheit mit dem Hinweis ein, dass in den Regeleinrichtungen Kleingruppenarbeit und therapeutische Versorgung Schwachpunkte darstellen (s. u.). Im Hinblick darauf, dass im Prinzip sehr viele Eltern ihr Kind gerne in die wohnortnahen Regeleinrichtungen geben würden, wenn ihnen die Betreuungssituation stimmig erscheint, sollte hier ein Ausbau der Ressourcen ins Auge gefasst werden.

In *allen Einrichtungstypen* wird ganzheitliches Lernen groß geschrieben. Insgesamt gesehen liegen die pädagogischen Schwerpunkte deutlich auf dem Lernen in Bewegung, Sprache und Spiel, zum Teil auch auf entdeckendem Lernen. Kognitive Kompetenzen (wie auch Schulfähigkeit) stehen in etlichen Zusammenhängen auffällig weit hinten, wenn es um pädagogische Orientierungen geht. Hier werden Wünsche nach Abgrenzung von schulischem Lernen sehr deutlich, aber möglicherweise auch entwicklungspsychologische Lücken. Denn anscheinend werden kognitive Prozesse und schulisches Lernen oft gleichgesetzt bzw. die Wechselwirkung kognitiver und sozial-emotionaler Prozesse ist nicht allen Pädagoginnen klar. Ganzheitliches Lernen jedenfalls würde die gleichgewichtige Berücksichtigung der spezifischen Fähigkeitsbereiche bedeuten.

Der Einbezug von Therapieangeboten in die Förderkonzepte und deren Wirkungen

In heilpädagogischen-, additiven- und in vielen Schwerpunkteinrichtungen gelingt, was von den Beteiligten einhellig positiv beurteilt wird: Therapien finden in der Einrichtung statt. Sie werden wesentlich von dort angestellten Therapeutinnen getragen, was den Vorteil hat, dass der Austausch zwischen ihnen und den Pädagoginnen leichter stattfinden kann. Sie können auch, wenn es sinnvoll ist, in den Ablauf der Gruppe integriert werden. Durch die Beteiligung anderer Kinder kann weitgehend vermieden werden, dass das Kind durch seine Therapie einen Sonderstatus erhält. Auch in Regeleinrichtungen werden zu einem guten Teil Therapien durchgeführt, doch gelingt dies oft auch nicht, trotz des Bemühens von Einrichtungsleitung und Eltern. Dort, wo Therapien stattfinden, werden sie durch frei praktizierende Therapeuten oder Mitarbeiterinnen von Frühförderstellen durchgeführt. Generell ist hier die Abstimmung zwischen den therapeutischen und den pädagogischen Fachkräften schwieriger. Der Kern des Problems liegt in den Arbeits- und Finanzierungsmöglichkeiten der externen Therapeuten – ein Punkt, der dringend einer Regelung bedarf (s.u.).

Zusammenarbeit mit anderen Fachdiensten; Voraussetzungen interdisziplinärer Kooperation

Entgegen der faktischen Bedeutung von Amts- und anderen Ärzten bei der Antragstellung auf einen Platz zur Betreuung eines Kindes mit Behinderung spielen diese als beratende Personen für die Eltern wie für die Einrichtungen meist keine Rolle. Bei heilpädagogischen- und additiven Einrichtungen gibt es mehr Kontakte zu ihnen, aber auch hier ist ihre beratende Rolle nicht ausgeprägt.

Ganz anders die Zusammenarbeit mit der Frühförderung. Viele Einrichtungen stehen in Kontakt mit der Frühförderung, vor allem wenn diese Kinder der Einrichtung therapeutisch unterstützt. Auch wenn nicht alle Einrichtungen kontinuierlich mit Frühförderstellen direkt kooperieren, erfahren sie deren Einfluss indirekt. Frühförderinnen haben sehr großen Einfluss bei der elterlichen Einrichtungswahl, ihre Stimmen haben größtes Gewicht für die Eltern. Die Frühförderstellen haben damit eine hohe regionale Steuerungsfunktion. Angesichts ihrer Fachkompetenz ist dies sehr sachgerecht. Allerdings ist zu bedenken, ob der so hoch ausgeprägte Steuerungsanteil *einer* Institution bzw. *einer* Person vertretbar ist bzw. nicht auch durch andere Perspektiven zu ergänzen wäre. Aktuelle fachliche Entwicklungen zeichnen sich eher durch mehrperspektivische Blicke und gemeinsame Beratungen aus. Denkbar wäre es z. B., kompetente Fachkräfte aus dem heilpädagogischen und dem integrativen Elementarbereich und der Jugendhilfe zu gemeinsamen Beratungen mit den Eltern zusammen zu führen.

Die Zusammenarbeit der Kindertageseinrichtungen mit den Fachberaterinnen des Trägers zeigt sich als wichtige Komponente pädagogischer Fachlichkeit. Die Fachberaterinnen werden von den meisten Einrichtungen in alle wesentlichen Entwicklungen involviert und zu Rate gezogen, sie organisieren durch Arbeitskreise den fachlichen Austausch und gestalten damit vor allem für Leitungen ein Feld kollegialer Beratung und Qualifikation.

Besondere Forderungen (im Sinne von Veränderungsbedarf) für die Zusammenarbeit mit *Fachdiensten und -ämtern* scheint es insofern nicht zu geben, als die Einrichtungen offensichtlich mehrheitlich auf einem guten Stand sind; die Offenheit für die notwendigen Kooperationen ist nach unseren Ergebnissen in der Regel gegeben. Einige Schwachstellen existieren allerdings:

Stellenweise wird deutlich, dass zeitliche wie personelle Ressourcen in der tatsächlichen Realisierung eine Rolle spielen, selbst bei der interdisziplinären Kooperation innerhalb einer Einrichtung mit Erzieherinnen und Therapeutinnen. Eine Schwachstelle ist auch die Zusammenarbeit mit örtlichen Jugendämtern, die regional sehr unterschiedlich entwickelt ist. Noch gilt das Jugendamt vielerorts nicht als Ansprechpartner. Kinder mit Behinderung werden immer noch oft weniger als Kind, sondern vorrangig als Betreuungsfall gesehen. An dieser Stelle besteht also Entwicklungsbedarf von beiden Seiten, von Jugendämtern wie von Kindertageseinrichtungen, um stimmige und gegenseitig hilfreiche Kooperationen zu entwickeln.

Ein Problemfeld ist die Zusammenarbeit in dem Dreieck Eltern – Kindergarten – Schule. Entgegen dem weit verbreiteten Bild guter Zusammenarbeit, vielfach untermauert durch den Besuch von Gruppen des letzten Kindergartenjahres in der Schule, ist der inhaltliche Austausch sehr verbesserungsbedürftig. Nirgendwo sonst – dies ist in Bezug auf die schulische Entwicklung der Kinder vielleicht das wichtigste Ergebnis unserer Studie – werden die Unstimmigkeiten, Unklarheiten und Kommunikationslücken zwischen den Beteiligten so deutlich wie hier. Die verschiedenen Rollenträger haben offensichtlich sehr unterschiedliche Maßstäbe und Erwartungen an die Voraussetzungen wie an die Anforderungen der jeweils anderen, ohne dass darüber bisher eine dem Umfang nach erwähnenswerte inhaltliche Verständigung statt gefunden hätte. Die relativ häufigen Besuche oder Hospitationen von Kindergartenkindern bzw. -gruppen in Schulen lösten bisher jedenfalls nicht das Problem inhaltlichen Austauschs, das offensichtlich existiert. Wie schon erwähnt: In dem Dreieck Eltern – Erzieherinnen – Lehrerinnen kursieren eher Vermutungen als sicheres Wissen über die jeweiligen Vorstellungen und Maßstäbe. Hier zeigt sich ein hoher Kommunikationsbedarf. Folgen der Kommunikationslücken sind die Unsicherheiten und Unzufriedenheit, die im Zusammenhang mit den Fördereffekten bzw. mit der schulischen Entwicklung der Kinder beschrieben wurden (s. o.). Es wird sich zeigen, ob sich dies durch die neuen Regelungen des Austauschs ändern wird.[50]

Effekte der unterschiedlichen Formen der Eingliederungshilfe beim Übergang in den schulischen Bereich
Entwicklungen der Kinder in den ersten Schuljahren bezüglich sozialer Integration und schulischer Leistung

Die Einschätzung der Eltern und Lehrerinnen zur Entwicklung der Kinder am Beginn ihrer Schulzeit kann weitere Hinweise auf die Fördereffekte der Betreuung im Kindergarten enthalten. Die Aussagekraft der Ergebnisse für dieses Feld müssen wir jedoch mit einigen Fragezeichen versehen. Zum einen wäre es kurzsichtig, die Entwicklungen der Kinder eindimensional auf die zuvor erlebte Erziehung im Kindergarten zurück zu führen. Zum anderen zeigt sich, dass die Maßstäbe von Eltern, Erzieherinnen und Lehrern nicht nur unterschiedlich sind, sondern dass, wie oben beschrieben, wenig Verständigung darüber erfolgt.

Zunächst aber stimmen Eltern, Erzieherinnen und Lehrerinnen mehrheitlich darin überein, dass der Kindergarten auch schulvorbereitende Funktion hat. Gut die Hälfte der Pädagoginnen und etwas weniger der Eltern sind der Auffassung, dass dazu mit den Kindern spezielle schulrelevante Fertigkeiten und Kenntnisse geübt werden sollen.

In fast allen (einzel)integrativ arbeitenden sowie in der Hälfte der heilpädagogischen Einrichtungen gibt es spezielle schulvorbereitende Angebote (auch) für die Kinder mit Behinderung. Es handelt sich um besondere Projekte, zum Teil auch um spezielle, funktionale Vorbereitung auf die Schule. Kindertageseinrichtungen handhaben dies recht unterschiedlich, je nach dem, wie stark sie sich von Schule und schulischem Lernen abgrenzen. Zudem existieren offensichtlich Unklarheiten über schulisch relevante Kompetenzen von Kindern mit Behinderung.

Die meisten Kinder bewältigten den Übergang in die Schule gut bzw. freuten sich darauf. Einzelne Kinder kamen mit der Schulsituation nicht gut zurecht. Dies kann jedoch nicht einer bestimmten Betreuungsform während der Kindergartenzeit zugeschrieben werden.

Nur knapp die Hälfte der Lehrerinnen schätzt in ihrem Gesamturteil das Lern- und Entwicklungsangebot bzw. die Förderung durch den Kindergarten als gut und ausreichend ein, ohne dass viele von ihnen mit den Eltern oder gar mit den Erzieherinnen über einzelne einzuschulende Kinder gesprochen hätten und ohne dass sie den Erzieherinnen entsprechende Rückmeldung geben.

Das Gesamturteil der Eltern und Lehrer sowie ihre Einschätzungen, bezogen auf die schulischen Lernfortschritte des Kindes in einzelnen Entwicklungsbereichen, sind nicht immer konsistent. Auf die einzelnen Entwicklungsbereiche bezogen, halten sich die Lehre-

---

50 Zu Beginn des Kindergartenjahres 2003/ 2004 hat die Landesregierung NRW mit den Spitzenverbänden der öffentlichen und freien Wohlfahrtspflege eine Vereinbarung über die Grundsätze der Bildungsarbeit in Tageseinrichtungen (,Bildungsvereinbarung') geschlossen, in der unter anderem gemeinsame Weiterbildungen von Lehrerinnen und Erzieherinnen sowie gemeinsame Einschulungskonferenzen angeregt werden.

rinnen mit positiven Urteilen am ehesten in punkto kognitive Fähigkeiten zurück. Hier gibt es einen relativ hohen Anteil, der generell mit den bisherigen schulischen Fortschritten im kognitiven Bereich nicht sehr zufrieden ist.

Die sozialen Beziehungen der Kinder mit Behinderung während der Kindergartenzeit werden von den Erzieherinnen und Eltern positiv eingeschätzt. Eltern, deren Kinder integrativ betreut wurden, berichten allerdings über mehr Kontakte ihrer Kinder zu anderen Kindern und sind rückblickend mit den sozialen Kontakten ihrer Söhne oder Töchter während der Kindergartenzeit am zufriedensten.

Allein die Tatsache, ob Kinder mit anderen, ihnen bekannten Jungen und Mädchen aus der Kindergartenzeit gemeinsam in die Schule wechseln, ist anscheinend weniger entscheidend als oft behauptet wird. Kinder aus heilpädagogischen Gruppen z. B., die gemeinsam in die Sonderschule wechseln, führen dennoch relativ selten Freundschaften aus der Kindertageseinrichtung weiter (evtl. gab es diese Freundschaften auch vorher nicht). Kinder z. B., die in Schwerpunktgruppen betreut wurden, wechseln entgegen unseren Vorstellungen nur etwa zu einem Drittel gemeinsam mit anderen Kindern der Gruppe in eine Klasse, knüpfen aber neue Freundschaften. Unter den Kindern mit Behinderung haben nur diejenigen eine reelle Chance, bisherige Freunde und Kinder der häuslichen Nachbarschaft zu treffen, die aus dem Regelkindergarten vor Ort kommen und in eine Regelschule übergehen. Noch einmal halten wir fest: Die Chancen sozialer Erfahrungen in Kindergarten und Schule sind ungleich verteilt. Dies zu ändern ist eine Aufgabe der Sozial- wie Schulpolitik.

Die soziale Einbindung in der Klasse bzw. Schule hängt aber nicht nur von solchen Konstellationen ab, sondern offensichtlich auch sehr stark von den Kommunikationsmöglichkeiten der Kinder und ihrer Motivation zu gemeinsamer Aktivität. Dass für letzteres auch die Unterstützung der Lehrer eine Rolle spielt, ist sehr wahrscheinlich, auch wenn dies nicht Gegenstand unserer Untersuchung war.

Rückblickend sind Eltern überwiegend auch nach Jahren mit ihrer Wahl der Kindertageseinrichtung zufrieden. Doch während Eltern von Kindern, die derzeit die Kindertageseinrichtung (alle Einrichtungstypen) besuchen, in der Regel (sehr) positiv über die Betreuung urteilen, relativiert sich rückblickend diese Zufriedenheit etwas bei den Eltern der Schulkinder. Anscheinend werden die Effekte der Betreuung von etlichen Eltern im Nachhinein etwas kritischer beurteilt.

Die dargestellten Aspekte sind vor dem Hintergrund zu sehen, dass Eltern, Erzieherinnen und Lehrerinnen trotz einiger Differenzen in ihren Bildungsvorstellungen weitreichend übereinstimmen. Selbstständigkeit im Alltag und soziale Kompetenz gelten als wichtigste Bildungsziele. Eingeschlossen sind darin auch spezielle Kompetenzen (Wahrnehmung, Sprache usw.), wobei kognitive Kompetenzen explizit fast nie als Bildungsziele erwähnt werden. Dass dieser Gesichtspunkt ausgeblendet wird, lässt vermuten, dass sein Stellenwert für Kinder mit Behinderung vielen nicht bewusst ist.

Während Erzieherinnen ein komplexes Bild wichtiger Bildungsziele unter besonderer Betonung eines starken Selbstbewusstseins der Kinder beschreiben, reduzieren zumindest einige Lehrerinnen den Kindergarten noch sehr traditionell in erster Linie darauf, soziale Kompetenzen zu fördern und die Kreativität anzuregen. Hier wie bei dem vorangehenden Aspekt zeigt sich zum wiederholten Male die Notwendigkeit, das Thema Bildungsvorstellungen und Bildungsauftrag des Kindergartens umfassend in der Praxis zu diskutieren.

Entsprechung vorhandener Betreuungsformen mit Elternwünschen nach familienentlastender Ergänzung
Bedarfsgerechte geeignete Betreuungsprofile
In den Einrichtungen, gleich welcher Betreuungsform, gibt es keinen Zweifel über die Bedeutung familiengerechter Betreuung. Familiäre oder kindliche Notlagen werden überall bei der Aufnahme berücksichtigt. Bei Kindern mit Behinderung spielen auch Art und Schwere der Beeinträchtigung eine Rolle – entweder im Sinne einer bevorzugten Aufnahme bei gravierender Beeinträchtigung und Förderbedürftigkeit oder im Sinne einer kritischen Überprüfung, ob die Einrichtung dem Betreuungsbedarf des Kindes gerecht werden kann.

Eltern von Kindern mit wie ohne Behinderung sind mit dem vorhandenen Angebot insofern zufrieden, als dass die meisten eine von ihnen gewünschte Betreuungsform für ihre Tochter/ ihren Sohn realisieren konnten. Im Sinne familiärer Entlastung betonen nahezu alle Eltern in erster Linie, wie wichtig es ihnen ist, dass die notwendigen Therapien in der Kindertageseinrichtung stattfinden könn(t)en. Diesem Wunsch kann im Regelbereich und zum Teil auch bei der Betreuung in Schwerpunktgruppen nur eingeschränkt entsprochen werden. (Näheres dazu s. u. bei Realisierung wohnortnaher Integration.)

Fast alle Einrichtungen bemühen sich um familiengerechte Öffnungszeiten, zum Teil auch durch wiederholte Elternbefragungen. Hier gibt es auch seitens der Eltern kaum Kritik. Wenige Ausnahmen beziehen sich auf Regeleinrichtungen mit unterbrochener Vor- und Nachmittagsbetreuung, die es einigen Eltern schwer macht, Familie und Beruf zu koordinieren. Eltern der Kinder mit Behinderung haben gute Möglichkeiten der Ganztagsbetreuung.

Die pädagogisch-inhaltliche Seite bedarfgerechter Betreuungsprofile spiegelt sich in der zu Beginn nachgezeichneten Wunscheinrichtung der Eltern wider (s. o.).

Vor dem Übergang ihres Sohnes/ ihrer Tochter in die Schule blicken Eltern aufmerksam auf die Angebote der Kindertageseinrichtungen und haben verstärkt Beratungsbedarf. Eltern von Kindern mit Behinderung suchen vor allem Unterstützung in Fragen der Schulwahl, während für Eltern nicht behinderter Kinder deutlich die Frage vorschulischer Angebote der Kindertageseinrichtung im Vordergrund steht. Auch wenn die meisten Beteiligten hier Zufriedenheit äußern, weisen die Ergebnisse an anderer Stelle (12.3) eindeutig darauf hin, dass ein sehr viel besserer inhaltlicher Austausch zwischen Kindertageseinrichtung und Schule nötig ist, um den Elternwünschen auf bestem fachlichen Stand zu begegnen.

Besonders wichtige und wirksame Elemente und Arbeitsformen, um die Ziele wohnortnaher Einzelintegration zu erreichen
Generell ist die Regeleinrichtung für Eltern von Kindern mit Behinderung die Wahl, wenn ihre Priorität auf wohnortnaher Sozialisation des Kindes, auf der Sozialisation mit Nachbarschaftskindern und evtl. dem Besuch einer Einrichtung liegt, die auch das oder die Geschwister besuch(t)en. Vielen Regeleinrichtungen gelingt es auch gut, auf die besonderen Unterstützungsbedürfnisse der Kinder einzugehen. Effektive Arbeitsformen machen sich hier nicht an bestimmten pädagogischen Konzepten fest, sondern betreffen die prinzipielle Ausrichtung auf die Akzeptanz von Verschiedenheit und auf das gemeinsame Aufwachsen. Dies ist einer großen Mehrheit der Regeleinrichtungen sehr bewusst. Zudem muss realistisch eingeschätzt werden, wie groß der Wirkungsgrad der Kindertageseinrichtung in das

häusliche Umfeld der Kinder hinein ist. Ergebnisse auf verschiedenen Ebenen unserer Untersuchung belegen, dass die Kontakte der Kinder untereinander in hohem Maße von der Bereitschaft der Eltern und ihrer gegenseitigen Sympathie abhängt. Ein wichtiger Beitrag der Kindertageseinrichtung zur wohnortnahen Integration besteht deshalb auch in Angeboten für Eltern, sich zu diversen Gelegenheiten besser kennen zu lernen. Einrichtungen werden hier in unterschiedlichem Ausmaß aktiv. Viele initiieren Möglichkeiten des Treffens und Kennenlernens. Die Resonanz bei den Eltern ist höchst verschieden. Bei den Eltern wird deutlich, dass viele für sich und die Kinder engeren Austausch wünschen, dass aber andere hier eher zurückhaltend sind und wenig Interesse zeigen.

Die Regeleinrichtung bietet per se durch ihre Einbettung in die Gemeinde oder den Stadtteil die beste Voraussetzung wohnortnaher Integration. Die integrativ arbeitende wohnortnahe Tageseinrichtung kommt auch den Vorstellungen des überwiegenden Teils der Elternschaft am nächsten. Inhaltliche Aspekte der Betreuung modifizieren jedoch diesen Wunsch (s. o.). Die Ergebnisse zeigen, dass Eltern von Kindern mit Behinderung die wohnortnahe Betreuung, wenn sie sich dafür entscheiden, mit der Gewissheit guter Förderung ihrer Tochter oder ihres Sohnes verbinden. Elterliche Vorbehalte gegenüber den Betreuungsmöglichkeiten der Regeleinrichtung sind deshalb auch nachhaltige Hürden bei der Verbreitung wohnortnaher Integration.

Was aus Sicht der Eltern (und fachlich nachvollziehbar) in den Regeleinrichtungen eine gute Förderung erschwert, lässt sich an wenigen, aber wichtigen Punkten fest machen, die vor allem strukturbedingt sind:

Zum einen ist es der Stellenschlüssel (personelle Ausstattung und/ oder Gruppengröße) in den Regeleinrichtungen, der nur bedingt Kleingruppenarbeit erlaubt. Die Kleingruppe ist aber das pädagogische Arrangement, in dem sowohl individuelle Förderung wie gemeinsames Spielen und Lernen möglich ist.

Damit eng zusammenhängend betrifft es die Stelle der integrativen Zusatzkraft, die, da befristet angestellt und mit pauschaliertem Kostensatz bedacht, eine kontinuierliche Erhaltung von Kompetenzen in der Betreuung von Kindern mit Behinderung erschwert.

Zum dritten geht es um die therapeutische Versorgung und die interdisziplinäre Zusammenarbeit der Therapeutinnen mit den Erzieherinnen. Dieser Aspekt ist in der Einzelintegration strukturell nicht abgesichert, ist aber unter dem Aspekt der Förderung wie der Familienentlastung ein Muss. Die Lösung dafür scheint auf der Hand zu liegen: Frei arbeitende Therapeutinnen oder Mitarbeiterinnen einer Frühförderstelle sind diejenigen, mit deren Hilfe das Dilemma logisch und einfach zu lösen wäre, gäbe es nicht den existierenden Abrechnungsmodus mit den Krankenkassen, der dem Ganzen enge Grenzen setzt. Die Krankenkassen sollten für zeitgemäße Lösungen stärker in die Pflicht genommen werden. Hier eine Veränderung herbeizuführen, wäre ein qualitativer Sprung in der wohnortnahen integrativen Betreuung von Kindern mit Behinderung.

Mit den genannten Aspekten hängt ein letzter kritischer Punkt indirekt zusammen: Kinder mit Behinderung besuchen oft nicht die wohnortnächste Einrichtung. Aus ökonomischen Gründen erscheint es günstiger, sie in einer anderen Einrichtung zu betreuen, die schon ein Kind mit Behinderung besucht und in der deshalb bereits eine integrative Zusatzkraft arbeitet. Wie beschrieben, schwinden hier die Vorteile der Wohnortnähe (Integration in das Wohngebiet, Nachbarskinder), ohne durch die Vorteile einer Schwerpunktgruppe ersetzt zu werden (kontinuierliche Aktivierung behinderungsspezifischer pädagogischer Kompetenzen, kleinere Gruppen, bessere Bedingungen um Kleingruppen zu bilden, evtl. besserer Zugang zur therapeutischen Versorgung). Eine günstigere Ausstattung der Einzelintegration würde dem Wunsch vieler Eltern entgegenkommen, eine individuellere Betreuung mit den Aspekten der Wohnortnähe zu verbinden – Gesichtspunkte, die bei der Einrichtungswahl von hoher Bedeutung sind.

Die Verbesserungen wäre deshalb ein wirksames Element, die Ziele wohnortnaher Einzelintegration zu erreichen, da es die Sorgen vieler Eltern zerstreuen könnte, ob ihr Kind mit seinen besonderen Bedürfnissen in der Regeleinrichtung gut aufgehoben wäre. Es sei daran erinnert, dass sich viele Eltern überlegen, wem sie die Betreuung, Erziehung und Bildung ihres Kindes zutrauen. Andererseits ist vielen Eltern eine gute Unterstützung des Kindes wichtiger als der Besuch der nächsten Einrichtung, so dass für sie bei merklich besseren Betreuungsbedingungen auch die Betreuung in einer Kindertagesstätte der näheren Umgebung in Frage käme.

Unseres Erachtens ist es notwendig, dass sich hier die politisch und fachlich Verantwortlichen (bzgl. der Regel- oder Schwerpunkteinrichtungen) für eine klarere Linie entscheiden.

Die Chancen sozialer Integration außerhalb der Einrichtungen
Die Integration in die Nachbarschaft bzw. in das Wohnumfeld ist ein generelles Problem in der derzeitigen Betreuung der Kinder mit Behinderung. Die gemeinsame Sozialisation mit Kindern des häuslichen Wohnumfeldes ist am ehesten in den Regeleinrichtungen zu realisieren. Dennoch, selbstverständlich ist es auch hier nicht (s. o.). Neben dem gemeinsamen Besuch der Kindertagesstätte geht es zudem auch um den selbstverständlichen Einbezug der Kinder außerhalb der Einrichtung. Bei Kindern diesen Alters, erst recht bei solchen mit Behinderung, ist dies aber nicht nur eine Frage der räumlichen Nähe. Die Kontakte der Kinder sind in hohem Maße abhängig von den Kontakten der Eltern untereinander. Kinder mit Behinderung sind nahezu ausnahmslos darauf angewiesen, dass sie in Begleitung der Eltern zu anderen Kindern gebracht oder mit Unterstützung der Eltern von anderen Kindern besucht werden können. Leiterinnen wie Erzieherinnen bemühen sich großen Teils, Kontakte der Eltern untereinander zu initiieren, dem sind aber deutliche Grenzen gesetzt. Der Wunsch der Eltern nach Gemeinsamkeit wie ihre gegenseitigen Sympathien oder Antipathien sind letztlich die eigentlich ausschlaggebenden Faktoren, wenn es um die Kontakte der Kinder außerhalb der Einrichtung geht. Ausnahmen finden sich hier nur bei Kindern in Regeleinrichtungen. Wenn überhaupt, dann können nur sie (bzw. einige von ihnen) selbstständig Kontakte zu Kindern in ihrer unmittelbaren häuslichen Nachbarschaft unterhalten.

Arbeitsformen und -inhalte, die den Intentionen der Eingliederungshilfe im Besonderen entgegenkommen
Aus dem Dargestellten gehen die Faktoren hervor, die für die Inklusion aller Kinder wirkungsvoll sind. Zusammenfassend seien hier die wichtigsten Aspekte noch einmal genannt. Wesentlich ist:
• Die Ausrichtung auf Integration aller Kinder in die Gruppe, also eine inklusive Atmosphäre.

- Der Einbezug der Therapie, ohne dem Kind dadurch eine Sonderstellung zu verschaffen (oder eine bestehende Sonderstellung zu verstärken).

Dies kann z. B. dadurch geschehen, dass auch wechselnd andere Kinder an der Therapie teilnehmen können oder andere Kinder (auch diejenigen ohne Behinderung) dann Therapien in der Einrichtung erhalten können, wenn es für sie notwendig und sinnvoll erscheint.

- Die Arbeit in der Kleingruppe, in der eine pädagogische Unterstützung von gemeinsamem Spielen und Lernen möglich ist.

Hier kann im Gruppenzusammenhang gemeinsamer Aktivitäten auf Kinder individuell eingegangen werden, eine Kombination, die sich in der Großgruppe nur schwerlich realisieren lässt. Kleingruppen ermöglichen eine pädagogische Unterstützung, mit der gemeinsame Aktivitäten auch dann gelingen, wenn erschwerende Voraussetzungen vorhanden sind.

- Die Unterstützung der sozialen Einbindung der Kinder außerhalb der Kindertageseinrichtung, zu der die Unterstützung von Elternkontakten gehören sollte (Gelegenheiten für Eltern zum Kennenlernen). Manche Eltern brauchen Ermutigung, um ihren Kindern auch Gelegenheit zum Treffen außerhalb der Einrichtung zu geben.
- Auch die Sichtbarkeit der Kindertageseinrichtung wie der Kinder im Gemeinwesen trägt zu dem selbstverständlichen Bezug auf alle Kinder bei.
- Die (erneute) Reflexion bestimmter pädagogischer Inhalte, hier insbesondere das Nachdenken über Elemente und Zusammenhänge ganzheitlicher Förderung, über den Zusammenhang von sozial-emotionaler und kognitiver Entwicklung.
- Ein deutlich verbesserter inhaltlicher und kindbezogener Austausch im Übergang vom Elementarbereich in die Schule, so dass die jeweiligen Entwicklungs- und Bildungsvorstellungen wie unterschiedlichen Erwartungen kommuniziert werden und eine Verständigung darüber erfolgen kann.

Bausteine eines Qualifizierungskonzepts

Viele Leiterinnen und Erzieherinnen haben eine hohe Fortbildungs- und Qualifizierungsmotivation. Nach unserer Erhebung überstieg der angemeldete Bedarf die Realisierungsmöglichkeiten.

- Den Anforderungen gemäß stehen bei den Erzieherinnen pädagogische Themen an erster Stelle der Fortbildungswünsche. Allerdings bewegen sie sich mehrheitlich auf der ihnen bekannten Ebene: Bei den pädagogischen Fachkräften heilpädagogischer Einrichtungen überwiegen heilpädagogische Themen, bei den anderen überwiegen integrations- bzw. allgemeinpädagogische Themen. Verschiedene Ergebnissen unserer Untersuchung legen jedoch nahe, dass eine stärkere Öffnung für die je anderen Bereiche sinnvoll wäre. Auch in heilpädagogischen Einrichtungen ist gruppenpädagogische Arbeit mit einem sehr heterogenen Kreis von Kindern angesagt, damit auch die Schaffung eines inklusiven Klimas und die Entwicklung von Angeboten zum gemeinsamen Spielen und Lernen. In den Gruppen mit gemeinsamer Erziehung wiederum sind Kinder, bei deren Unterstützung heilpädagogisches Wissen sehr sinnvoll ist. Denn der Kern der integrativen/ inklusiven Erziehung ist die Erweiterung der traditionellen Allgemeinpädagogik um spezifische pädagogische Aspekte wie Heterogenität und Beeinträchtigung, also nicht das Bemühen, die Besonderheiten der Kinder pädagogisch glatt zu bügeln.

Des Weiteren wird an einigen Stellen deutlich, dass ‚Weiter'qualifikation durchaus auch ‚Zurückgehen' einschließen sollte – zurück gehen zu den entwicklungspsychologischen Grundlagen der pädagogischen Arbeit mit Kindern. Die Wechselwirkung verschiedener Entwicklungsstränge wie z. B. der emotional-sozialen und der kognitiven Entwicklung, der pädagogische Bezug auf diese Entwicklungen und der Entwurf passender pädagogischer Angebote prägt anscheinend nicht immer bewusst und systematisch die Arbeit.

In engem Zusammenhang damit steht das Prinzip ganzheitlichen Lernens, das allgemein betont, aber selten bis in die Arbeit mit den Kindern hinein konkretisiert wird. Ganzheitlichkeit bedeutet jedoch nicht, alles im Unbestimmten zu belassen, weil das Kind ohnehin mit allen Sinnen und in viele Richtungen lernt. Professionelle Angebote sollten vielmehr verschiedene Entwicklungsaspekte und -ebenen berücksichtigen. Hier wären Fortbildungen sinnvoll, in denen grundlegende Kenntnisse von Lernprozessanalysen vermittelt werden.

Jenseits der verschiedenen Betreuungsformen und unabhängig von dem Aspekt einer amtlich verifizierten Behinderung sind Verhaltensprobleme von Kindern in einer Gruppe bzw. die Schwierigkeiten der Kinder und Erzieherinnen damit stark präsent. Fortbildsangebote zu diesem Thema sollten deshalb selbstverständlich sein.

- Neben pädagogischen Themen werden von den Erzieherinnen oft Fortbildungen zu Qualitätsentwicklung angefragt. Auch dieser Schwerpunkt ist mit Blick auf unsere Untersuchung zu unterstützen. Zwei Aspekte sehen wir als Fokus:

Eine große Mehrheit der Einrichtungen arbeitet mit einem eigens entwickelten pädagogischen Konzept. Die Qualität eines solchen Konzepts kann deshalb nur im Einzelfall beschrieben werden, die Qualität seiner Umsetzung ohnehin. Für die Einrichtungen wäre es deshalb wichtig, eine Qualitätssicherung zu installieren, die neben der fachlich begrüßenswerten Selbstevaluation auch „den fremden Blick" mit hinein nimmt (z. B. indem Wege kollegialer, aber einrichtungsfremder Mitarbeit bei der Qualitätssicherung entwickelt werden).

Entwicklungsdokumentation, Förderplanung und Zielkontrolle sind wesentliche Elemente der Qualitätssicherung. Während die Entwicklungsdokumentation für Kinder mit Behinderung allmählich zum Standard in allen Einrichtungen wird, gibt es in punkto Förderplanung und Zielkontrolle noch Entwicklungsbedarf (erst recht in Bezug auf Kinder ohne Behinderung). Mit Angeboten zur Qualifizierung in diesem Bereich könnten Erzieherinnen mit Strategien vertraut gemacht werden, die auch im Alltag anwendbar und nicht nur im Hinblick auf eine „Berichtspflicht" von Vorteil sind.

- Die Partizipation der Eltern an der (konzeptionellen) Arbeit des Kindergartens, aber auch die Motivation der Eltern dazu entspricht nicht dem, was aus fachlicher Sicht zu wünschen ist. Eine bessere Qualifikation für diesen Kooperationszusammenhang wäre also von Nöten. Doch hier ist nicht allein die Bereitwilligkeit und das Know-how der professionellen Pädagoginnen ausschlaggebend. Sie können das Engagement von Eltern anregen oder unterstützen, aber nicht erzwingen. Möglicherweise könnte auf neuen Wegen ein Teil der Eltern angesprochen werden, z. B. indem Versuche gestartet werden, bei denen sich Eltern und Erzieherinnen gemeinsam zu bestimmten Themen fortbilden können.

- Eine ähnliche Strategie könnte bei Themen der Kooperation von Kindertagesein-richtung und Schule greifen. Dem sehr hohen Nachholbedarf an dieser Stelle ist sicher-lich nicht nur durch (gemeinsame) Fortbildungen zu begegnen. Doch könnte z. B. die (gemeinsame) Auseinandersetzung mit Fragen von Bildung und Bildungsvorstellungen in Form einer Fortbildung sehr viel zur Verständigung untereinander beitragen.
  Unseres Erachtens wäre es in diesem Zusammenhang aussichtsreich, die Kooperation mit Grundschulen zu suchen, um mit ihnen zusammen Fortbildungen für Erzieherin-nen und Lehrerinnen anzubieten.
- Die Formen der Fortbildung sollten daraufhin überprüft werden, ob bestimmte Themen nicht effektiver als Teamfortbildung zu realisieren sind. Unseres Erachtens wird zum Teil durch den sehr hohen Anteil von Einzelfortbildungen der organisationsdynamische Ef-fekt verschenkt, den Teamfortbildungen haben können. In diesem Zusammenhang ha-ben bisher die Fachberaterinnen eine Schlüsselposition, die oft Teamfortbildungen ge-stalten. Sie sollten darin bestärkt werden, über Möglichkeiten der Ausweitung (bzw. Ver-lagerung, s. o.) sollte nachgedacht werden.
- Die fortlaufende Weiterqualifikation der Leitungen ist aus fachlicher Sicht eine Selbst-verständlichkeit. Vielfach wird es bereits durch das Engagement der Leiterinnen und Leiter realisiert. Hier sind kontinuierliche Fort- und Weiterbildungsangebote nötig, die vor allem Themen aufgreifen, die in den grundständigen pädagogischen Berufsausbil-dungen fehlen: Konzeptentwicklung, Personalmanagement, Gesprächsführung, Organi-sationsentwicklung und ähnliche Themen.
  Der zur Zeit existierende Qualifikationsunterschied zwischen dem Gros der Leitungen von heilpädagogischen- und additiven Einrichtungen einerseits und Schwerpunkt- und Regeleinrichtungen andererseits (bzw. die unterschiedliche Vergütung) ist aus fachlicher Sicht nicht vertretbar. Hier sollten neben den mehr eklektischen Angeboten Konzepte entwickelt werden, die interessierten Leitungen und Erzieherinnen die Möglichkeit bie-ten, sich fundiert und systematisch in diesen Bereichen weiter zu qualifizieren.

Der Aufwand für ein leistungsfähiges und qualitatives Betreuungsangebot für Kinder mit Behinderung bzw. für die gemeinsame Erziehung von Kindern mit und Kindern ohne Behinderung

Der Aufwand für ein leistungsfähiges und qualitatives Betreuungsangebot ist mit den Ergeb-nissen der Untersuchung und mit den zuletzt dargestellten Punkten inhaltlich umfassend beschrieben.

Wir sind uns im Klaren darüber, dass auf (sozial)politischer Ebene oft anderen Kriterien Vorrang vor den fachlichen Gesichtspunkten eingeräumt werden, allem voran ökonomi-schen Aspekten. Über die Prioritätensetzung bei begrenzten Mitteln lässt sich sicher streiten – unbestritten bleibt jedoch: Die öffentliche Erziehung und Bildung von Kindern im allge-meinen wie die von Kindern mit Beeinträchtigungen hat ihren Grund und ihr Ziel in der bestmöglichen Unterstützung der kindlichen Entwicklung dort, wo das Engagement der Familie nicht ausreicht oder durch die Sozialisation mit anderen Kindern zu ergänzen ist.

Unseres Erachtens sollte daher die zukünftige Entwicklung hauptsächlich in zwei Grundsätzen verankert sein:

Zum einen in der Ausrichtung des öffentlichen Erziehungs- und Bildungssystems an den Bedürfnissen aller Kinder. Kinder mit Behinderung haben zwar einen je individuellen besonderen Unterstützungsbedarf, dem fachlich fundiert entsprochen werden muss, doch wird sich der Kindergarten wie das gesamte pädagogische System der Herausforderung stellen müssen, dass alle Kinder in Situationen kommen können, in denen sie (manchmal nur zeitweise) besondere Unterstützung benötigen.

Zum anderen und damit zusammenhängend – sollte bei der Gewährung von Eingliederungshilfe, d. h. bei den Unterstützungsleistungen für Kinder mit Behinderung der pädagogische und familiäre Bedarf im Vordergrund stehen. Vorrangig bestimmen derzeit die vorhandenen Strukturen Art und Umfang der Unterstützung. Aber das öffentliche System der Betreuung, Erziehung und Bildung von Kindern (mit Behinderung) sollte sich auch am individuellen Bedarf der Kinder und Familien orientiert weiter entwickeln. Wie sich diese Bedarfslage darstellt, wurde in unserer Untersuchung in vielen Aspekten deutlich.

In diesem Sinne erscheint es als die größte Herausforderung zur Sicherstellung und Weiterentwicklung einer qualitativ guten Kindertagesbetreuung, fachliche Standards (pädagogische und therapeutische), Elternwünsche und Interessen des Kindes sowie seinen Anspruch auf eine Kindheit ohne Aussonderung miteinander zu verbinden. Wir haben dazu bei Erzieherinnen, Leitungen, Trägervertretungen und Eltern großes Engagement und vielversprechende Ansätze gefunden.

14 Literatur

Anderson, J. A. (1996): Kognitive Psychologie. Heidelberg.

Balaguer, I.; Mestres, J.; Penn, H. (1992): Die Frage der Qualität in Kinderbetreuungseinrichtungen. Brüssel: Kommission der Europäischen Gemeinschaften

Baumert J. u.a. (Hrsg.) (2002): PISA 2000. Basiskompetenzen von Schülerinnen und Schülern im internationalen Vergleich. Leverkusen: Leske und Budrich

Beelmann, W (2000): Entwicklungsrisiken und –chancen bei der Bewältigung normativer Übergänge im Kindesalter. In: Leyendecker, C.; Horstmann, T. (Hrsg.): Große Pläne für kleine Leute. München: Reinhardt, 71–77

Bortz, J.; Döring, N. (2002.3): Forschungsmethoden und Evaluation für Human- und Sozialwissenschaftler. Berlin: Springer

Bremische Evangelische Kirche/ Landesverband evangelischer Tageseinrichtungen für Kinder (Hrsg.) (1999): Kompetenzentwicklung und Prozessqualität in der integrativen Kindergartenarbeit. Bremen: Selbstverlag

Cloerkes, G. (1985.3): Einstellung und Verhalten gegenüber Behinderten. Eine kritische Bestandsaufnahme internationaler Forschung. Berlin: Marhold

Colberg-Schrader, H. (1998): Kindergarten – Ort für Kinderleben und Treffpunkt für Eltern. Zur Qualität von Kindergärten. In: Fthenakis, W.; Textor, M.: Qualität von Kinderbetreuung. Konzepte, Forschungsergebnisse, internationaler Vergleich. Weinheim; : Beltz, 86–97

Cowlan, G.; Kreie, G.; Kron, M.; Reiser, H. (1991): Der Weg der integrativen Erziehung vom Kindergarten in die Grundschule. Der Weg der Integration. Schriftenreihe „Lernziel Integration" der Evang. Franz.-ref. Gemeinde (Hrsg.), 12, Bonn Reha Verlag

Cowlan, G.; Deppe-Wolfinger, H.; Kreie, G.; Kron, M.; Reiser, H. (1994): Integrative Grundschulklassen in Hessen. Reihe 'Lernziel Integration' der Ev. Franz.-ref. Gemeinde Frankfurt/M. (Hrsg.), 13, Bonn: Reha Verlag

Deppe, H. (2004): Integrationskultur – am Anfang oder am Ende? In: Schnell, I.; Sander, A. (Hrsg.): Inklusive Pädagogik. Bad Heilbrunn: Klinkhardt, 23–40

Deppe-Wolfinger, H.; Prengel, A.; Reiser, H. (1990): Integrative Pädagogik in der Grundschule. München

Deutsches Jugendinstitut (Hrsg.) (1994): Orte für Kinder Auf der Suche nach neuen Wegen in der Kinderbetreuung Weinheim, München: Juventa

Deutsches Jugendinstitut (Hrsg.) (1998): Tageseinrichtungen für Kinder. Pluralisierung von Angeboten. Zahlenspiegel. München: Deutsches Jugendinstitut

Deutsches PISA-Konsortium (Hrsg.) (2001): PISA 2000. Basiskompetenzen von Schülerinnen und Schülern im internationalen Vergleich. Opladen: Leske und Budrich

Dichans, W. (1993): Der Kindergarten als Lebensraum für behinderte und nichtbehinderte Kinder. Stuttgart: Kohlhammer

Dichans, W. (1997): Kinder sind unsere Zukunft. Zur sozial- und fachpolitischen Verantwortung des Staates für eine qualitative Weiterentwicklung. In: Eigensinn, 1/1997

Dittrich, G. (1998): Behinderte Kinder in Kindertagesstätten: Wie steht es mit der Entwicklung von Integrationsplätzen in den Institutionen Krippe, Kindergarten, Hort? Welche Qualität braucht Integration? In: Gemeinsam leben – Zeitschrift für integrative Erziehung, 3/1998

Donabedian, A. (1966): Evaluating the quality of medical care. Milbank Memorial Fund Quarterly 44 Suppl: 166–206.

Eberwein, H. (Hrsg.) (2002) Integrationspädagogik. Kinder mit und ohne Beeinträchtigung lernen gemeinsam. Ein Handbuch. Weinheim: Beltz

Eberwein, H.; Knauer, S. (Hrsg.) (2002.6): Integrationspädagogik. Kinder mit und ohne Beeinträchtigung lernen gemeinsam. Ein Handbuch. Weinheim, Basel: Beltz (vollständig überarbeitete und aktualisierte Ausgabe).

Eckert, A. (2002): Eltern behinderter Kinder und Fachleute. Erfahrungen, Bedürfnisse und Chancen. Bad Heilbrunn: Klinkhardt

Elschenbroich, D. (2002): Weltwissen der Siebenjährigen. Wie Kinder die Welt entdecken können. München: Goldmann

European Agency for Development in Special Needs Education, ed. by Meijer, C; Soriano, V.; Watkins, A. (2003): Sonderpädagogische Förderung in Europa. Middelfart: EADSNE.

Feuser, G. (1998): Gemeinsames Lernen am gemeinsamen Gegenstand. Didaktisches Fundamentum einer Allgemeinen (Integrativen) Pädagogik. In: Hildeschmidt, A.; Schnell, I. (Hrsg.) (1998): Integrationspädagogik. Auf dem Weg zu einer Schule für alle. Weinheim, München: Juventa, 19–35

Feuser, G. (2002): Momente entwicklungslogischer Didaktik einer Allgemeinen (integrativen) Pädagogik. In: Eberwein/Knauer (Hrsg.) (2002.6), 280–294

Feuser, G.; Wehrmann, I. (1985): Informationen zur Gemeinsamen Erziehung und Bildung behinderter und nicht behinderter Kinder (Integration) in Kindergarten, Kindertageseinrichtung und Schule. Diakonisches Werk Bremen

Flick, U. (Hrsg.) (2000): Qualitative Forschung. Ein Handbuch. Hamburg: Rowohlt

Flick, U.; Kardorff, E. v.; Steinke, I. (Hrsg.) (2000): Qualitative Forschung. Reinbek: Rowohlt

Forum Bildung (2001): Ergebnisse des Forum Bildung. Bonn: Geschäftsstelle der Bund-Länder-Kommission für Bildungsplanung und Forschungsförderung.

Forum Bildung (2002): Empfehlungen und Einzelergebnisse des Forum Bildung. Bonn: Geschäftsstelle der Bund-Länder-Kommission für Bildungsplanung und Forschungsförderung.

Friebertshäuser, B; Prengel, A. (Hrsg.) (1997): Handbuch Qualitative Forschungsmethoden in der Erziehungswissenschaft. Weinheim und München: Juventa

Fried, L. u. a. (2003): Pädagogik der frühen Kindheit. Weinheim: Beltz

Fthenakis, W. (1998): Erziehungsqualität: Operationalisierung, empirische Überprüfung und Messung eines Konstrukts. In: Fthenakis, W.; Textor, M.: Qualität von Kinderbetreuung. Konzepte, Forschungsergebnisse, internationaler Vergleich. Weinheim: Beltz 52–74

Fthenakis, W. (2003): Pädagogische Qualität in Tageseinrichtungen für Kinder. In: Fthenakis, W. (Hrsg.): Elementarpädagogik nach PISA. Freiburg: Herder, 208–242

Fthenakis, W.; Nagel, B.; Strätz, R.; Sturzbecher, D.; Eirich, H.; Mayr, T. (1995): Neue Konzepte für Kindertageseinrichtungen: eine empirische Studie zur Situations- und Problemdefinition der beteiligten Interessensgruppen. München: Staatsinstitut für Frühpädagogik

Fthenakis, W.; Textor, M. (Hrsg.) (1998): Qualität von Kinderbetreung Konzepte, Forschungsergebnisse, internationaler Vergleich. Weinheim: Beltz

Fthenakis, W.; Eirich, H. (Hrsg.) (1998): Erziehungsqualität im Kindergarten: Forschungsergebnisse und Erfahrungen. Freiburg i. Br.: Lambertus

Fthenakis, W.; Hanssen, K.; Oberhuemer, P.; Schreyer, I. (Hrsg.) (2003): Träger zeigen   Profil. Qualitätshandbuch für Träger von Kindertageseinrichtungen. Weinheim: Beltz

Fthenakis, W.; Oberhuemer, P. (Hrsg.) (2004): Frühpädagogik international. Bildungsqualität im Blickpunkt. Wiebaden: VS Verlag für Sozialwissenschaften

Geiling, U.; Hinz, A. (Hrsg.) (2005): Integrationspädagogik im Diskurs – auf dem Weg zur inklusiven Pädagogik? Heilbrunn: Klinkhardt

Gerspach, M. (2001): Qualitative Erhebung. In: Kobelt-Neuhaus, D. (Hrsg.): Qualität aus Elternsicht – Gemeinsame Erziehung von Kindern mit und ohne Behinderung. Seelze-Velber: Kallmeyer 64–94

Gerspach, M.; Mattner, D. (2004): Institutionelle Förderprozesse von Menschen mit Behinderung. Stuttgart: Kohlhammer

Gisbert, K. (2004): Lernen lernen. Lernmethodische Kompetenzen von Kindern in Tageseinrichtungen fördern. Weinheim: Beltz

Glöckner-Hertle, U.; Wünsche, M. (2000): Qualitätsmanagement in Kindertagesstätten. Burckhardthaus-Laetare

Griebel, W.; Niesel, R. (2003): Die Bewältigung des Übergangs vom Kindergarten in die Grundschule. In: Fthenakis, W. (Hrsg.) (2003): Elementarpädagogik nach PISA. Freiburg: Herder, 136–151

Griebel, W.; Niesel, R. (2004): Transitionen. Fähigkeiten von Kindern in Tageseinrichtungen fördern, Veränderungen erfolgreich bewältigen. Weinheim: Beltz

Groeben, N.; Rustemeyer, R. (2002): Inhaltsanalyse. In. In: König, E.; Zedler, P.: Qualitative Forschung. Weinheim: Beltz, 233–259

Herschkowitz, N. u.a. (2002): Das vernetzte Gehirn. Bern: Huber.

Hildeschmidt, A.; Schnell, I. (Hrsg.) (1998): Integrationspädagogik. Auf dem Weg zu einer Schule

Hildeschmidt, A.; Sander, A. (2002): Der ökosystemische Ansatz als Grundlage für Einzelintegration. In: Eberwein/ Knauer (Hrsg.) (2002.6), 304–312

Hinz, A. (2004): Vom sonderpädagogischen Verständnis der Integration zum integrationspädagogischen Verständnis der Inklusion? In: Schnell, I.; Sander, A. (Hrsg.): Inklusive Pädagogik. Bad Heilbrunn: Klinkhardt, 41–74

Hollerer, L. (2002 a): Kooperation zwischen Kindergarten und Schule unter Berücksichtigung von Kindern mit besonderen Bedürfnissen. Wien; Graz: Forschungsbericht

Hollerer, L. (2002 b): Nach welcher Pfeife müssen unsere Kinder tanzen? In: Unsere Kinder, 57, 5, 114–120

Hüther, G. (2001): Bedienungsanleitung für ein menschliches Gehirn. Göttingen: Vandenhoeck & Ruprecht.

Katz, L. (1996): Qualität der Früherziehung in Betreuungseinrichtungen: Fünf Perspektiven. In: Tietze, W. (Hrsg.): Früherziehung. Trends, internationale Forschungsergebnisse, Praxisorientierungen. Neuwied: Luchterhand, 226–239

Klatetzki, T. (2002): Skripts in Organisationen. Ein praxistheoretischer Bezugsrahmen für die Artikulation des kulturellen Repertoires sozialer Einrichtungen und Dienste. In: Schweppe, C. (Hrsg.): Sozialpädagogik und qualitative Forschung. Opladen, 98–122

Klein, G.; Kreie, G.; Kron, M.; Reiser, H. (1987): Integrative Prozesse in Kindergartengruppen. Über die gemeinsame Erziehung von behinderten und nichtbehinderten Kindern. Weinheim: Juventa

Klicpera, C.; Gasteiger-Klicpera, B. (2003): Integration oder Sonderschulklasse? Welche Motive leiten Eltern von Kindern mit sonderpädagogischem Förderbedarf bei dieser Entscheidung? In: Sonderpädagogik 1/2003, S. 3–17

Kobelt-Neuhaus, D. (Hrsg.) (2001): Qualität aus Elternsicht – Gemeinsame Erziehung von Kindern mit und ohne Behinderung. Seelze-Velber: Kallmeyer

König, E. (2002): Qualitative Forschung im Bereich subjektiver Theorien. In: König, E.; Zedler, P.: Qualitative Forschung. Weinheim: Beltz, 55–70

König, E.; Zedler, P. (2002): Qualitative Forschung. Weinheim: Beltz

Krappmann, L.; Peukert, U. (Hrsg.) (1995): Altersgemischte Gruppen in Kindertagesstätten. Reflexionen und Praxisberichte zu einer neuen Betreuungsform. Freiburg i. Br.: Lambertus

Kron, M. (2002): Gemeinsame Erziehung von Kindern mit und ohne Behinderung im Elementarbereich. Theorieansätze und Praxiserfahrungen. In: Eberwein, H. (Hrsg.) (2002) ,178–190

Kron, M. (2005): Behinderung – notwendiger Begriff in der inklusiven Pädagogik? In: Geiling, U.; Hinz, A.: Integrationspädagogik im Diskurs – auf dem Weg zur inklusiven Pädagogik? Heilbrunn: Klinkhardt, 82–86

Kron, M.; McGovern, K.; Rohrmann, A.; Schädler, J. (1999): Ökonomisierung und Qualitätsentwicklung – Herausforderungen für Kindertageseinrichtungen zur Erziehung von Kindern mit und ohne Behinderung. Siegen: ZPE

Kronberger Kreis für Qualitätsentwicklung in Kindertageseinrichtungen (1998): Qualität im Dialog entwickeln: Wie Kindertageseinrichtungen besser werden. Seelze: Kallmeyer

Laewen, H-J.; Andres, B. (Hrsg.) (2002a): Bildung und Erziehung in der frühen Kindheit. Weinheim: Beltz.

Laewen, H-J.; Andres, B. (Hrsg.) (2002b): Forscher, Künstler, Konstrukteure. Werkstattbuch zum Bildungsauftrag von Kindertageseinrichtungen. Weinheim: Beltz

Lamnek, S. (1995): Qualitative Sozialforschung, Bd. 2: Methoden und Techniken. Weinheim: Beltz

Lamnek, S. (2002): Qualitative Interviews. In: König, E.; Zedler, P.: Qualitative Forschung. Weinheim: Beltz, 157–194

Lamnek, S. (2005): Qualitative Sozialforschung. Weinheim, München: Beltz Psychologie Verlags Union

Landesverband Sachsen, Lebenshilfe für Menschen mit geistiger Behinderung e.V. (Hrsg.) (1998): Zwischenbericht Modellprojekt Integration von behinderten Kindern in Kindertageseinrichtungen. Chemnitz: Landesverband Sachsen, Lebenshilfe für Menschen mit geistiger Behinderung e.V.

Landschaftsverband Westfalen-Lippe/ Landesjugendamt (2002.4): Gemeinsame Erziehung behinderter und nichtbehinderter Kinder in Tageseinrichtungen. Arbeitshilfe.

Landschaftsverband Westfalen-Lippe/ Landesjugendamt (2004): Zusammenarbeit von Kindertageseinrichtungen und Grundschulen. Arbeitshilfe.

Leonhardt, A.; Wember, F. (2003): Grundfragen der Sonderpädagogik. Weinheim: Beltz

Markowetz, R. (1997): Integration behinderter Menschen. In: Cloerkes, G.: Soziologie der Behinderten. Ein einführendes Lehrbuch. Heidelberg: HVA-Ed. Schindele

Mayring, P. (1997): Qualitative Inhaltsanalyse. Grundlagen und Techniken. Weinheim.

Mayring, P. (1997.6): Qualitative Inhaltsanalyse. Grundlagen und Techniken. Weinheim: Beltz

Mayring, P. (2000): Qualitative Inhaltsanalyse. In: Flick, U.; von Kardorff, E.; Steinke, I. (Hrsg.): Qualitative Sozialforschung. Reinbek: rowohlt 468–475.

Mayring, P. (2002.5): Einführung in die qualitative Sozialforschung. Weinheim: Beltz

Meinhold, M.; Matul, C. (2003): Qualitätsmanagement aus der Sicht von Sozialarbeit und Ökonomie. Baden-Baden: Nomos

Merchel, J. (2004): Qualitätsmanagement in der sozialen Arbeit. Weinheim und München: Juventa.

Merchel, J. (2004): Leitung in der sozialen Arbeit. Weinheim und München: Juventa.

Ministerium für Schule, Jugend und Kinder des Landes NRW; Sozialpädagogisches Institut (Hrsg.) (2000): Erziehung und Bildung als Aufgabe des Kindergartens. Veränderungen der Lebenswelten – Neue Herausforderungen. Reihe: Fachpolitischer Diskurs Lebensort Kindertageseinrichtung. Köln

Ministerium für Schule, Jugend und Kinder des Landes NRW; Sozialpädagogisches Institut (Hrsg.) (2001.2): Professionalität und Qualität in Kindertageseinrichtungen. Reihe: Fachpolitischer Diskurs Lebensort Kindertageseinrichtung. Köln

Ministerium für Schule, Jugend und Kinder des Landes NRW; Sozialpädagogisches Institut (Hrsg.) (2003): Den Übergang vom Kindergarten in die Grundschule gestalten – Bildungsarbeit im Kindergarten als Basis schulischen Erfolgs. Reihe: Fachpolitischer Diskurs Lebensort Kindertageseinrichtung. Köln

Ministerium für Schule, Jugend und Kinder des Landes NRW (2003): Erfolgreich starten! Schulfähigkeitsprofil als Brücke zwischen Kindergarten und Grundschule. Eine Handreichung. Frechen: Ritterbach

New, R. (2004): Kultur und Curriculum: Reflexionen über „entwicklungsangemessene Praxis" in den USA und Italien. In: Fthenakis, W.; Oberhuemer, P. (Hrsg.): Frühpädagogik international. Bildungsqualität im Blickpunkt. Wiesbaden: VS Verlag für Sozialwissenschaften

Oberhuemer, P. (1998): Qualifizierung des Fachpersonals: Schlüsselthema der Qualitätsdiskussion. In: Fthenakis, W.; Textor, M. Qualität von Kinderbetreuung. Konzepte, Forschungsergebnisse, internationaler Vergleich. Weinheim: Beltz, 127–136

OECD (2001): Starting Strong. Early Childhood Education and Care. Paris: Organization for Economic Cooperation and Development.

OECD (2004): Lernen für die Welt von morgen. Erste Ergebnisse PISA 2003. URL: http://www.pisa.oecd.org/dataoecd/18/10/34022484.pdf

OECD (2004): OECD Country Note. Early Childhood Education and Care Policy in The Federal Republic of Germany.

Oerter, R. (1995): Kultur, Ökologie und Entwicklung. In Oerter, R.; Montada, L. (Hrsg): Entwicklungspsychologie. Weinheim: Beltz, 84–127

Paries, G. (2002): Qualitätsentwicklung Integrationsplatz – QUINT. In: KITA aktuell (2002)5, S.100–102.

Porter, L. (2002): Educating Young Children with Special Needs. London: Paul Chapman.

Prengel, Annedore (1995): Pädagogik der Vielfalt. Opladen: Leske und Budrich

Preuss-Lausitz, U. (1998): Bewältigung von Vielfalt. Untersuchungen zu Transfereffekten gemeinsamer Erziehung. In: Hildeschmidt, Anne, Irmtraud Schnell (Hrsg.) (1998): Integrationspädagogik. Auf dem Weg zu einer Schule für alle. Weinheim, München: Juventa, 223–240

Rauschenbach, T.; Hoffmann, H. (1998): Pädagogische Qualität von Kinderbetreuung in historischer Perspektive: zur Bedeutung von Denk- und Wahrnehmungsmustern im Definitionsprozess. In: Fthenakis, W.; Eirich, H.: Erziehungsqualität im Kindergarten: Forschungsergebnisse und Erfahrungen. Freiburg i. Br.: Lambertus, 177–186

Rauschenbach, T. (2002): Der Bildungsauftrag des Kindergartens. In: Ministerium für Schule, Jugend und Kinder des Landes NRW; Sozialpädagogisches Institut NRW (Hrsg.): Frühkindliche Bildung im Kindergarten. Reihe: Fachpolitischer Diskurs Lebensort Kindertageseinrichtung. Köln

Reiser, H. (1995): Die Weiterentwicklung der sonderpädagogischen Förderung in der Bundesrepublik Deutschland – Möglichkeiten und Grenzen. In: Behindertenpädagogik 1/1995

Rothmayr, A. (1993): Schwerstmehrfachbehinderte Kinder im Integrativen Kindergarten. Reihe ‚Lernziel Integration' der Ev. Franz.-ref. Gemeinde Frankfurt/M. (Hrsg.), 5, Bonn: Reha

Roux, Susanna (2002): Wie sehen Kinder ihren Kindergarten? Weinheim und München: Juventa

Sächsisches Staatsministerium für Soziales, Gesundheit und Familie (Hrsg.) (1999): Integration von behinderten Kindern in Kindertageseinrichtungen. Abschlussbericht. Chemnitz: Sächsisches Staatsministerium für Soziales, Gesundheit und Familie

Sander, A. (2002): Behinderungsbegriffe und ihre Integrationsrelevanz. In: Eberwein/Knauer (Hrsg.) (2002.6), 99–108

Sander, A. (2004): Inklusive Pädagogik verwirklichen. In: Schnell, I.; Sander, A. (Hrsg.): Inklusive Pädagogik. Bad Heilbrunn: Klinkhardt, 11–22

Schädler, J. (1999): Qualitätssicherung: Begriffe-Ansätze-Entwicklung. In: Si:So 1/1999, 2–5

Schäfer, G. E. (1995): Bildungsprozesse im Kindesalter. Selbstbildung, Lernen und Erfahrung in der frühen Kindheit. Weinheim, München: Juventa

Schäfer, G. E. (2002): Bildung beginnt vor der Schule. In: Ministerium für Schule, Jugend und Kinder des Landes NRW; Sozialpädagogisches Institut NRW (Hrsg.): Frühkindliche Bildung im Kindergarten. Reihe: Fachpolitischer Diskurs Lebensort Kindertageseinrichtung. Köln

Schäfer, G. E. (Hrsg.) (2004a.2): Bildung beginnt mir der Geburt. Ein offener Bildungsplan für Kindertageseinrichtungen in Nordrhein-Westfalen. Weinheim: Beltz

Schäfer, G. E. (2004b): Beobachten und Dokumentieren. Professionelle Instrumente, um Lern- und Forschungsprozesse des Kindes herauszufordern und mitzugestalten. In: KiTa aktuell NW 7/8, S. 148–152

Schildbach, C. (2004): Schulische Erwartungen an Kindertageseinrichtungen als Bildungsinstitution unter besonderer Berücksichtigung der Kinder mit Behinderung (unveröffentlichte Diplomarbeit, FB 2/ integrierter Studiengang Sozialpädagogik/ Sozialarbeit, Universität Siegen).

Schnell, I.; Sander, A. (Hrsg.) (2004): Inklusive Pädagogik. Bad Heilbrunn: Klinkhardt

Schweppe, C. (Hrsg.) (2003) Qualitative Forschung in der Sozialpädagogik. Opladen: Leske und Budrich

Singer, W. (2003): Ein neues Menschenbild? Frankfurt/M.: Suhrkamp.

Siraj-Blatchford, I; Moriarty, V. (2004): Pädagogische Wirksamkeit in der Früherziehung. In: Fthenakis, W. E.; Oberhuemer, P. (Hrsg.): Frühpädagogik international, 88–104.

Speck, O. (1998.5): System Heilpädagogik. Eine ökologisch reflexive Grundlegung. München: Reinhardt

Strätz, R. (o. J.): Neue Konzepte für Kindertageseinrichtungen. Eine empirische Studie zur Situations- und Problemdefinition der beteiligten Interessensgruppen (Landesbericht NRW). Köln: Sozialpädagogisches Institut

Tietze, W. (Hrsg.) (1998): Wie gut sind unsere Kindergärten? Neuwied: Luchterhand

Tietze, W.; Schuster, K.-M.; Roßbach, H.-G. (1997): Kindergarten-Einschätz-Skala (KES). Neuwied: Luchterhand (Deutsche Fassung von: Harms, T., Clifford, R.-M.: Early Childhood Environment Rating Scale)

Tietze, W. Meischner, T.; Gänsfuß, R.; Grenner, K.; Schuster, K.-M.; Völkel, P.; Roßbach, H.-G. (1998): Wie gut sind unsere Kindergärten? Eine Untersuchung zur pädagogischen Qualität in deutschen Kindergärten. Neuwied u.a.: Luchterhand

Tietze/Viernickel (2002): Pädagogische Qualität in Tageseinrichtungen für Kinder. Ein nationaler Kriterienkatalog. Weinheim: Beltz

Trube, A.; Regus, M; Depner, R. (2001): Fach- und nutzerorientiertes Qualitätsmanagement für soziale Dienste. In: Schädler, J.; Schwarte, N; Trube, A: (Hrsg.): Der Stand der Kunst. Qualitätsmanagement sozialer Dienste. Münster: Votum

Wocken, H. (1993): Bewältigung von Andersartigkeit. Untersuchungen zur Sozialen Distanz in verschiedenen Schulen. In: Gehrmann, P.; Hüwe, B. (Hrsg.): Forschungsprofile der Integration. Essen: Neue Deutsche Schule, 86–106

Wottawa, H.; Thierau, H. (1998.2): Lehrbuch Evaluation Göttingen: Huber

Zettl, M.; Wetzel, G.; Schlipfinger, V. (2001): Qualität der Integration von Kindern mit erhöhtem Förderbedarf im Kindergarten – Hält der Inhalt was die Verpackung verspricht? In: Behinderte in Familie, Schule und Gesellschaft 2001, 24 (3/4), 63–72

Ziesche, U. (1999): Werkstatt-Handbuch zur Qualitätsentwicklung in Kindertagesstätten. Neuwied u.a.: Luchterhand

Zimmer, J; Preissing, C.; Thiel, T.; Heck, A.; Krappmann, L. (1997): Kindergärten auf dem Prüfstand. Dem Situationsansatz auf der Spur. Seelze: Kallmeyer

Verzeichnis der Tabellen

Kommunikation und Kooperation der Kindertageseinrichtung mit den Eltern (Kap. 10):

Kenntnisse und Kompetenzen der Fachkräfte (Kap. 11):

Der Übergang in die Schule; die ersten Schuljahre (Kap. 12):

Verzeichnis der Abbildungen

Mitglieder des Projektbeirates:

Bauer, Angelika; Arbeiterwohlfahrt Bezirk westliches Westfalen, Dortmund

Dreyer, Klaus Heinrich; Landschaftsverband Westfalen-Lippe, Referatsleiter Landesjugendamt und Westfälische Schulen, Münster

Dohmer, Helmut; Stadt Herne, Jugendamt

Gerspach, Manfred, Prof. Dr.; Fachhochschule Darmstadt, Fachbereich Sozialpädagogik

Guggenmoos, Jürgen, Dr.; Gesundheitsamt Stadt Münster, Abt. Kinder- und Jugendgesundheitspflege

Hörnemann, Maria; Caritasverband für das Erzbistum Paderborn

Kapusta, Andrea; Caritasverband für die Diözese Münster

Kochanek, Bernd; Gemeinsam Leben Gemeinsam Lernen, Landesarbeitsgemeinschaft NRW, Dortmund

Koglin-Riedemann, Elfi; Kreis Warendorf, Gesundheitsamt, Beratungsstelle für entwicklungsverzögerte Kinder

Kron, Maria, Prof. Dr.; Zentrum für Planung und Evaluation, Universität Siegen

Kuhlmann, Agnes; Stadt Dorsten, Jugendamt

Matenaar, Gerhard; Landschaftsverband Westfalen-Lippe, Landesjugendamt und Westfälische Schulen, Münster

Maier, Hansjoachim; Diakonisches Werk Westfalen, Münster

Papke, Birgit; Zentrum für Planung und Evaluation, Universität Siegen

Pierschke, Jutta; Paritätischer Wohlfahrtsverband, Kreisgruppe Münster

Profazi, Thomas; Landschaftsverband Westfalen-Lippe, Referatsleiter Abt. Soziales, Pflege und Rehabilitation, Münster

Thomas-Klosterkamp, Barbara; Kreis Steinfurt, Jugendamt

Ufermann, Karin; Deutsches Rotes Kreuz, Landesverband Westfalen-Lippe, Münster